教学转型的学科实践

JIAOXUE ZHUANXING DE XUEKE SHIJIAN

主　编　潘旭东
副主编　吴汉荣　张飞霞　金伟民

ZHEJIANG UNIVERSITY PRESS
浙江大学出版社

图书在版编目（CIP）数据

教学转型的学科实践／潘旭东主编. —杭州：浙江大学出版社，2015.12
ISBN 978-7-308-15427-7

Ⅰ. ①教… Ⅱ. ①潘… Ⅲ. ①中小学—教学研究 Ⅳ. ①G632.0

中国版本图书馆 CIP 数据核字（2015）第 301920 号

教学转型的学科实践

潘旭东　主　编

策划编辑	阮海潮(ruanhc@zju.edu.cn)
责任编辑	季峥(zzstellar@126.com)
责任校对	杨利军　董凌芳
封面设计	林智广告
出版发行	浙江大学出版社 (杭州市天目山路 148 号　邮政编码 310007) (网址:http://www.zjupress.com)
排　　版	杭州好友排版工作室
印　　刷	浙江良渚印刷厂
开　　本	710mm×1000mm　1/16
印　　张	16.5
字　　数	305 千
版 印 次	2015 年 12 月第 1 版　2015 年 12 月第 1 次印刷
书　　号	ISBN 978-7-308-15427-7
定　　价	49.00 元

《教学转型的学科实践》编委会

前　言

2001年，教育部启动了新课程改革。回顾十几年的“课改”历程，我们必须承认十年磨剑不寻常。不断深入的课程改革让我们的课程建设和课堂教学发生了积极的变化。

新课程背景下的一系列教学改革中，“课程”是着力点，“课堂”是切入点。为此，教育部组织专家重新制定了课程标准(之前称为“教学大纲”)，重新编写了教材(也就是我们俗称的“新教材”)。紧接着的是自上而下的“通识培训”。对于教研员等专业人员，侧重进行课程标准的培训；对于一线教师，则侧重于进行教材的培训。通过培训，专业人员了解并认同新课程的基本理念，在思想和行为上做好实施新课程的准备。最为明显的是对于课程目标的认识，在过去仅关注“知识”与“能力”(俗称“双基”)的基础上，增加了“过程与方法”、“情感态度价值观”。通俗地说，从原来的二维目标，扩展为三维目标。在课程内容上，由原来的只关注学科专业性或知识性，改为加强关注学科知识的“生活化”、“应用性”。对于一线教师来说，更多的是接受包括课程标准、教材教法等的学科培训，关注的是如何使新课程的理念在课堂教学中得到具体落实。

经过第一周期(六年)的实践，不同层面的参与者有了各自的发现。在理论界，专家们发现原本的课程目标没有得到理想的体现或落实。因此，课程改革中期特别强调一线的教学工作者要加强“用教材”而不是“教教材”。而对于大多数的普通教师来说，还不是太明白这两者的本质区别在于“课堂”要落实“课程”的目标。而事实上，“用教材”与“教教材”虽然只有一字之差，但真正做起来也并非易事，因为从事理论研究的工作者，不能真正在课堂上给一线教师以示范，所以一线教师自然也就各唱各的“调”。在实践层面，一线教师为体现新课程理念，在教学中一味追求教学内容的“生活化”处理，减少了知识内容，降低了知识难度。这样一来，不仅没有达到新课程提出的三维目标，反而削弱了原来的二维目标，尤其是知识性目标的削弱更为明显。

在这一阶段，从各地的研究活动与经验交流的成果展示可以看出，人们普遍关注的是“怎样教”，当然也有一些地区同时也在关注“怎样学”。但从全国总体来看，主流还是在关注“怎样教”，其间也诞生了不少关于“教”的优秀教学模式和先进的教学经验。如华东师范大学教授顾泠沅的中小学数学“尝试指导——效果回授”教学模式、陕西师范大学教授张熊飞的中学数学“诱思探究”教学法等，都曾在全国范围内轰轰烈烈地推广。

但不管教学模式有多先进，它也不可能为所有类型的学习而设计或者适用于所有学习风格。课程改革的核心之点，是要让学生获得真正意义上的主体地位，最大限度地依靠学生的内部自然来进行教育或教学。由此，课程改革由以“教”为主向以“学”为重的方向发展。

2007年，各地对教材重新做了修改，就有了新教材的修订版。其中，把过度强化的“生活化”内容做了完善。在这一阶段，似乎理论研究者与实践者达成了共识，通俗地说有了“折中”。在这一过程中，山东杜朗口中学“三三六”自主教学模式、江苏洋思中学“先学后教”教学模式、山东省昌乐二中“271高效课堂”模式等一些关注“学”的教学模式蓬勃兴起。这时，理论研究者又发出了新的声音，课堂教学应该从“教为中心”转向“学为中心”。基于“先学后教，以学定教”为主线的教学模式应运而生，可谓“百家争鸣，百花齐放”。这些模式虽然也有自己独特的思考与实践，但没有实质上的区别，进而又出现了对名称定性上的“争鸣”。有的不提“模式”提“范式”，有的不提“范式”提“要素”，似乎“范式”要比“模式”好，“要素”要比“范式”好。这些名词虽有区别，但并没有实质性的区别价值，只为文字的“颜值”更高些而已。其实，理论研究与课程实践最重要的是要了解课程理念与课堂理念本质上的互补，两者需要做到亦生亦师亦友，使得彼此皆能成为课程与课堂的行家。

修订后的新教材经过了四年左右的检验，这期间大家的研究异常活跃。最强的声音就是关注学生的“个性发展”。虽然“个性发展”从课程改革初期就被关注，但此时的重视程度远远超过起步阶段。特别是当传统的常规课堂难以真正实现学生的个性发展时，便提出了新的命题，那就是“选择性、走班制”，而这六个字的分量有多重，难度有多大，我们大家都知道。

基于上述对课改历程的回顾，以及我们对课程改革各阶段中心思想的粗略解读，我们认为，今天我们要做的不是谈论也不是评价，更多的是学习、实践与研究。也许我们没有特别深刻的理论认识，也没有特别独到的实践成果，但我们带着科学的精神与务实的态度潜心研究，一路前行。

首先，我们用心学习。自2012年起，浙江省舟山市普陀区结合“教师五年培训”计划，精心打造“东海风”普陀教学文化节，以此为载体组织系列培训。

“东海风”普陀教学文化节在每年的暑期举行，至今已连续成功举办三届。以“节”的形式搞培训，既能扩大培训规模，又能形成长效机制，教师的重视度和参与度高，实效性强。中小学9门学科，每门学科进行为期3天的培训。培训形式为专家讲座、教学展示、教研对话、读书沙龙、双网（网络、网格）研修等。培训内容包括教育教学理论、学科教学中热点难点疑点、教师职业素养、心理健康教育等。活动邀请了一批国内外著名教育专家和一线骨干教师前来指导。先后邀请了美国教育专家 2 人，全国著名教育专家 8 人，省内教育专家 33 人。共开讲座 69 场次，教学观摩课 68 节，受训教师达 6000 多人次。活动结束后，普陀区教育局教研室专门编辑《普陀教学改革——“东海风”活动》专刊，对各学科的活动情况做进一步的总结和提炼，使之成为全区教师业务学习的专刊。每位参与教师撰写研修心得，上传到普陀区教研网分享收获，有效地促进了教师培训从有效走向优质。

教学文化节的举办，使一线教师近距离接触并浸染顶尖专家的教育理念及教学艺术，对教师既有观念上的洗礼，也有理论上的提升；既有知识上的积淀，也有教学教研技艺的增长。2011 年 8 月—2014 年 12 月，我们先后组织 299 名教师参加国培，273 名教师参加省培，全区 2917 名教师完成校本培训 221307 学时。

其次，我们潜心实践。出台《课改实施意见》，组织开展“学科教研展评”、“教学工作现场会”。自 2011 年下半年以来，我们每学期选取一所初中或小学承办教学现场会，全面展示学校整体办学思想、教育教学管理、课堂教学、校本课程等内容，推广、共享先进经验和有效做法，进一步促进了全区教育教学质量的提高。截至目前已连续举办 7 次教学工作现场会，与会领导和教师共聆听了 2 位专家的课改讲座、7 所学校校长的主题报告和 12 位教师的教学经验介绍，还观摩了 116 节常态课，参观了学校的现场教研活动，每一次现场会结束后进行全面的总结、反馈及交流。教学工作现场会以“追求课程管理与开发的特色”、“追求教学管理特色”、“追求课堂教学特色”为目标，为全区各校的课堂教学改革提供了展示平台，推动了校际交流，有力地促进了全区课程管理开发及教学管理水平、课堂教学质量的提高，有效地推进了课堂教学改革步伐。

一系列的专题学习、实践与研究，让我们的课程改革实现了两步“转向”：第一步，从“教为中心”转向“学为中心”；第二步，从“学为中心”转向“怎样学更有效”。行走在课改实践的路上，我们收获颇丰。主要表现在两个方面：一是基础理论与学科构想；二是教学实践与教学反思。在学科构想上，各学科根据学科特点，着重在某一方面做了积极探索。如小学语文基于“预学”的教学实践，小学数学指向“理解性”学习的教学转型，小学英语生本理念下 PWP 课堂读写模式初探，小学科学“做中学，做思结合”探究教学模式，初中语文“读辩合一”教学实践，初中数学构建“三环 · 二线”数学复习课堂，初中科学的主题式实验复习教学的实践，初中英语“学习共同体”课堂教学模式，初中历史与社会“前置性学习”的学科实践。在学科实践上，9 门学科共整理了 27 节教学实录与反思，记录我们的探索足迹，以利于我们后续做进一步的研究。

通过课堂教学从“教为中心”转向“学为中心”，进而转向“怎样具体落实学为中心”的二度转型，让我们对于教学转型有了新的认识。

首先，转型需要激情。我国社会经济转型升级，从“中国制造”转向“中国创造”，需要国人的创业激情。教育教学的转型升级，从“教为中心”转向“学为中心”，需要教育者的教学激情，没有这份激情，就没有转型的第一步。

其次，转型需要智慧。辩证法告诉我们，任何事物都具有两面性，转型也不例外，它可以正向转型，也可以负向转型。转型在正、负之间需要把握，需要选择，更需要智慧。就教学转型而言，我们向往着“轻负优质”，师生的负担轻一点，教学的质量高一点。但这却不是简单的加加减减的事，需要我们用教学智慧实现教学理想。那么，教学智慧来自哪里？来自学习，来自实践。在面上，侧重于“改良”性的转型；在点上，侧重于“改革”性的转型。无论是何种转型，都坚持“科学谋划，分步实施”，于是，我们迈出了教学转型的第二步。

再次，转型需要坚持。常言道，有付出总有回报，春天播撒了一颗颗种子，你才有理由期待秋天的累累硕果。有了激情，就有了转型的起步；有了智慧，就有了转型中产生新“利润”的可能。但转型是一个过程，这一过程是长是短，没有一个具体的时间节点。所以，要真正实现正向转型，必须学会坚持。教育机构从私塾到公立，教学目标从“学会”到“会学”再到“乐学”，人才要求从“全才”到“奇才”，都是源于智慧中的坚持。只有坚持，才能走到成功转型的那一步。

最后，我要特别感谢浙江省教研室领导及各学科教研员的大力支持，感谢普陀区各学校领导和教师全程协作，感谢你们的理解、支持和帮助。

由于水平有限，本书尚有许多不足之处，诚望广大读者批评指正。

潘旭东

2015 年 5 月

目　　录

第一章　教与学背后的理论基础

基础教育中的“教”与“学”历来是教学论中的一个重要议题，同时也是我们课堂教学的永恒话题。它不仅关注教师如何教，也涉及学生如何学，以及两者之间内在的各类属性。实际上，我们在谈论教与学时，其背后则是存在着两个学科基础，那就是学习论及课程论。

同时，反观广大教师畅谈教与学时，他们通常难以涉及上述两大理论以及教学论本身。其实，这折射出我们的许多教师长期缺乏学理方面的理论深度与相关信念支撑，而把教与学理解为对自身在课堂教学中一些成功课例，或是辛酸遭遇的描写、倾诉及经验之谈。这一现状其实长期困扰着他们对教与学的理解，以致在此方面难以迈出革新的步伐。为此，我们想对上述三大理论中的相关要点略作介绍，以期能给同行们以启示。

第一节　学生是如何学习的

对于学习论，从广义的角度来看，它关注的核心议题是“人是如何学习的”这一终极性的追问；从狭义的中小学校教育角度来看，则是聚焦于“学生是如何学习的”。其实，从教育史的角度来看，尽管人们完整地回答这一问题几乎是不太可能的，因为其本身是一个世界性的难题，但是还是对此进行了不懈的探索，获得了一系列重大的成果，并用以指导我们的教育教学。

一、学习论与相关流派

当前，在国内有关学习论的研究成果中，由华东师范大学施良方教授所著的《学习论》一书较为典型。该学者对“学习”一词的界定为，“学习是指学习者因经验而引起的行为、能力和心理倾向的比较持久的变化。这些变化不是因成熟、疾病或药物而引起的，而且也不一定表现出外显的行为”。[①]

从该学者对学习理论的总结与归纳来看，把它划分为四大理论：①刺激-反应学习理论；②认知学习理论；③折中主义学习理论（或称认知-行为主

① 施良方. 学习论[M]. 北京：人民教育出版社，1994.

义学习理论);④人本主义学习理论。[①] 如果展开上述各大理论,我们就会发现有些理论是我们所熟悉的。它们分别为桑代克的试误学习理论、巴甫洛夫的条件作用理论、华生的行为主义学习理论、格思里的邻近学习理论、赫尔的驱力还原学习理论、皮亚杰的建构主义学习理论、布鲁纳的认知结构学习理论、奥苏贝尔的认知同化学习理论、布卢姆的掌握学习理论、加涅的累积学习理论、罗杰斯的人本主义学习理论,以及习性学习理论等。

实际上,在21世纪初以来的我国基础教育课程改革中,国家助推上述的建构主义学习理论,以及以加德纳为代表的多元智能理论。为此,这两大理论的一些要义是我们众多教师所了解的。

此外,在众多的学习论流派中,其中的一支是以脑科学为主,提出"基于脑的教育"的认识,此理念已深入我们教师的教学实践之中。但其实,此理念也正悄悄地发生着变化。把脑与相关神经置于一个整体的认知机制与角度,再来重新审视个体的学习,并将其成果应用于教育中的决策,特别是课堂教学的研究议题等行为,正在被广大教育者所接受。这一研究方向,则被命名为"教育神经科学",是一个新兴的概念。如果我们广大教师能时常跟踪这一领域的相关成果,再探索其在本学科中的应用的话,那一定会促进学生们更好地学习。

回望教育心理学所走过的历程,再审视当下的研究进程,其实我们正处于从关注学生的"学习脑"到学生的整个学习身体,来研究他们是如何学习的这样一个转向期。对此,我们对新近兴起的一个重要学习论思潮——具身认知(embodied cognition)学习理论给予特别的介绍。

二、具身认知思潮简介

伴随着认知心理学的快速发展,新的议题不断涌现。其中,具身认知思潮引起了我们的重视。目前学术界似乎在哲学、语言学及心理学领域展开论述居多,并已经波及教育界。[②] 为此,我们试图把该思潮引入学校教育教学之中,用以开启新的思维与视角。

(一) 具身认知的概念

具身认知的核心含义是指人的认知或心智主要由身体的动作、意象和形式等个性化的感性加工方式所决定。这是因为人的各种类型的认知活动,如

---

① 施良方.学习论[M].北京:人民教育出版社,1994.

② 据中国期刊网(CNKI)的相关统计,以"具身认知"为关键词的期刊论文检索结果为:2007与2008年都为1篇,2009年为4篇,2010与2011年都为10篇,2012年为27篇,2013年为36篇,2014年为43篇。

观念、思维、概念形成、分类和判断等，都受到身体和身体感觉运动图式的制约和塑造。①

具身认知也被译为“涉身”认知，其中心含义是指身体在认知过程中发挥着关键作用，认知是通过身体的体验及其活动方式而形成的，“从发生和起源的观点看，心智和认知必然以一个在环境中的具体的身体结构和身体活动为基础，因此，最初的心智和认知是基于身体和涉及身体的，心智始终是具(体)身(体)的心智，而最初的认知则始终与具体身体结构和活动图式内在关联”。②

尽管国内对具身认知概念众说纷纭，还没有一个统一的定论，但我们可以鉴于上述两大典型的定义，对其要义大致做出如下归纳：相对于第一代认知科学不关注身体的“离身”而言，第二代认知科学则关注具(体)身(体)在认知活动中所起到的重大作用，身体的重要性在此过程中受到前所未有的关注与重视，并与心智、大脑、环境等联系在一起，成为我们整个认知活动的统一体；身体不是认知过程中的硬件，而是参与认知的重要组成。此外，需要说明的是，之所以将作为身体重要组成部分的大脑列举出来，是基于引发人们对身体本身的关注，以区别于离身认知。

(二) 具身认知中的“身体”阐释

下面，我们针对具身认知中特别强调的“身体”这个核心概念给予简明阐述，以有助于我们对其做进一步的理解。

1. 解剖学上的“身体”

具身认知中的身体，是建立在人体解剖意义上的。可以说，我们的生理构造决定了我们的认知方式，从而影响到我们对相应行为的反馈，特别是心智运行的轨迹。如果我们具有蜻蜓的复眼，那么我们看到的世界将会是另一番景观，视野必将比现在宽广许多，相应的认知活动肯定也会与现在不同。同样，再审视我们身体其他部位的生理构造，它们的存在形态本身就决定了我们对外界信息的加工与处理，由此引发心智体验等一系列问题。

2. 运动中的“身体”

具身认知中的身体，是运动的身体，而不是静态的身体。个体的认知活动是通过身体的运动来进一步感知真实环境。从客观世界的运行状况来看，运动是绝对的，静止是相对的。为此，作为一个具有高级智能生命体的人，其机体本身也是一个运动体，通过身体与真实环境之间无限的互动与交流，来促进

① 丁峻.当代西方具身理论探微——兼论人脑优于电脑的根本特性[J].宁夏社会科学，2012(5):126－132.

② 叶浩生.具身认知:认知心理学的新取向[J].心理科学进展，2010(5):705－710.

各类信息与能量之间的合成、分解与置换,从而在体内留下深刻的印迹。运动的身体是机体积极迎合与建构环境信息的重要形态。

3. 复演中的"身体"

有研究者提出,"为什么我们能理解他人?为什么我们具有同情心?就是因为我们能通过大脑与身体的特殊通道模拟他人的感受,从而产生逼真的体验。在这一过程中,感觉和运动系统的特殊通道塑造了认知,发挥着关键作用……而处于特殊通道系统中的这些心理状态的复演(reenactment)实际上构成了概念加工的基础"。[①] 或者说,"身体塑造了认知……认知是身体的认知"。[②] 此时的身体在认知的进程中已经超越了解剖学上的意义,进入了参与认知活动的实质性过程。

4. 具身认知给我们的启示

(1)具身认知的耦合观

身体、认知与环境是相互耦合(coupling)的。耦合意味着它们之间存在着内在的逻辑与匹配的结构,并且共同构成了一个复杂的、有机的觉知整体。身体也正是在这样的一个场域中与认知发生着各种联系,共同促进心智交流及其在知觉、记忆、想象及推理中的运行。为此,这样的认知活动才是发生在身体上的真实场景,而不是将身体抽离出来,把它看作类似于电脑硬件这样一个简单的容器。或者把认知看作只是大脑对信息的输入、处理、贮存与输出的离身性过程。

(2)认知活动的整体观

我们完全可以认定,认知最初是发生在个体的身体之中的,通过身体的感知来获得相关信息,然后再发展到高级阶段,也就是进入符号运行层面。此时的认知则处于符号间的"运算"状态,即类似于程序运行,再在神经系统的生物学机制下进行着包括想象力在内的各类思维与记忆等活动。可见,认知在整个过程中最初阶段应该是具身的,然后才是离身的。人的认知活动,应该是同时处在具身与离身这样一种相互变换的进程之中,并最终实现个体的整体性认知。

由具身认知概念出发,学界还引出了"具身模仿"、"具身学习"、"身体亲历学习"等概念,有待于读者对其做进一步的识读与理解。

(三)相关案例

我们曾聆听过了一堂小学语文课。该课例的题目叫《妈妈的账单》,着重

① 叶浩生.有关具身认知思潮的理论心理学思考[J].心理学报,2011(5):589-598.

② 徐献军.具身认知论——现象学在认知科学研究范式转型中的作用[M].杭州:浙江大学出版社,2009.

探索目标导学教学模式。在该课堂上，我们看到的几乎是学生们机械地举手、起立、回答，然后再安静地坐下。当然，这也是当下的一种普遍现象。如果这是一堂常态课的话，那么在这种理性占主导地位的教学中，他们还能一直昂首挺胸配合教师讲课吗？只是一味地举手与机械地回答肯定支撑不了学生们身体的新陈代谢之所需——机体要运动，多少要做些小动作。我们认为，在这样的课堂上，教师一定要顺应小学生的认知特点来设计教学环节。学生不只是回答问题的机器，他们也不只是带着大脑进入课堂，而是带着有血有肉的身体来参与学习的。而这些血肉也渴望"参与教学"——教师要让他们的整个身体参与学习；教学不只是激发大脑皮层中的一个区域，整个身体的运动性学习则更能引发学生们尽可能多的大脑皮层获得共振，从而有望触及高效学习。

同时，该课的内容着重刻画了母子间各种微妙的心理变化。如果这位女教师能意识到自己及班上小男生的年龄特点与课文中的"妈妈"和"儿子彼得"相"耦合"的话，则完全可以通过师生间戏剧性的身体表演的形式来图像化地、生动地诠释小彼得知错就改这一重点环节，从而很有可能把教学推向高潮。在该课的教学中，如教师果真能这样设计这一环节，那么教学肯定能超越单纯地让学生想象的普遍性做法。如此，不仅会有亮点，而且还能营造情境教学，更让听课者感受到执教者的独特发现与设计智慧。这样的具身认知教学探索，则正是我们所期待的。

第二节　基础教育中的课程论

一、课程论的发展

课程论学者莫利奥特·W.艾斯纳曾明确指出"课程领域……正居于教育的核心"。[①] 该学者对课程理论在整个教育学中的地位进行了保守式的评定。其实，我们似乎可以进一步来断定：课程问题就是学校教育的核心问题。

回顾西方现代课程理论所走过的百余年历史，有助于我们能更好面对未来的发展。

（一）简要回顾过去的课程思想

人类的课程思想由来已久，如古希腊的"七艺"、我国古代的"六艺"等都是比较典型的早期课程形式。到了17世纪，夸美纽斯提出"把一切事物教给一切人类"的自然主义教育哲学观，开启了真正意义上的班级授课制，早期的课

---

① 威廉·F.派纳，威廉·M.雷诺兹，帕特里克·斯莱特里.理解课程（上）[M].张华，赵慧，李树培，译.北京：教育科学出版社，2003.

程意识得到了质的飞跃。到了19世纪末，德国的赫尔巴特把心理学作为课程理论的基础，提出把人的多方面兴趣作为课程的目标，进而倡导学校课程设置中应增设有关自然与社会的课程。此时，英国的斯宾塞则提出了实用主义哲学观的教育思潮，以“什么知识最有价值”来进一步激发人们对课程探索的研究兴趣。

（二）关注现在课程思想的发展

作为真正意义上课程理论研究领域的诞生，学术界通常以美国人博比特在1918年出版的《课程》一书作为标志。此后，由于整个社会历经工业革命、第一次世界大战、第二次世界大战、苏联发射第一颗人造卫星等重大事件，课程理论研究进程也发生了剧烈的变化。其中，美国人在课程研究方向还经历了著名的“八年研究”，它为接下来泰勒原理的出现奠定了扎实的实践基础。1949年美国芝加哥大学出版了被称为“现代课程论之父”的泰勒的名著——《课程与教学的基本原理》一书。该书围绕着“学校应力求达到何种教育目标”等四个问题进行了深入的阐述，最终引出了学校课程应该从“目标”出发、经过“内容”与“实施”再到“评价”，然后到“反思目标”这样一个体系。这为以后的课堂教学指明了方向，并一直影响至今。1969年施瓦布发表了《实践：课程的语言》一文，预示了现代课程理论的“消亡”与新的观念诞生——课程理论研究进入了概念重构阶段。

可以说，到目前为止，近百年的课程理论发展史似乎可以归纳为“从课程开发范式走向课程理解范式”：课程正由探究普适性的教育规律转向寻求情境化的教育意义，并呈现出多元“文本”所焕发出的无穷魅力。为此，在课程发展史中，人们也从对课程的技术理性开发，开始走向了从哲学、社会学、现象学、系统动力学、传播学等视角来重新研究课程。课程开始返魅！

（三）展望未来的课程思想

由于当代的课程理论正走在“理解范式”之中，它将会更加倾向于其追求真实情境的研究，以还原其本身的发展规律，而不是对其加以简单的、机械的提炼、总结与归纳。“回到实践”，这也指明了今后的课程努力朝知识与技能的真实情境出发来倡导体验性教学，从而实施螺旋性的课堂改革，努力让学生真切地理解知识与技能的本义，而不是单纯地灌输与强制地控制。如此，课程本身所具有的丰富性、回归性、关联性、严密性，以及不确定性等属性将会得到更加充分的展现；[①]课程研究的方法论方面也将会呈现更多的质性研究范式。让课程回归课程本身，无疑是课程未来发展的美好愿景！

此外，目前学界在课程理论方面热议的话题中核心知识课程以及引出的

---

① 小威廉姆·E.多尔.后现代课程观[M].王红宇，译.北京：教育科学出版社，2000.

共同核心国家课程标准等引起了我们的关注,值得在此做一简介。

二、核心知识课程

(一) 核心知识课程的内涵

它是指美国 20 世纪 80 年代,主要由弗吉尼亚大学语言学教授希尔斯①发起,旨在针对美国当时中小学生学业成绩低下,各种族儿童接受不公平的教育等重大问题,而倡导优异与公平的、从幼儿园到初中阶段的教育改革;通过制定核心知识序列,创建一种共享、稳固、序列与具体的知识体系,随后在(英)语言艺术、世界历史与地理、美国历史与地理、视觉艺术、音乐、数学、科学这几门学科教学中进行实践。

希尔斯为此还创建了"核心知识基金会"。作为美国的一个非官方组织,该基金会还创办有《公共知识》杂志,编撰了一套《核心知识丛书》,并多次修改《核心知识序列》等等,通过多种途径来推广其理念。自 1990 年佛罗里达州的三颗栎树小学(Three Oaks Elementary)实施该课程以来,截至目前该基金会网站公布的实施该课程的学校数量已达 1100 多所,遍及美国 46 个州与 1 个特区。②

(二) 核心知识课程的筛选原则

该课程中具体知识的筛选遵循以下四大原则③:

1. 共享的知识

它是指所有儿童能进行相互沟通与交流的知识,还包括技能在内的知识;又强调国家中不同阶层、不同种族的儿童都要分享共同知识。

2. 稳固的知识

它或被认为是"纯粹的知识",强调从学科知识中精选那些所谓具有永恒价值的、能世代相传的知识,有利于人们对文化的传承,以及支撑起本学科知识体系的那些最本质的知识。

3. 序列的知识

它是指知识的学习具有一定的结构与逻辑,以帮助儿童来获得知识体系,并且不同学段间具有衔接性,从而尽可能避免知识呈现时的重复性、断裂性与混乱性。

4. 具体的知识

它是指核心知识序列呈现时是具体的、确定的,而不是模糊的、大致范围

---

① 国内对该学者的中文译名或为"赫什"、"赫施"、"赫尔希"等。

② Core knowledge foundation. Find schools and events by State[EB/OL]. (2013-12-18) [2015-11-20]. http://www. coreknowledge. org.

③ 赵中建. 美国核心知识课程的理论和实践(上)[J]. 外国教育资料,1996(5),29—30.

的、不确定的。这有利于教师的课堂教学与学生的识记，以及确保每一位学生都能获得全面共享的知识。

需要说明的是，在希尔斯的论述中，他所强调的知识更倾向于一种广博的一般性知识，并认为广泛而稳固的基本知识是学生迅速适应和学习新技能的关键，也是他们获得学术技能的基础。为此，他关注具体知识的内容，而不是强调技能。

（三）共同核心国家标准

美国除了希尔斯提出的核心知识课程改革外，其他民间团体也相继倡导类似的理念，要求美国在国家层面实施“共同核心国家标准”。[①] 该标准目前已经制定了英语语言艺术与数学两门学科的核心知识序列，并获得 45 个州、哥伦比亚特区、4 个海外属地及国防教育部的大力支持。从相关文献来看，该标准有推广其他学科的强大后劲，同时也引发世界各国的关注。目前，我国许多重要教育期刊大都对此有深入的报道，并展开了广泛的讨论与研究。这是值得我们关注的。

综上所述，面对“到目前为止的 20 多年间，美国的国家教育改革与赫什的教育理念与改革方案出现了越来越多的相似之处”[②]这一现实背景，我们认为，核心知识课程理念的推广肯定是大势所趋，是我们今后难以回避的一个非常重要的议题。如果我们能及时重视并充分汲取美国的有益成果，以及其他应用该理念的国家所获得的宝贵经验，再结合本国实际，研制出我国的各学科核心知识课程及其序列，然后自上而下推向全国，就一定能更加有效地推进基础教育新课程改革的深入发展。

第三节　基础教育中的教学论

从现代课程论的观点来看，如果把课程理解为乐谱，那么教学就是演奏乐谱的过程；如果把课程理解为建筑图纸，那么教学就是建设大厦的过程。当然也有学者提出，“课程在本质上是一种教学事件。教学在本质上是一种课程开发过程。”[③]为此，对教学理论的论述，时常也会涉及课程的研究。

---

① Common core state standards initiative in the States[EB/OL].(2013-12-18)[2015-11-20]. http://www.corestandards.org.

② 彭莉莉.通过核心知识造就美国意识：赫什新保守主义教育改革的透视[J].全球教育展望，2013(11),71.

③ 张华.课程与教学论[M].上海：上海教育出版社，2000.

一、了解过去的教学思想

早在公元前6世纪，我国教育家孔子就在实践的基础上提出了“学—思—行”相统一的教学理念，后来的儒家思孟学派进而提出“博学之，审问之，慎思之，笃行之”，注重学生学习过程的教学理念。17世纪捷克教育家夸美纽斯则提出了“一切知识都从感官的知觉开始的”，主张把教学活动建立在学生感觉活动的基础上，其理念初涉关注学生知识背景的重要性，具有重大的意义。19世纪德国的赫尔巴特试图以心理学中的“统觉原理”来说明教学过程，认为教学过程是新旧观念的联系和系统化的过程。

二、关注近现代的教学思想

(一)20世纪的教学思想简述

到了19世纪末，美国教育家杜威经过创办“芝加哥实验学校”等经历，对教学进行了深入的研究，并提出了“做中学”理念。这为进步主义教育运动提供了无尽的实践依据。尽管杜威的教学思想最终也似乎以失败而告终，但其留下的文化遗产却给后人无限的启示，其教育思想一直影响到我国当下的教学改革之中。

20世纪30年代末，苏联教育家凯洛夫在其专著《教育学》一书中，提出教学过程是一种认识的过程，肯定了“班级授课制度，在教育学的领域中，是最有价值的成就之一”①，以及教师在教育和教学中起主导作用等。凯洛夫的《教育学》于1950年12月在我国正式出版，其理念成为当时我国教育工作的指导思想。但纵观其相关论述，在该专著中充满着浓烈的意识形态语句，贯穿着严重的控制论的教育理念，从而忽视了学校与教师的自主性，也就更无从谈及学生学习的自主性。更为遗憾的是，凯洛夫倡导教师应向学生极力传授间接性知识，即“学生领受既知的、为人类所获得的真理(知识)”。由此，我们也似乎难以在该论著中寻找到任何关于学生探索真理(知识)产生过程的痕迹。凯洛夫教育学的阴影其实一直影响着我国当下基础教育的改革进程，并烙印于目前许多教师的教学文化之中而让他们难以自拔，直至成为阻碍我们教育教学创新的一块绊脚石。

在此后的发展中，一个较为重要的变化就是人们逐渐从关注教师的维度开始转向关注学生的维度，这是一个巨大的历史进步。杜威的理念又开始受到人们的关注。以我国改革开放以来的教学变革进程为例，具体反映在日常的教学中则以教学主体的变更最为典型。我国的教学主体从原先以灌输式教

① 凯洛夫.教育学(上)[M].沈颖，南致善，贝璋衡，译.11版.北京：人民教育出版社，1952.

学为主的“教师主体”开始朝“教师主导、学生主动”的双主体方向发展，教师控制课堂教学的局面开始松动，学生在课堂中的学习权力开始逐渐显现。直至现在，我们的基础教育改革中，大有出现“学生主体”的趋势。

到了21世纪初，新课程倡导的教学理念更多地吸收了西方教学研究的各种有益成果，这也有助于我们明确地提出“为了中华民族的复兴，为了每位学生的发展”的口号。“学生”维度受到了空前的关注，教育的终极目标是为了“人的发展”得以彰显。随之课堂也发生了“静悄悄的革命”，杜威的“幽灵”又似乎得以闪现，以学生学习为焦点的教学理念正在引发出一系列的教学变革。“以学定教”、“学本课程”、“生本课程”等，尊重人、尊重生命、尊重学习权力、尊重公平与均衡的教学内涵正日益前受到教育界越来越多的关注。

(二)当前基础教育改革中几大教学思潮简述

1. 我国基础教育实践层面的几大教学改革思潮

在当前国内基础教育的课堂教学改革浪潮中，以实践取向的探索视点与学院派注重理论的创新和学术梳理之间其实存在着一定的间隙。特别是当前我国各类中小学所热议的上述“以学定教”、“生本课堂”、“学本教育”，以及“尝试教育”等，在地方教育行政管理部门与学校的力推下，则更深入地影响到广大教师的教学理念。

纵观这些层出不穷的新概念，从积极的意义来看，其背后隐藏着对自身教学文化中特别是以教师控制为主导的课堂教学的一种反思、批判与革新。有一个现实似乎更能说明问题：为什么当前国内教育教学改革“较为成功”的那些学校，如洋思中学的“先学后教、当堂练习”、杜郎口中学的“三三六教学模式”、昆铜中学的“小组合作教学模式”等，能获得一定程度上的改革成效？或者再明确地说，为什么这些学校的改革能让学生们大都获得好成绩？我们认为，这与他们在课堂教学层面真正深入地实践“基于学生的探索性学习”的教学导向是分不开的。

从这些学校的环境来看，许多是位于较为偏僻，甚至是师资非常薄弱的农村之中。他们的改革并非是出于行政的推进，而似乎更多的是出于对现实的无奈所做出的一种抉择。也正是这些学校，实质上处于教育行政管理的“盲区”或者说是“忽略地区”，他们才有可能不顾各类教育督导评价的压力，尽情依照课堂教学本身的属性与规律来创生新的教学思路与模式。如此，学校把教学还给了教师，教师把教学还给了学生，教师与学生处于平等的对话之中。这也让每一个学生在课堂上都能参与学习、参与合作、参考探索、参与体验、参与理解。师生在这样的课堂教学中，就会呈现教学的应有特性：对话、质疑、反思，甚至是批判、解构以及重构都将会一一展现。教与学的真实魅力此时就会光芒四射。

其实，“以学定教”等理念的提出，更是对泰勒所归纳的课程设计理论中三大因素之一——学生维度的重视，真切地把学生的学习与体验提升到应有的地位，为设计出均衡性的课程奠定了强有力的基础。

2. 从教学的“有效性”迈向“高效性”

教学的有效性，或者说有效教学，也是近些年来人们热议的一个话题。有效教学的思想似乎可以追溯到20世纪初工业革命时期的“社会效率运动”。当时的“科学管理之父”泰罗出版了《科学管理原理》一书，并迅速影响到教育界，最终出现了把学校变成“工厂”，把学生当作“原料”，把教师当作“工人”，把教育当作是为了获得“理想成人”的“成品”这样一个载体——“教育机器”。百年后的今天，这种以崇拜机械效率的观念又重新席卷而来。但这次，人们更看重的是对它价值层面的重新鉴定，而不再是深陷所谓精细的“技术层面”泥潭。为此，对于有效性的解读，更需要人们深入课堂，对“课堂规范”进行一系列的反思与探索，最终让学生真切地获得应该获得的经验，习得人类文明的精华，使课程走向高层次的“体验课程”。

高效学习的典型研究。由美国斯坦福大学教授琳达・达林-哈蒙德所领导的研究团队在花费了十余年的时间后，提出了基于探究的高效学习观点。该学者把高效学习具体落实到探索性学习的三大模式：基于项目的学习、基于设计的学习和基于问题的学习。① 研究团队对数学、科学、阅读与素养这三大学科进行了深入实践，同样取得了显著的成果。

3. 教学评价

新课程改革的另一个重要议题就是“教学评价”。就其终极追求而言，是“为了每位学生的发展”。但从教学评价的不同价值取向来看，会产生不同的具体模式与操作取向。其大致可以分为“目标取向的评价”、“过程取向的评价”与“主体取向的评价”。从当前的课堂教学实际来看，我们还需深入学习与理解“目标取向的评价”理论，切实从泰勒原理出发，围绕教学评价是为教学目标服务的宗旨来增进教学的有效性。以此来确保学生在有限的课堂时间内真正理解与掌握本课堂教学中的知识与技能要点，并以此来扎实地推进我们的教学质量。另一方面，新课程倡导的以人为本的评价观，更加关注学生学习的整个过程，也就更加显现出人性化；进而倡导定量与定性相结合的评价理念，并对质性评价给予更多的发展空间。这些方式，都将促进我们的课堂评价迈入更加科学的“跑道”，因为如此才会有更多机会欣赏到沿途更美的景观。

---

① 冯琳达・达林-哈蒙德，希里基・巴伦，P. 大卫・皮尔森. 高效学习：我们所知道的理解性教学[M]. 冯锐. 金婧，谢英香，译. 上海：华东师范大学出版社，2013.

三、展望未来的教学思想

(一)重视人本主义教学思想

在未来的“教”与“学”研究过程中,我们还是对人本主义的教学观持乐观的态度。“以人为本”的课堂教学,可以追溯到人本主义教育思潮。其典型的代表人物有马斯洛与罗杰斯等。人本主义教育思潮的核心理论,包括了“人是自然实体,而非社会实体,人性来自自然,自然人性即人的本性”①等。关注个体、解放人性,努力实现自我价值无疑成为该思潮的追求方向。反观我们的课堂教学,意识形态、道德伦理等各类因素的叠加,导致了师生之间主次颠倒、话语权严重不对称、以教师为中心的教学模式一直存在,最终会使学生的个性得不到充分的张扬,而且长期被压制。为此,重新审视以人为本的课堂文化,以期唤醒学生学习的主动性与积极性,倡导学生的自主学习、合作学习与探索性学习。弱化教师的主体现状,将其转变为“平等中的首席”②、“导演”等角色,把课堂真正交给学生。由此引出的课堂转型一定会发生深刻的变革。

(二)关注大数据时代的教学趋势

当前的教育正处于21世纪科技浪潮革新之中。互联网更加深入地影响着社会的各个角落,其对学校教育教学的改革也必将会引发新一轮的挑战。尤其在当下,由于网络相关技术的突飞猛进,其中的数据统计成果已在网络中呈现巨大的威力。也就是说,大数据时代已经在我们面前开启。同样,在未来的学校教育教学中,翻转课堂、幕课、移动学习等一批新的技术与概念会顺势深入我们的日常教学之中。对此,著名的英国牛津大学教授维克托·迈尔-舍恩伯格在谈到大数据对未来教育的影响时写到,“大数据为学习带来了三大改变:我们能收集对过去而言,既不现实也不可能集聚起来的反馈数据;我们可以实现迎合学生个体需求的,而不是为一组类似的学生定制的个性化学习;我们可以通过概念预测优化学习内容、学习时间和学习方式”③。科技理性将再一次充分展现其统计的现实意义,并对未来的学校教育教学给出了新的蓝图。

(三)感受课堂教学的复杂性

当前,我们的教师似乎常深陷于师生之间教与学的简单逻辑而难以自拔,并且也时常会为因为教学中的各类不良事件的出现而深感困惑、不解,甚至是痛苦。回顾真实的课堂教学,其所涉及的变量实在太多、太宽泛,出现的结果

---

① 人本主义心理学的自然人性论[EB/OL].(2010-12-10)[2015-11-26].http://www.pep.com.cn/xgjy/xlyj/xlshuku/xlsk1/115/jyxlx/201012/t20101210_985275.htm.

② 小威廉姆·E.多尔.后现代课程观[M].王红宇,译.北京:教育科学出版社,2000.

③ 维克托·迈尔-舍恩伯格,肯尼思·库克耶.与大数据同行:学习和教育的未来[M].赵中建,张燕南,译.上海:华东师范大学出版社,2015.

也往往难以预测。我们所能做的只能是无限地去靠近它。可见，教与学的过程太复杂了，以至于人们从生物学的自组织、哲学中的现象学，以及混沌学等学科中去寻找新的启迪，来重新解释课堂教学的复杂性。面对如此具有挑战性的课堂教学，"教是旨在改变心理系统的有意识交流。换言之，它有意识促进的是学生带给自己的学习。这意味着即使学习是由学生本人来实施的，教也必须进行调整以支持学生的学习……教的最关键任务是支持学生通过交流来处理复杂性"①。可见学生间交流的重要性。由学生间的交流所引出的一系列包括探究、对话、合作等学习方式，则更能顺应课堂教学过程中的复杂性问题。为此，认识教学的复杂性，从多元的视角来审视我们的课堂，建立多维的探索视野，是每一位教师所必备的专业意识。

回顾将来的教学发展，人们必将逐渐厘清其发展的方向与思路，领略其统整、包容，以及大视角的无限魅力。在理顺课堂中师生关系的基础上，共同创造新知，实施理解性教学，最终踏上返璞归真的光明大道。

---

① 延斯·拉斯马森．学习、教学与复杂性[A]．//小威廉·E．多尔，M．杰恩·弗利纳，唐娜·楚伊特．混沌、复杂性、课程与文化[C]．余洁，译．北京：教育科学出版社，2014．

第二章　小学语文基于“预学”的教学实践

肖川的《义务教育语文课程标准(2011年版)解读》指出:“语言文字是人类最重要的交际工具和信息载体,是人类文化的重要组成部分。”“时代的进步要求人们具有开阔的视野、开放的心态、创新的思维,对人们的语言文字运用能力和文化选择能力提出了更高的要求,也给语文教育的发展提出了新的课题。”[①]这几句话强调了语文学科要为培养全面发展、拥有学习能力的人服务。课堂作为进行学科教学的主渠道,应该为实现这样的育人目标而努力。

那么,怎么样的课堂才是能够培养学生能力、促进学生发展的好课堂呢?专家众说纷纭,但有一点毋庸置疑,那就是课堂学习要真正发生在每一位学生的身上。作为教师,其责任就是在课堂教学中给予每一位学生学习权,努力为每一位学生的学习创造条件,课堂上必须要关注“学生的学习”,关注“学生的发展”,“还教于学”,真正做到“以生为本”。为此,从2014学年开始,浙江省舟山市普陀区努力推进生本理念下的小学语文课堂教学改革,探索“基于预学的1+3生本课堂”教学模式。

第一节　理论依据与操作要素

一、理论依据

(一) 两个转型为导向

上海师范大学小学语文骨干教师培训首席专家吴忠豪教授在2014年小学语文青年教师教学观摩活动评课发言中提到:语文课要转型,怎么转?第一个转型,从理解内容后来组织课程,转变为学习语言文字的运用;第二个转型,从教师讲读课文,转变为以学生的语文实践为主要方式的课程形态。第一个转型是让我们要明确教什么,体现“能力为重”;第二个转型是让我们要明确怎么教,体现“学为中心”。小学语文“基于预学的1+3生本课堂”教学模式正是

① 肖川. 义务教育语文课程标准(2011年版)解读[M]. 武汉:湖北教育出版社,2012.

努力想实现这两个转型。

(二) 生本教育为理念

在怎么教的问题上，华南师范大学郭思乐教授在《教育走向生本》一书中提出了他的生本教育理念，“一切为了学生，高度尊重学生，全面依靠学生”①。生本教育倡导实施“根本、简单、开放”的课堂教学，其最大的特点是突出学生、突出学习、突出探究、突出合作。生本课堂提倡“课下作准备，课上早交流”，即课前进行前置性预学，到了课堂上，教师要做的就是尽可能快地激发学生，带着自己的感悟进行交流，展开讨论。“基于预学的1+3生本课堂”模式努力追求这样的生本课堂。

二、操作要素

生本课堂要求教师变原来的“讲授学习”为现在的“组织学习”。教师在课堂上应该怎样成为学生学习的组织者，我认为最重要的是课堂上必须要唤醒学生的积极参与意识。怎样唤醒？教师主要要思考和实践如何让学生实现主动学习。有专家指出，现在的课堂教学改革的核心特点可以概括为“以有效预学，引导尊重学情且有思维质量的课堂”。这就要求我们要明确生本课堂教学改革的核心操作要素。

(一) 前置性预学(导学)——促使学生先行独立学习

重视预学是很多学校推崇的教学模式的共同做法，各种形式的“导学材料”被广泛应用。不过，“导学材料”只是支持先行学习的一种常见形式，如何促进学生的先行学习才是关键。先行学习的本质是引发学生先行思考，为课堂学习作铺垫，非课后练习提前做，也不是对知识点面面俱到的识记，而应该是触及核心学习内容的提前思考。所以，怎样让“导学材料”真正成为学生“思维的台阶”，是教师必须要深入思考的。它应该是教师设计教案的一部分内容，可以是简洁的文案，也可以只是一个思考的问题或操作任务。教师要重视其学习指导的功能，帮助学生把方法变成习惯，这才是它的价值所在。

(二) 学生预学展示(交流)——呈现学情并诊断

让学生展示交流预学情况，不仅给予学生认真预习的压力，也给予学生深入思考的动力。学生主动学习情感的调动，才是课堂焕发生命、学习效能提高的秘密所在。诊断学情常用的方式：一是教师检查与批阅预学单，通过批阅了解诊断学情；二是让学生来交流展示，教师以学生展示为线索，进行学情诊断。学生交流中要注意的是：我们不能简单地将“学生交流替代教师讲授”。这仅仅是为学生提供了交流展示的时空，交流的实效需要教师的有效诊断作保证，

---

① 郭思乐. 教育走向生本[M]. 北京：人民教育出版社，2013.

教师必须通过和学生互动开展指导,在师生互动中问题得到解决。

(三)小组合作学习——注重小组建设与过程评价

小组合作学习的有效应用,使课堂中出现诸多的学习共同体,开展对学、群学等活动,旨在提高学生学习的主动性。要使小组合作学习有效开展,小组建设尤为重要,教师必须要对小组分工、课堂展示等方面进行方法的培训。另外,教师对小组合作的过程进行智慧评价,这也是促进学生积极参与的重要技巧。这里要说明的是,小组合作只是形式,如何根据学科本质,设计有价值的小组合作学习内容,形成有思维质量的合作学习,才是达成有效课堂的关键所在。

(四)习惯养成与方法指导——促进学生积极思维

联合国教科文组织指出,21世纪的文盲不是不识字的人,而是不会学习的人。小学生一旦掌握了科学的学习方法,养成了良好的学习习惯,今后无论是升学还是就业,由于解决了"会学"的问题,就能够积极主动地去摄取知识和更新知识,为提高自己的综合素质打下坚实基础。在以"学为中心"为主要特征的课堂教学改革中,必须要从"形式学习"到"促进思维"。培养学生良好学习习惯,掌握科学学习方法,有利于培养学生自主学习的能力,提高学习效率,促进学生积极思考。

第二节　教学范式

一、基本框架

小学语文"基于预学的1+3生本课堂"教学模式基本框架如下(图2.1):

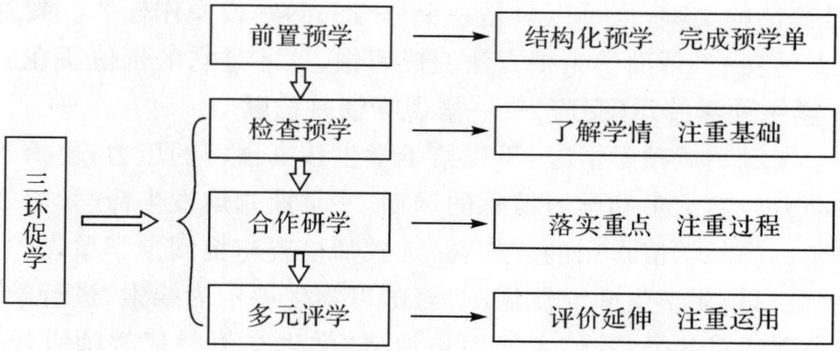

图2.1　小学语文"基于预学的1+3生本课堂"教学模式基本框架

二、流程解读

小学语文“基于预学的1+3生本课堂”，要求教师在前置预学及课堂教学中，始终要坚持学生本位，让学生经历“自主学习—积累知识—培养学力—发展个性”的过程。从学科本位看，“前置预学”强调的是让学生通过通读了解课文大概内容，通过悟读思考课文重点内容，并能提出疑问；课堂中“检查预学”环节主要是了解学生对基础知识的掌握情况，对难点进行点拨，关注基础知识的人人过关；“合作研学”环节主要是对课堂重点学习内容的突破，凸显语用，培养学力，关注学习过程的人人参与；“多元评学”环节主要是对课堂学习的评价与拓展，关注知识的运用与学习活动的延伸，促进学生个性化发展。

（一）“1”是指前置预学

为了让学生的“独立预学”在课堂教学中真正为“以学定教”发挥作用，成为学生课堂上进一步学习的台阶，教师需要布置前置性预学任务，设置好预学单。让学生通过先行学习，完成预学单，有准备地进入课堂。同时，预学单为师所用，呈现学生独立预学能够达到的基本水平与差异状况，以问题暴露学生想法，为教师在课堂上有针对性地导学提供依据。

学生前置性独立预学以“读”贯穿始终，学会“通读、悟读、疑读、延读”四步结构化预学方法，完成预学任务。学生在前置性预学中，通过通读课文，尽可能自己掌握基础知识，初步理解课文内容；通过悟读课文，结合课后练习，初步理解课文重点内容；通过疑读，提出疑难问题，为实现“以学定教”的课堂奠定基础；通过延读，搜集相关资料，拓宽阅读视野，为更好地进入课堂学习服务。

（二）“3”是指课堂学习中的三个基本环节

1. 检查预学

学生通过结构化预学，已经读通了课文，基本掌握了基础知识，对文本产生了初步的情感体验，尝试了某种有效的学习方法，完成了教师布置的预学任务。“检查预学”这一环节，一般可以通过以下几种形式来检测学生预学情况：一是小组内交流检查，学生个体发表自己的预学收获，组长进行预学评价；二是直接让学生尝试基础练习或解决简单问题进行检测；三是教师通过提早了解学生预学情况，发现问题，从而在课堂中有针对性地突破基础知识难点，捕捉学生疑惑，为下一步研学作准备。

2. 合作研学

“合作研学”是基于学生独立预学的思考进行的，主要任务是突破这节课重难点内容。通过生本教育倡导的“高度尊重学生，全面依靠学生”，创造取之不尽、用之不竭的教育资源，为达成教学目标服务。

合作研学分两个层面：一是小组研学。学生在组长的带领下，在小组内交流自己对重点问题的思考，相互研讨、补充、争辩，对问题形成一定的共识，教师巡视，了解小组研讨情况，从中发现小组研学中存在的主要困惑，为全班研学作好准备。二是全班研学。可以是学生自主学习后的全班研学，也可以是由各小组汇报组内研学情况，组与组之间可以相互补充、相互争辩、相互提问，促进学生思维碰撞，形成班级共学、思辨的良好课堂氛围，充分呈现学生的学习过程。

这里要注意的是，尽管“合作研学”的落脚点在“学”上，但要真正实现“学”的有效性，教师以“教”导“学”尤为重要，要适时顺“学”而“导”，进行有效点拨与评价，促进学生知识内化，培养学生学习能力。

3. 多元评学

“多元评学”意在从多方面对学生进行学习评价，目的是重视积累表达，培养语用能力，拓宽学习视野，激发学习兴趣，促进学生综合素质的提升。

“多元评学”可以是诊断性评价，了解学生对新知的理解、掌握情况等；可以是形成性评价，关注学生学习中的课堂表现、参与程度、合作交流能力等；可以是激励性评价，让学生产生学习欲望，激发阅读兴趣，培养创新意识等。通过多元评学，促进学生学习能力提高及良好个性发展。其中对学生学习过程的评价尤为重要，所以“评学”应该贯穿课堂教学的始终。

第三节　教学实施要求

一、教师编制预学单

生本课堂把学生的“学”放在首位，让学生在各种学习活动中，对学科知识进行感悟和学习。作为教师，如何设计让全体学生都能投入先行学习的预学单，就构成了构建生本课堂时第一个要思考的问题。

（一）编制预学单的原则

编制预学单要遵循“简单、根本、开放”的原则。

“简单”是指要体现语文教学的基础知识和基本技能，为“人人可参与”服务；“根本”是指要抓住语文教学的本质及课堂核心目标，为“学生的能力发展”服务；“开放”是指要拓宽语文阅读的视野及综合语用能力，为“课堂的生成与拓展”服务。在这三者中，“根本”是关键，是课堂学习的重点所在。根本问题设计中还要思考：是否有利于推动学生阅读，是否有利于让语文与学生生活和心灵相联系。

（二）编制预学单的目的及要求

1. 清楚学生能“读懂什么”

要求学生在预学中，能独立学会的基础知识和基本技能尽量自己读懂——学生自己会的教师不教。

2. 知道学生“还能读懂什么”

要求学生能结合课后练习对本课的重难点内容先行独立思考、感悟，看看自己能读懂多少——学生有点会的小组研学。

3. 了解学生“还有什么不懂的”

要求学生能对课文中的不懂之处提出疑问，鼓励学生通过自己的思考和分析能解决的尽量自己来解决；不会的通过小组交流解决；小组内也解决不了的问题，可作为课堂学习的主要内容——学生不会的全班研学，教师导学。

4. 点化学生“还可以干什么”

要求学生能搜集与课文相关的资料，如背景资料、作者简介、与课文相关的诗句、名言警句、故事、哲理等，进行拓展阅读或表达，激发学生阅读和表达的欲望，促进语文素养的全面提升。

二、学生掌握结构化预学的方法

我们提倡的结构化预学，是一种以预学单为载体的前置性学习任务。学生依据预学常规要求有目的、有计划、有步骤地开展自学课文的学习活动，一般放在学习新课之前进行。

结构化预学的基本要求是：学生以“读”贯穿始终。一是通读课文，掌握基础知识，初步理解课文内容；二是悟读课文，思考课文主要要解决的问题；三是疑读课文，提出疑难问题；四是延读课文，进行拓展阅读，拓宽学习视野。

根据年级不同，可以进行不同阶层的阅读。如低年级以通读、悟读两阶阅读为主；中年级以通读、悟读、疑读三阶阅读为主；高年级可以进行通读、悟读、疑读和延读四阶阅读。教师可提炼出易于学生进行自主学习的结构化预学方法，可编制常规“预学口诀”，如一读、二划、三查、四记、五写、六思（读课文、划重点、查资料、记要点、写感悟、思难点）等。

读课文——包括读课文中生字词，读阅读提示，读课后问题，读知识链接等。可以选自己喜欢的方式读，默读、诵读、反复读、重点读、感情读等，能读通课文。

划重点——画生字、新词、重点句段、疑难处、感悟处等。可用多色笔和自己喜欢的符号来标记。

查资料——查字典、词典，查课外读物，查配套书籍等。

记要点——记生字的音、形、义，记重点词语意思、主要内容、优美词句等。

写感悟——写读完课文的总体感受，写文中优美词句的作用，写含义深刻句子的意思，写课文让你感动的理由，写学完课文后的打算等，留下自己思考的痕迹。

思难点——可从字、词、句、段、篇着手，思生字读音、字形，思词语、句子的意思，思句段的含义、作用等。在思的基础上，标注疑点，生成问题。

这里要强调的是，要加强对学生的预学指导。根据年级不同提出符合学生实际的预学要求，必须循序渐进，切不要拔高要求，这样才能提高学生的独立预学能力。

三、对教师的要求

（一）教师必须深读并处理好教材，精心设计研学内容，让学生们想说

生本课堂要求教师要对教材进行“二次开发”。在尊重教材的基础上，教师要能超越教材，积极地审视、科学地处理加工教材，善于挖掘教材之外的教学资源，在激活学生思维方面大做文章、巧做文章，激发学生的学习兴趣和探究欲望，具体讲，要做到以下几个方面：

一是“立化”教材。大数据时代，对传统的教科书概念提出了挑战，我们需要立体地看教材，把教材当成可以开发的资源包，可以删减，可以增补，可以整合，可以重组，充分挖掘教材中的语用元素。

二是“取舍”有道。在研究教材之后，对教什么进行准确定位，一堂课的设计要从课程标准出发，基于教材，基于学生，找到最适度的教学目标。教学环节设计中，始终要思考“要让学生学会什么”。

三是落实“语用”。语用就是言语的实践，抓住文本中典型的语言现象，让学生自己通过语文实践活动，提高语用能力。

四是提升“学力”。“学力”即学习语文的能力。学力的提升，主要是指学生从“进课堂”到“出课堂”的语文学习能力提升。它包括语文的听、说、读、写、思的能力，还应有交流能力、合作能力、倾听能力、评价能力等。

（二）教师必须成为学生学习的伙伴，营造和谐课堂氛围，让学生们敢说

生本课堂要求营造浸润着民主、平等、和谐气氛的人文课堂环境。教师要成为学生学习的伙伴，组建起“学习共同体”，与学生平等地交流和探讨，允许学生提出自己独特的见解、奇特的想法，激励、善待学生，创设一种“心理自由和安全”的课堂教学环境，让学生的心智和心灵能自由自在地放飞。

（三）教师必须拓宽自己阅读视野，培养学生阅读习惯，让学生们会说

生本语文提供的一条最简捷、最根本的思路是“大阅读”、“大写作”。生本语文教学倡导从独立自主地大量识字到积极主动地广泛阅读，再到轻松自如地发表见解，最后情不自禁地执笔写作，这是一个美好的境界，是由量变到质变的过程。在这个过程中，教师需要以自己的阅读视野来指导学生开展大阅读、大写作，培养学生对语言文字的热爱，鼓励他们遨游书海，在读中有所悟，有所感。

（四）教师必须科学实施小组管理，加强小组合作交流，让学生们都说

生本课堂强调培养学生自主、合作、探究的学习能力，这些能力的培养只有通过“合作学习小组”的创建与管理，明确职责，建立评价机制，才能真正起到实效。教师在创建与管理合作学习小组过程中，要把自己视为这个团队的一员，确立共同学习的目标，共同成长的愿景，引导学生学会合作，学会交流，使其真正成为学习的主人。

（五）教师必须有效利用评价机制，课堂学习质疑思辨，让学生们说透

面对富有个性的学生，教师要建立有效的评价机制，学会善待、宽容、欣赏学生，用“放大镜”去捕捉每个学生身上的闪光点，让每位学生在教师的激励中不断超越自我。

促进课堂转型后，什么样的课是好课？如何评价课堂教学？这应该是一个急需解决的问题。从“关注教”转向“关注学”，是当前课堂教学改革的核心特征。现在我们的课堂评价，已经逐渐从关注教师课堂表现转向学生的有效参与。观察一堂课是否有效，必须站在学生立场，观察知识的获得、方法的掌握，同时要观察思维的激活、能力的培养以及学习情感的激发。专家认为，现在有效的课堂，不再是简单地追求精致，而应是教学目标多维、教学设计简约、教学过程开放、真正注重学生学习过程的简明而充分的课堂。我们将为此而努力！

第四节 教学实录

案例1 《飞向蓝天的恐龙》教学实践与反思①

“以生为本、以学定教、能力为重”的教学理念已经深入每一个一线教师的心中，如何把这一理念扎扎实实地落实在语文阅读教学中，并且成为教学的常态，是我们开展课堂研讨的初衷。通过实践，应努力体现这样两个主方向：从理解内容后组织课堂，转变为围绕学习语言文字运用开展学习，体现以“能力为重”；其次体现学生语文实践为主要方式的课堂形态，让课堂成为学生思维碰撞、提升的舞台。基于这样的思考，结合说明性文章这一教材特点，我们探索了为学生的发展而设计的学习活动，以学生自主提出的问题为研究要点，以解决问题、实践语言、品读运用为课堂活动，从而促进学生学习能力的发展。

① 本案例由浙江省舟山市普陀区沈家门第一小学张意红教师提供。

一、教学内容

人教版《义务教育课程标准实验教科书·语文》四年级上册第八单元精读课文《飞向蓝天的恐龙》。

二、教材分析

《飞向蓝天的恐龙》是一篇科普文章，本文揭示了科学家们在古生物研究方面的重大发现：鸟类很可能是一种小型恐龙的后裔，第 4 自然段重点介绍了恐龙演化成鸟儿的过程，向学生开启了一扇科学探索之门。同时，课后题要求学生体会说明文用词准确的表达特点以及能用自己的话复述恐龙演化成鸟儿。本课教学需两课时，第一课时，以"恐龙如何演化成鸟儿"为中心探究问题，落实用词准确的要求，并使学生能有条理地复述演化过程。以下的设计均以此为目标展开。

三、教学目标

1. 正确书写"恐"，理解"形态各异"、"茹毛饮血"等词语的意思，了解说明文用词准确的表达特点以及各类说明方法，能背诵自己感兴趣的句子。

2. 围绕"恐龙是如何飞上蓝天的"这一中心问题，学习课文第 4 自然段，小组合作探究恐龙演化成鸟儿的过程。

3. 能有条理地复述恐龙演化成鸟儿的过程，适当展开想象，激发学生热爱科学、探索求知的浓厚兴趣。

四、教学重点、难点

探究恐龙演化成鸟儿的过程，能抓住关键词句有条理地复述这一过程。

五、课前准备

1. 教师准备：(1)制作课件。(2)通过预学单了解学生的预习情况。

2. 学生准备：课前进行结构化预学，完成预学单。

六、设计思路

《义务教育语文课程标准(2011 年版)》中关于第二学段的阅读要求是："能联系上下文，理解词句的意思，体会课文中关键词句表情达意的作用。"因此，本课时以《飞向蓝天的恐龙》第 4 自然段的教学为抓手，以学生提出的问题为研读方向，借助探究表格和自主探究、合作学习的方式，引导学生边读边悟，理清恐龙演化的过程，能用自己的话简单复述演化过程。引导学生在多种形式的朗读中，自主领悟举例、比较等说明方法，以及用词准确的表达特点、总分形式的表达结构，并能背诵自己感兴趣的句子。基本流程为：

预学“质”疑—探究“研”疑—复述“检”疑—巩固“存”疑

七、教学过程

（一）谈话激趣，揭题质疑

师：同学们，今天我们要学习的内容和恐龙有关，哪个同学能用简单的一两句话来介绍下你所知道的恐龙？

生（读）：恐龙生活在距今大约两亿三千万年的白垩纪时代，支配全球的陆地系统超过了一亿六千万年之久。

师：谢谢你，如果能用自己的话说出来就更好了。谁还愿意来说？

生：我来介绍恐龙中的镰刀龙，它身长约 12 米，重约 6.2 吨，有 6 根镰刀状的巨爪。

师：你是用列数字的方式向我们介绍了它，非常好。老师也想用列数字的方式来介绍鸭嘴龙。大多数恐龙的牙齿有 900 多颗，而鸭嘴龙的牙齿却有 2000 多颗。谁还愿意来介绍？

生：恐龙中最聪明的是伤齿龙，最笨的是剑龙。

师：你举了两个最有代表性的例子，谢谢你。

生：我介绍的是：最难看的恐龙是肿头龙，不仅秃顶，而且秃顶的四周还有成行成列的小瘤，像得了肿瘤一样。

师：看来肿头龙的名字和长相有关，有一种恐龙，对孩子非常照顾，从一出生就精心呵护，这叫——

生：慈母龙。

师：完全正确。距今 2 亿多年前，恐龙是这个地球的主人，随着科学技术的发展，人类正一点一点地掀开它们神秘的面纱。我们今天要学习的课文是——

生：飞向蓝天的恐龙。

师：“恐”是本课的生字，拿起手来和老师一起来写，心是它的形旁，“恐”在字典里表示害怕、担心的意思，能组一个词语吗？

生：恐惧。

生：恐怕。

生：争先恐后。

生：恐怖。

师：恐龙最早就被称为恐怖的蜥蜴。读了课题，你最想了解什么？

生：恐龙不是灭绝了吗？为什么会飞向蓝天？

生：恐龙那么笨重，怎么能飞向蓝天呢？

生：恐龙是怎么飞向蓝天的？现在蓝天上的哪些鸟儿是恐龙变的？

师：同学们虽然表达的文字不同，但老师听出来了，你们都想弄懂恐龙是怎么飞上蓝天，演化成鸟儿的。预学单中，提出这个问题的同学有16个，除了这个问题，同学们提出的疑问还有这些，我们一起来看一下(图2.2)。

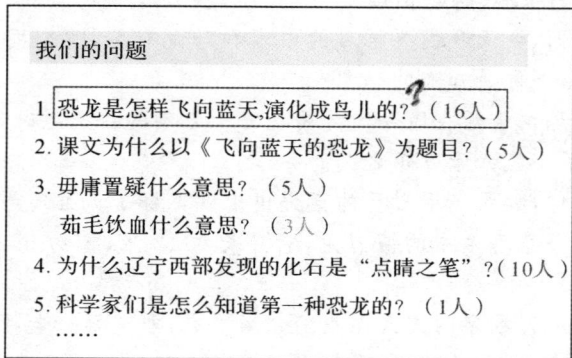

我们的问题

1. 恐龙是怎样飞向蓝天,演化成鸟儿的？（16人）
2. 课文为什么以《飞向蓝天的恐龙》为题目？（5人）
3. 毋庸置疑什么意思？（5人）
   茹毛饮血什么意思？（3人）
4. 为什么辽宁西部发现的化石是“点睛之笔”？（10人）
5. 科学家们是怎么知道第一种恐龙的？（1人）

……

图2.2　学生预学中的问题

师：提出课文为什么取《飞向蓝天的恐龙》为题的5个同学，请起立。（学生站起来）现在你们知道为什么了吗？

生：可能是为了让大家有兴趣去读课文。

生：这样的题目会让我们产生问题，就会读文章了。

师：是的，一个好的题目就是文章的眼睛，既能激发读者阅读的兴趣，也概括了课文主要要介绍的内容。

【设计意图】拉近学生与所学内容的距离是提高课堂教学效益的要素之一。通过谈话交流，唤醒学生已有的知识，在评价中，启发学生关注列数字、举例子的说明方法，为下文的学习做好铺垫。课堂是属于学生的，因此探究的问题也应该来自于学生。通过课题质疑，统计预学单上的主问题，梳理后形成本课的重点探究问题“恐龙是如何演化成鸟儿的”，并在讨论交流的基础上，学生已经初步了解题目能激发读者阅读兴趣的特点，解答了5个同学的疑问。

(二)预学交流，初步感知课文

1. 交流词语，基础过关

师：同学们认真预习了课文，现在学习组围绕“自主学习”栏中的要求进行反馈，重点交流难读难记词语和概括课文内容。

（学习组学习3分钟左右后集体交流）

师：哪一组先来交流？

生：我们组采用轮读的方式来读词语，（一生一个，过程略）我们组认为难读的词是“毋庸置疑”，请大家跟我读：毋庸置疑。

（师在电子白板中的“毋庸置疑”下画横线，给“毋”注上第二声）

生：毋庸置疑。

生：我们组认为难读的词语还有“茹毛饮血”，注意“血”在这里读第四声，请大家跟我读：茹毛饮血。

（师在“茹毛饮血”下画横线，给“血”注上第四声）

生：茹毛饮血。

师：“血”是个多音字，在成语里一般都读“xuè”，请大家再来读一遍，茹毛饮血。

生：茹毛饮血。

师：茹毛饮血的意思谁知道？预学单中有3个同学对这个词提出了疑问。

生：直接连毛一起吃，喝它的血。

师：谁会茹毛饮血呢？

生：野兽。

生：霸王龙。

生：野人。

师：是的，它们都不会用火，连毛带血地生吃禽兽，就叫作“茹毛饮血”。哪一组继续补充？

生：我们组认为难写的词是“轻盈”，请大家注意“盈”字“乃”的里面是个“又”，请大家跟我写一遍：撇、横折折折钩、横撇、点……

（师在“轻盈”下画横线，给“盈”注上△）

生：我们组有补充，“敏捷”的“敏”读前鼻音，第三声，请大家跟我读：敏捷。

生：敏捷。

（师在电子白板中的“敏捷”下画横线，给“敏”注上第三声）

生：我们组还有补充，“凶猛”两个字都是后鼻音，请大家跟我读：凶猛。

生：凶猛。

（师在“凶猛”下画横线）

师：感谢同学们的提醒，我们一起来读读这些要注意读音和字形的词语。

生：凶猛、轻盈、敏捷、茹毛饮血、毋庸置疑。

2. 交流大意，理清第2～4自然段的写作结构

师：哪一组愿意来交流课文内容？**（师出示主要内容）**

生：《飞向蓝天的恐龙》是一篇科普性说明文，主要介绍了科学家提出一种假说：鸟类不仅和恐龙有亲缘关系，而且很可能就是一种小型恐龙的后裔。还重点介绍了恐龙飞向蓝天的过程。课文最后表达了科学家们的美好心愿。

师：哪一小组有其他意见？

生：前面两个空所填内容我们组是同意的，后面一个空我们是这样填的：还重点介绍了恐龙演化成鸟儿的过程。

师：其实这两种填法都可以，虽然文字不同，表达的意思是一样的，我们一起来读读课文主要内容。

生：《飞向蓝天的恐龙》是一篇科普性说明文，主要介绍了科学家提出一种假说：鸟类不仅和恐龙有亲缘关系，而且很可能就是一种小型恐龙的后裔。还重点介绍了恐龙演化成鸟儿的过程。课文最后表达了科学家们的美好心愿。

师：请同学们打开书本，快速浏览，写“假说”的是课文的哪一段？

（七八秒后）

生：第2自然段。

[师板书：假说(2)]

师：写“演化”的呢？

生：第4自然段。

[板书：演化(4)]

师：那课文的第3自然段是什么？

生：过渡段。

[师板书：过渡(3)]

师：我们很快就理清了课文第2～4自然段的写作内容，同学们真会学习。

【设计意图】“以学定教”就是要基于学生的认知起点开展教学。四年级的学生对词语及课文主要大意的理解应该不会是太大的问题，但需要教师做适当的点拨与强调。学生是学习的主人，哪些词语容易读错、写错，学生最有发言权。给予充分的表达交流时间是对学生自主学习成果的尊重，在此基础上，教师点拨最易读错的多音字“血”，起到巩固提升的作用。针对预学单中3个同学提出的“茹毛饮血”是什么意思，课堂上做了有针对性的引导，解决了重点词语的意思。

（三）合作研疑，探究恐龙演化的过程

1. 第一次合作研学，明了演化的主线

师：恐龙是如何演化成鸟儿的，这个秘密就藏在课文的第4自然段，你们愿意当考古员去亲自解开这个谜底吗？

生：愿意。

师：张老师口袋里藏着几个小小的恐龙蛋，将把它送给最会学习的小组。哪一组有信心得到它？

（很多学生举手，跃跃欲试）

师：请同学们默读第4自然段，根据表格（表2.1）要求先自己说一说恐龙演化的情况，再小组交流。

表 2.1　恐龙演化情况

演化阶段		演化时间 （填一填）	事物特点 （在文中圈出关键词）
1	第一种恐龙		
2			
3		/	
4	/		

（学生自主学习，教师巡视了解）

师：哪一组愿意先来分享你们的学习成果？

生：我们组讨论后认为：第一种恐龙的演化时间是两亿三千万年前；事物特点是像狗一样，后腿粗壮有力。第二个阶段是庞大家族，演化时间是数千万年后；事物特点是形态各异，有两足的、四足的，有身长几十米的、身材小巧的，有凶猛异常的、温柔的。第三个阶段是一些猎食性恐龙；事物特点是越老越像鸟类。第四个阶段是变成了鸟类；事物特点是在树木间跳跃，学会了飞翔。

（师根据学生的回答，适时板书：第一种恐龙——庞大家族——一些猎食性恐龙）

师：其他小组有补充吗？

生：我们小组认为：第四个阶段是一些猎食性恐龙中的某些种类，不是鸟类，最后才变成鸟类。

师：其他小组认为呢？

生：我们组也觉得是它们中的一些种类发生了变化，我们还有一个补充，第一种恐龙的演化时间是大约两亿三千万年前。

（师板书：它们中的一些种类 大约两亿三千万年前）

师：这个“大约”是不是要写上去？我们还得来看具体的文字，一起来读一读第一句。

生：地球上的第一种恐龙大约出现在两亿三千万年前，它和狗一般大小，两条后腿粗壮有力，能够支撑起整个身体。

师：要加吗？

生：我觉得应该加，那时候还没有人类，这只是一种猜测。

生：我也觉得应该加，这样就能让我们感受到说明文用词的准确性。

师：同学们对文字的感觉真好，这样一个不确切的、估计的词语运用在这里，恰恰是一种准确的表达，我们阅读科普文章，在用词准确这一点上可以细细留心，说不定还能发现更多。比如在第 4 自然段中，你还能找到这样用词准确的地方吗？

生：我觉得“一些”用得很准确，不是所有的猎食性恐龙都发生了变化。

（师给“一些”做上标记）

生：我觉得“逐渐”用得很准确，这些猎食性恐龙是一点点发生变化的，所以要用上“逐渐”。

（师给“逐渐”做上标记）

生：我觉得“可能”用得也很准确，科学家们现在没有证据，只能猜测这些恐龙到树上是为了躲避敌害。

（师给“可能”做上标记）

生：我觉得“慢慢”用得很准确，因为它们中的一些种类变成鸟儿是一个漫长的过程，所以用“慢慢”。

（师给“慢慢”做上标记）

师：可见对于科普性文章，作者非常重视用词的准确性，这一个个被我们找出来的词语，请同学们一边做好笔记，一边读一读，再体会体会。

师：让我们来看看板书（图 2.3），分享同学们的学习成果。恐龙是如何飞向蓝天的呢？大概经历了这样四个大的过程，首先大约在两亿三千万年前，地球上出现了——（生接：第一种恐龙）。数千万年后，它的后代繁衍成——（生接：一个形态各异的庞大家族）。又经过了很多年，谁发生了变化？（生接：一些猎食性恐龙）是的，变得越来越像鸟类。又经过了若干年，它们中的一些种类，最终——飞上了蓝天，变成了鸟儿。

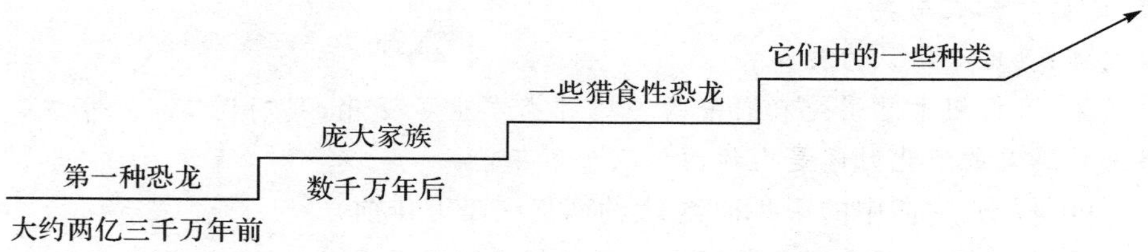

图 2.3　课堂教学板书

【设计意图】　让学生有目的地研学，有助于教学目标的达成。因此，基于学生对恐龙演化过程理解上的困难，教师在预学中设计了表格，给学生的预学提供适当的支架。本环节是探究恐龙演化的核心部分，学生在自学的基础上，通过“小组合作”学习，真实地反映学生对新知的认识与理解，呈现了预学中的基本水平和差异状况。在研学中，学生真正成为学习的主人，自主提出见解，补充交流，观点碰撞，都在学生之间的对话中完成。学生积极地参与到研学中来，准确流畅地找到了一个个运用准确的词语，对说明文用词准确的表达特点有了更深的认识。这一环节既理顺了演化主线，又让学生习得了说明文的语言表达特点。

2. 第二次合作研学，感受演化的形象

师：（出示图片）看，第一种恐龙来了，谁愿意来介绍它？

生：第一种恐龙大约出现在两亿三千万年前，和狗一样大小，后腿粗壮有力，能支撑起整个身体。

师：还能加上自己的想象吗？

生：它的样子和袋鼠差不多，后腿的肌肉特别发达。

生：它能灵活地行动，非常敏捷。

师：这是恐龙的祖先呀，让我们读读课文中的文字，记住它的样子吧。

生（读）：地球上的第一种恐龙大约出现在两亿三千万年前，它和狗一般大小，两条后腿粗壮有力，能够支撑起整个身体。

师：数千万年后，它的后代繁衍成了一个形态各异的庞大家族，谁愿意来读读这个句子？

（生读略）

师：我们一起合作来读一读，我读红色的字，男同学读绿色的，女同学读蓝色的，好吗？

（合作读略）

师：谁愿意来读红色的字？好，请你！我来读绿色的，同学们读蓝色的，要求突出和我不一样的地方，能行吗？

（合作读略）

师：如果能把这三个“则”读好，不同的地方就更明显了。谁来读红色的字？男同学读绿色，女同学读蓝色，注意突出不同的地方。

（合作读略）

师：读着读着，这些不同点肯定已经记在同学们的脑海中了，老师把它们都去掉，能填对吗？

（学生尝试背诵关键词，过程略）

师：读了那么多遍，水平高的同学都快能背诵了，大家有没有发现这句话中的一些秘密？

（有七八个同学举手）

师：赶紧和学习伙伴们交流交流自己的发现吧！

（学生交流）

师：谁愿意来分享你的发现？

生：我发现这个句子中运用了列数字的说明方法。例如，有些恐龙身长几十米，重达数十吨。

师：你发现的是说明方法，除了列数字，还有其他说明方法吗？

生：还有举例子，举了有些恐龙两足奔跑，有些恐龙四足行走等，一共举了

6个例子。

生：每两个例子之间，还在做比较，两足的和四足的做比较，凶猛异常的和温顺可爱的做比较。

师：这个发现太重要了，作者对行走方式做了比较，身材特点还在做比较，性格特点依然在作比较。

生：我还发现作者运用了总分结构来写的，总起句是：数千万年后，它的后代繁衍成一个形态各异的庞大家族，后面都在写家族怎么样。

生：我发现总起句后面用了冒号，就告诉我们后面是围绕这一个内容写的。

师：你们都关注了写作结构，从不同的思考角度给了我们启发。这一个句子藏着这么多的秘密，作家真是了不起，咱们也来学学作家，看看谁能行？

（出示图片）

师：数千万年后，鸟类也形成了一个形态各异的庞大家族，有些鸟浑身雪白，有些鸟则——

生：浑身乌黑。

师：有些鸟的嘴巴又大又粗，有些鸟的嘴巴则——

生：又细又长。

师：谁还能继续往下说？

生：有些鸟的眼睛像玻璃珠子一样圆溜溜的，有些鸟的眼睛则像米粒一样小。

师：你关注的是眼睛特点。

生：有些鸟体型较大，翅膀张开来有两三米长，有些鸟则体型像手掌一样小。

师：你感兴趣的是体型特点。

生：有些鸟羽毛五彩缤纷，有些鸟则灰不溜秋的。

师：现在谁知道什么叫“形态各异”？

生：形状很多，都不一样。

生：体形各种各样。

师：让我们去欣赏一下这些形态各异的恐龙家族吧，边看边能读出不同之处的同学更棒了。

（出示图片和文字，学生边读边欣赏）

师：读着读着，谁能把这句话背出来？根据老师的提示，大家试试。

（学生练习，学习组里检查，过程略）

师：猎食性恐龙来了，谁愿意来读？

（指名读）

生(读):其中,一些猎食性恐龙的身体逐渐变小,长得也越来越像鸟类:骨骼中空,身体轻盈;脑颅膨大,行动敏捷;前肢越来越长,能像鸟翼一样拍打;它们的体表长出了美丽的羽毛,不再披着鳞片或鳞甲。

师:在写法上,大家有没有发现什么?

生:和前一句是一样的,都是总分结构的。

师:让我们看着图片,再一起合作来读一读。

(合作读略)

师:又经过了很多年,它们中的一些种类也发生了变化,哪一组愿意来读?

(指名一组读)

生(读):它们中的一些种类可能为了躲避敌害或寻找食物而转移到树上生存。这些树栖的恐龙在树木之间跳跃、降落,慢慢具备了滑翔能力,并最终能够主动飞行。

师:如果能一边看图片,一边读会更有意思,我们一起试试。

(全班齐读)

师:我们非常快地学完了猎食性恐龙和它们中的一些种类,不知同学们有没有学懂,谁能来填一填?

(出示填空题:一些猎食性恐龙的身体____,长得____,它们中的一些转移到____,在树木间____,慢慢具备____,最终____。)

(生填空过程略)

【设计意图】本环节除了要形象感知恐龙演变的过程外,还要落实这一部分的语言表达特点,让学生学会积累与运用。如何让这两个教学目标有机融合,有效达成,是教师教导的重点所在。有效的课堂应该是学生自读自悟,边读边悟的过程,所以这一环节安排了全班第二次研学。在品析“形态各异的庞大家族”时,学生在不知不觉的合作读中,背诵了关键词句,洞察了作者在表达上、写作上的特点,并将这种发现迁移到鸟类上,进行语言转换的实践应用。知识的习得和运用巧妙结合,凸显了课堂的活力。一些猎食性恐龙的演化和它们中的一些种类的变化,借助图片、填空等形式,帮助学生学会概括要点,为讲述恐龙的演化过程做好了铺垫。

(四)创设情境,复述解疑

1. 创设情境,复述“树栖说”

师:如果加上第一种恐龙,再加上形态各异的庞大家族,就形成了恐龙的演化过程。考古界里如果有了重大发现,一般会通过召开新闻发布会的形式,与大众分享,谁愿意当首席发布员?张老师将把口袋里的恐龙蛋奖励给他。

(师从举手的生中指一名)

师:你可以看着大屏幕,也可以看着老师的板书来向大家发布这个重大发现。

（生复述过程略，比较简洁，师奖励恐龙蛋）

师：谁能再稍微具体一些，比如介绍一下第一种恐龙的样子，形态各异的庞大家族就更好了。

（第二次复述，过程比较具体，师奖励恐龙蛋）

2. 辨别不同，复述“奔跑说”

师：所有的科学家都认同你们这种观点吗？

生：不是。

师：那还有什么观点？

生：有的科学家认为，恐龙是在奔跑中学会了飞翔，最终飞上了蓝天。

师：我们把这种观点称为“奔跑说”，那么前一种观点可以概括为什么？

生：树上说。

师：还有更好的吗？

生：树栖说。

师：这个不错。这两种观点，不同在第几个阶段？

生：第四个阶段。

师：谁愿意以奔跑说的观点，来说说自己的考古发现？

（生复述，条理清楚，观点明确，师奖励恐龙蛋）

师：还想得到恐龙蛋的同学起立，请你说给在座的任何一个同学听，也可以说给在座的任何一个老师听，可以说树栖的观点，也可以表达奔跑的观点，只要能做到说得准确、有条理，就可以得到一个恐龙蛋。

（生自由复述，现场氛围活跃，师做好点评反馈）

师：不管什么观点，有一点毋庸置疑——

生：原本不会飞的恐龙最终变成了鸟类，它们飞向了蓝天，从此开辟了一个崭新的生活天地。

师：什么是“毋庸置疑”？预学单中提出这个问题的5个同学请起立，谁能说说？

生：不用怀疑了。

生：不需要再怀疑了。

师：那就让我们读得再坚定些。

（生齐读）

【设计意图】学生的课前质疑、课中探究的学习效果，最终只有在展现环节才能检验。本环节抓住复述这一语言实践点，创设考古新闻发布会，激发学生的表达欲望；恐龙蛋这一有效的奖励手段，更为复述兴趣的提升添加了正向鼓励的作用。在复述具体这一要求上，不做统一要求，学生只要能做到说得有条理，关键词语运用准确就可以了。采用“奔跑说”的观点来复述是挑战，对学生学习力的提升比较明显。借助板书和屏幕，大部分学生能完成这一任务，基本达成了教学目标。

（五）交流收获，存疑延学

师：学习了今天这节课，同学们有什么收获？

生：我知道了恐龙是怎么飞上蓝天的了。

师：提出这一问题的16个同学知道了吗？好，老师把这个问号擦去。

生：我知道了说明文用词准确的表达特点。

生：我知道了恐龙有很多种类。

生：我知道了恐龙演化成鸟儿，经过了非常漫长的时间。

师：确实如此，那时还没有我们人类，这一切的秘密全靠的是科学家的发现的恐龙化石，下节课，我们将走进这些关键的化石，去解开10个同学提出来的这个问题。

生（读）：为什么辽宁西部发现的化石是“点睛之笔”？

师：为了更好地解开这个谜，同学们可以去阅读《恐龙王国大百科》、《恐龙大追踪》这两本书，也可以观看视频《中国考古发现——从恐龙到鸟》，一定会有更大的收获。

【设计意图】怎样让学生学会学习？存疑解惑、自主探究是有效的方法。作为教师一定要给学生创设存疑的机会，激发探究的兴趣，鼓励学生积极思考，自主解疑，这是生本课堂的关键所在。这一环节，教师只是提供思考的方向，书籍、视频既是本课所学的提升，更为下节课的学习做好铺垫。让学生带着问题出课堂，又带着自己的收获进课堂交流，把培养学生的学习能力贯穿教学始终。

（六）作业巩固，抄写积累

师：请同学们翻开语文课堂作业本，完成“收藏屋”。

（学生完成作业）

八、教学反思

（一）以“疑”促学，体现学生为本

在学生结构化预学中要求提出疑问，既充分暴露了学生在学习中的困惑，又为教师有针对性地导学提供了依据。预学这一课中，学生提出的问题，既有词语方面的，又有课文内容理解上的；既有知识质疑，又有写法困惑。基于自学基础上的课堂，并不是零起点教学，整堂课围绕学生的问题一步步展开，引导学生自读自悟，教师在课堂学习中，时时关注这些问题，寻找适当时机，启发学生自我解答。

如预学单上有5个同学提出“课文为什么以《飞上蓝天的恐龙》为题”这一问题，在学生针对课题质疑后，再次抛给学生，顺势而导，让学生明白题目能激发阅读兴趣。在探究“恐龙是怎样演化成鸟儿的”这一主问题时，教师的引导作用主要是设计了探究表格。这一表格搭建了演化的整体框架，做了适当的启发，提供给学生可以交流的空间。小组学习中，组长组织成员、完善表格填写的内容，各组之间相互补充、启发，学生成了课堂学习的主人。围绕“大约”一词是不是要加，展开“说明文用词准确”的研读学习，课堂教学环环相扣，学生学习的兴致一点点被激发起来。课末又以预学单中10个同学提出的“为什么辽宁西部发现的化石是‘点睛之笔’”引导学生课外自学，做好第二课时交流的充分准备。

教学的初衷是力求体现问题从学生中来，学生自己解疑、交流、分享，组与组之间可以相互补充、争辩，促进学生思维碰撞，教师针对学情有效点拨、评价，关注、调整学生的学习状态，把时间留给学生去提升能力，发展语言。最后再以学生的问题开启第二课时的学习准备。

（二）以“研”释疑，促进学力发展

语文教学既要有语文课的本质特点，又要呈现学生自主探究的理念。本课主要的教学任务之一是引导学生能有条理地复述恐龙演化的过程。复述的过程正是检验学生是不是已弄明白预学时提出的问题的好途径，其次也是教材的要求，课后题第二题要求学生根据课文要求想象演化过程，并能有条理地说一说。课堂作业本的最后一题，也要求学生能把恐龙演化成鸟儿的过程说给爸爸妈妈听。但是让学生当堂复述，确实是比较难的任务，所以在预习中，让学生借助表格独立思考，为课堂研学做铺垫。在课堂教学中，安排了两个层面的研学：第一，小组内交流预学情况，借助板书，直观呈现演化的几个过程；第二，通过全班研学具体演化内容。根据《义务教育语文课程标准（2011年版）》中关于第二学段阅读的要求，将研读的重点放在了“形态各异的庞大家族”这一句上。学生是善于学习的，当教师引导学生在多种形式的合作朗读后，学生不仅能发现举例子、列数字、做比较的说明方法，而且还感受到了总分的表达结构特点，水平高的孩子还能结合冒号、分号等特殊的标点来说自己的发现。教师在学生学有所得时，顺势而导，“能不能仿照作家来说说形态各异的鸟类家族”，这一迁移运用，让学生“跳一跳，摘桃子”，学生兴趣盎然，既培养了学生学习语言文字运用的能力，又进一步明朗了恐龙演化成鸟儿的过程。有了这两个研学的基础，最后在检查研读效果环节，通过考古员角色的设置和奖励恐龙蛋的手段激发学生复述的兴趣。从课堂教学来看，简单地、有条理地复述，学生基本都已经做到。

最后的思考是，依托教材内容着力培养学生终生受用的语文知识、语文方法、语文思维以及语文技能是语文教师的教学方向，但达到这一目的的主体一定是学生自己，因此在目标与方向之间必须搭建有效的桥梁。这桥梁可能是一张结构化的预学单，或者是问题化的情境设计，也许还是提炼的某种有效的学习方式……

案例2　《颐和园》教学实践与反思①

一、教学内容

人教版《义务教育课程标准实验教科书・语文》四年级上册第十八课《颐和园》。

二、教材分析

《颐和园》是四年级上册的一篇精读课文。全文最大的特点是按移步换景的游览顺序，抓住景物特点，用简洁准确的语言写出了颐和园的美丽景色，展示出了我国园林艺术的辉煌成就和古代劳动人民的智慧才干。

三、教学目标

1. 学习15个新词，读准字音，理解“画舫”的含义，指导学生学会“颐”、“廊”、“殿”三个易错字字形。

2. 学习课文第1、2、6自然段和移步换景的句子，知道按游览顺序和抓特点写游记的方法。

3. 能正确、流利地朗读课文，体会作者对颐和园的赞美之情。

四、课前准备

1. 教师准备：(1)制作课件。(2)通过预学单了解学生的预习情况。

2. 学生准备：课前进行结构化预学，完成预学单。

五、教学过程

(一) 课前谈话，营造氛围

师：大家喜欢去旅游吗？

生：喜欢！

师：去过哪些好地方？

---

① 本案例由浙江省舟山市普陀区展茅中心学校贺屈女老师提供。

生：我去过宁波动物园，看到过老虎、大象。

生：国庆节时，我和妈妈去厦门旅游过。

……

师：看来大家都喜欢旅游，因为旅游景区往往空气清新、风景迷人，让人流连忘返。很多人还喜欢把自己旅游时看到的、听到的、想到的记下来写成文章和大家分享呢。像那样的文章，我们就称为“游记”。（板书：游记）

师：今天，我们就学习小学阶段的第一篇游记。

【设计意图】轻松的谈话氛围中，拉近师生间的距离，而且直接点明了文章的体裁——游记。

（二）导入新课，初步释疑

师：（课件展示课题）请同学们一起读课题。这三个字中最难写的是哪个？

生：“颐”字最难写。“颐”的左边和“坐卧不安”的“卧”左边不一样，里面是个口。

师：请同学们伸出手指和老师一起板书课题。（板书：颐和园）并用红笔标出“口”。

师：关于这个课题，我们班的宴泽同学在预学单中提了个有意思的问题，请他来说一说。

生：我想知道“颐和园”为什么叫这个名字？

师：你们知道吗？

生：颐和园原名叫“清漪园”，太监李莲英为了迎合慈禧太后渴望长寿的心意，特意把“清漪园”改名为“颐和园”，意思是祝愿太后保全元气、长命百岁。

师：表扬这两位同学，不但会质疑，还会寻根究底。让我们把课题一起再来读一遍。

（学生齐读课题）

【设计意图】从课题中的“颐”字入手，认清字形，并利用学生预学单中感兴趣的问题以及收集的相关资料，快速了解颐和园的相关背景，节省时间为研学所用。

（三）预学检查，基础达标

师：大家已经预习了课文，接下来请拿出预学单，同桌互查一、二两题，有困难的互相帮助。

（学生同桌互学，然后班级交流）

生：“向东远眺”的“眺”比较难读，请大家跟我读——向东远眺。

（学生跟读）

生：“画舫”的“舫”不要读成第一声，请大家跟我读——画舫。

（学生跟读）

师：请6位同学一起把这些词语读一遍。

（学生读词语）

师：看来大家都掌握了字音。交流时，还有什么问题没有解决吗？

生：“画舫”是什么意思我们不知道，谁能帮助我们？

生：“画舫”的意思是美丽的游船。

师：（出示图片）看，这就是——画舫。一起再把词语读一遍。

师：现在检查字形，请把预学单翻到反面，我们来听写几个词语。第一个“长廊”，第二个“宫殿”。

（学生听写，其中两位同学在磁性黑板贴上听写）

师：（把磁性黑板贴贴到黑板右下角）这是两位同学听写的，谁来评一评？

生：“廊”写错了，他漏了下面的一个点。（师随即用红粉笔补上“、”）

生：他右下角也写错了，应该是双耳旁，不是单耳旁。（师随即修改）

生：“殿”的右边和“没有”的“没”的右边一样。（师随即补写右半部分）

师：我们还要注意“殿”的左下角是个“共”。写对的同学请举手。

（只有十几位同学举手）

师：预习的时候，不少同学认为这两个字比较难写，看来真的把同学们难住了。预习的时候，我们遇到难记的字形一定要花心思记一记，这样才能提高预习的效果。请同学们再把这两个词写一遍。

（学生订正书写）

师：谁来汇报第二个问题？

生：作者按游览顺序有序观察，依次观赏了长廊、万寿山、昆明湖。

师：同学们有意见吗？

生：我觉得作者是观赏了长廊、佛香阁和昆明湖。

生：我觉得吴魏对，因为佛香阁就是在万寿山上，佛香阁只是万寿山上的一处景物。

师：这位男同学明白了吗？我们一起说，作者依次观察了——长廊、万寿山、昆明湖。（板书：长廊　万寿山　昆明湖）做对的同学请举手。

师：四（3）班的同学们可真了不起，通过预习已经学会了很多内容。那么，读了课文，颐和园给你留下了怎样的印象？可以用一个词语概括一下吗？

生：颐和园给我留下的印象是美丽。

生：迷人。

生：难忘。

师：文中也有两句话，总写了作者对颐和园的印象，请大家快速找到这两个句子。

生：我找到的句子是：“北京的颐和园是个美丽的大公园。”“颐和园到处有美丽的景色，说也说不尽，希望你有机会去细细游赏。”

师：大家有意见吗？

生：没有。

师：我们一起来读一读。

（学生读句子）

师：这两句话一句在课文的——第一段，一句在课文的——最后一段，却都在强调颐和园的——美丽。作者反复呈现“美丽”，就是想表达他对颐和园的——

生：想要表达对颐和园的喜爱。

生：作者想要赞美颐和园的美丽。

师：那就让我们带着喜爱、赞美的语气，再来读一读吧。

（学生有感情地朗读首尾两段）

师：颐和园究竟有哪些美丽的景色呢？下面我们就跟随作者的脚步，先来到颐和园的第一处景点——长廊。

【设计意图】学生通过结构化预习，已经读通了课文，并基本学会了基础知识。预习检查的环节，教师基本不教，只对重难点进行点拨和强调，提炼某种有效的学习方法等。这一环节，先是同桌交流检查，接着就学生认为的易错处、不解处和意见不同处反馈交流，并以“兵教兵”的形式解决问题。这样，既避免学生零起点学习，又还课堂于学生，发挥其学习的自主性，努力实现基础知识人人过关。

（四）基于预学，合作探究

1. 合作探究“抓住景物特点描写”的写作方法

师：（课件展示课文第二段）谁愿意把这段话读给大家听？

（学生朗读课文第二段）

师：她读得怎么样？

生：她读得很好，声音很响亮，没有读错字。

师：是的，表扬你读得响亮又流利。接下来，我们进行小组合作学习。先想一想长廊有什么特点，接着想想作者是怎样把这个特点写具体的。注意要先自己思考，再小组内交流。

（学生小组合作学习）

师：哪个小组先来汇报？

生：我们小组找到的句子是：“绿漆的柱子，红漆的栏杆，一眼望不到头。这条长廊有七百多米长，分成273间。”

生：“七百多米”写出了长廊的特点——长。（板书：长）

生：“一眼望不到头”也写出了长廊的长，我仿佛看见长廊像一条很长很长的巨龙。

生：“七百多米”、“273 间”，作者用了列数字的方法说明长。

师：你能把长廊的长读出来吗？

（学生读句子，读得不是很到位）

师：七百多米大概比从我们三小到沈小的距离还要远呢。从 1 数到 273 那该数多久呀。这两个数字用得真好！谁能把长廊读得更长？

（学生再读课文，有明显进步）

师：这条长廊怪不得被称为“世界上最长的画廊”，抓住这两个数字再来读一读。

（学生齐读句子）

师：我们继续交流。

生：我们小组找到的句子是：“每一间的横槛上都有五彩的画，画着人物、花草、风景，几千幅画没有哪两幅是相同的。”我们觉得画很多，有几千幅。

生：我读出了长廊的独树一帜。那么多的画没有哪两幅是相同的，长廊很特别。

生：我觉得长廊里有那么多的画很美。（板书：美）

师：想不想去画廊看看？（课件配乐展示长廊的图片）长廊内的人物画有神话故事里的，有民间故事里的，也有历史故事里的。瞧，这是我们熟悉的寓言故事——画龙点睛。这是花草的，这是风景的……

生：我觉得长廊特别美。我能用朗读来表现。

（生朗读课文）

师：你的朗读让我有身临其境的感觉。我们一起来读一读吧。

（生齐读课文）

师：还能从其他的句子感受长廊的美吗？

生：我觉得长廊两旁的花木也很美。“长廊两旁栽满了花木，这一种花还没谢，那一种又开了。”

师：作者从画廊里画的美写到了画廊外环境的美，由里及外，描写的美多有条理啊！

生：“微风从左边的昆明湖上吹来，使人神清气爽。”阵阵微风让人神清气爽，也是一种美。

师：画，看看“美”；花，看着“美”、闻着也“美”；微风使人神清气爽，心里感觉“美”。文中没有“美”字，但作者却从看到的、感受到的多方面展开描写，没有“美”字，却美不胜收。

（男女生赛读课文）

师：同学们，只有做到眼中有物，才能心中有情，一边读一边想象，我们一定可以读得更好。

（全班齐读）

师：我被你们的朗读陶醉了。学习了这一段，你发现作者是怎样写出颐和园的美丽的吗？

生：作者把看到的、听到的、感觉到的都写具体了。

生：作者还抓住了长廊的特点，很长、很美。

师：你们真会学习。（板书：抓住特点 具体描写）

【设计意图】小组合作研学要落到实处，关键是要给学生提供充足的学习时间与空间，而且必须在自主学习的基础上进行。本环节，是在学生预学的基础上，先组内研学，接着全班研学。学生就“长廊有什么特点，作者是怎样把这个特点写具体的？”这一问题畅所欲言，相互研讨、补充、争辩，教师则是顺学而导，进行点拨，从而发现游记的表达特点——“抓住特点、具体描写”。

2. 合作探究“按游览顺序展开描写”的方法

师：作者除了游览长廊，还游览了万寿山、昆明湖，每到一处地方，作者都有一句话来交代的。快速看看这段话，谁能马上找到是哪一句？

生：应该是第一句：“进了颐和园的大门，绕过大殿，就来到有名的长廊。”

师：这句话清楚地告诉我们作者身处哪里，交代了作者的游览顺序。（板书：游览顺序）像这样表示游览顺序的句子文中还有很多，现在进行第二次小组合作：一、用横线画出表示游览顺序的句子。二、读一读这些句子，说说你有什么发现。要求：先自己找，再小组合作。

（学生小组合作学习）

师：哪一组先来汇报第一个问题？

生：我们小组又找到了三句。第三段的第一句：“走完长廊，就来到了万寿山脚下。”第四段的第一句：“登上万寿山，站在佛香阁的前面向下望，颐和园的景色大半收在眼底。”还有第五段的第一句：“从万寿山下来，就是昆明湖。”

师：其他小组还有不同意见吗？

生：我们小组认为只有两句。第四段的第一句：“登上万寿山，站在佛香阁的前面向下望，颐和园的景色大半收在眼底。”这一句不是。因为这一句还是在讲万寿山，和第三段的第一句一样。

师：大家觉得呢？

生：我认为万寿山的顶上是一处风景，万寿山脚下是另一处风景。所以这两句都是。

师：你们支持哪一种意见？

生：我支持第一种意见。

师：我也支持，看（展示句子），一共有四句话，我们一起来读一读这些句子。

（师生配合读）

师：表扬刚才大部分的小组都找对了句子。第二个问题，大家有什么发现呢？

生：这些句子起到了承上启下的作用。比如第二句“走完长廊，就来到了万寿山脚下”，可以知道前一段在写长廊，这一段在写万寿山脚下。

师：真棒！你是从作用的角度去发现的。

生：我们还发现除了第一句话在说作者是怎样来到长廊的，其他句子都是在说作者作者从一个地方到了另一个地方。

师：能找出具体的词语说明吗？

（生逐句找出动词）

师：又有什么发现？

生：这些动词都表示脚的动作。

生：这些动词都表示作者脚步的移动。

师：是啊！我们随着作者脚步的移动，从长廊登上了万寿山，又从万寿山来到昆明湖。脚步在变，看到的景色也随着变化。这就叫——游览顺序。

师：哪个小组还想补充？

生：我们还发现这些句子在每段的开头，在总起这段话。

师：你们太会学习了，不仅找到了这些句子，而且发现了它们的特点。让我们再来读一读这些表示游览顺序的句子。

（学生齐读句子）

师：像这样表示游览顺序的句子对帮助我们写好游记可重要了，要不我们来试试看吧？

生：好。

师：（出示课件）现在，我们已经来到了朱家尖南沙。如果你从演艺观赏区出来想要去沙滩，你会怎么说呢？自己先练一练。

（学生练说）

师：有困难的可以选用刚刚讲过的表示“脚步转移”的动词。

师：谁愿意和大家分享？

生：从演艺观赏区出来顺着水泥路，沿着小吃一条街就来到了沙滩。

师：评一评吧。

生：“顺着”、“沿着”意思一样的。从演艺观赏区出来，沿着水泥路走，穿过小吃一条街就来到了迷人的沙滩。

师：怎么样？

生：很好。

师：我们再配合着说一说吧。

（师生配合说）

【设计意图】本环节是学生基于课前预学进行的第二次研学。在研学中，学生真正成为学习的主人，各小组汇报组内研学情况时，组与组之间相互补充、相互争辩、相互提问，促进了学生思维碰撞，形成了班级共学、思辨的良好课堂氛围。在学生之间的对话中，学生的意见逐渐趋于统一，探究发现了本文的另一写作特点——按游览顺序展开描写，不仅知其然，而且知其所以然。同时，教师还结合学生生活实际，进行了拓展说话，凸显了语用的特点。

（五）课堂小结，拓展评学

1. 课堂小结

师：通过这堂课的学习，大家有什么收获？

生：我知道了写景物要抓住特点，具体描写，还要按游览顺序写。

师：哦，真棒，你学会了课文的写法，希望你能学以致用。

生：我知道颐和园的美景说也说不完。

师：你收获的是课文内容。

2. 拓展延学

师：同学们，按游览顺序写的游记还有很多，课外请大家去找一找这样的文章，再读一读，肯定会对你写游记有帮助。

3. 完成作业

师：接下来请大家打开课堂作业，完成第五题。

（学生完成作业，教师指导评学）

【设计意图】教师引导学生回顾了本课学习的收获，这其实也是一种良好的学习方法。接着，引导学生课外去阅读类似文章，学生完成课堂作业本中的相关作业，以巩固所学知识。

六、教学反思

（一）自主预学，培养学生的独立学习能力——“以生为本”之基点

学生想要学得轻松，学得快乐，就要掌握一定的学习方法，具备独立学习的能力。而预习在学习知识的整个过程中有着不可低估的作用，是一个重要环节。可是长久以来，我发现课前预习虽然每天都在进行着，但是很多学生应付了事，没有达到预习的真正目的，当然更不要说培养学生自主学习的能力了。如果在学生自主预习的过程中，有章可循，学生预习就会得心应手，学有所获了。为了更有效地培养学生自主学习能力，掌握预习的方法，我们为每篇课文设计相应的预学单，如表 2.2 所示。

表 2.2　《颐和园》预学单

<table>
<tr><td>课题
内容</td><td colspan="2">四年级上册第十八课《颐和园》</td></tr>
<tr><td>我的收获</td><td>1. 耸立 佛香阁 画舫 宫殿 堤岸 长廊 建筑 雕刻 狮子
神清气爽 金碧辉煌 尽收眼底 向东远眺 姿态不一
容易读错的字音是：______；容易写错的字是：______；难理解的词语是：______。
2. 作者按游览顺序有序观察，依次游赏了______、______、______。</td><td>自我评价
（　　）
小组评价
（　　）</td></tr>
<tr><td>我想挑战</td><td colspan="2">1. 画一画文中表示游览顺序的句子，想一想你有什么发现。
______
2. 文中描写景物的句子真美！我来找找这些句子，并好好体会：（书上批注）
A. 作者通过(什么)词语或修辞方法，写出了(哪里怎样的)特点。
B. 读着这句话，我仿佛______。</td></tr>
<tr><td>我的疑问</td><td colspan="2"></td></tr>
<tr><td>我的阅读</td><td colspan="2">我想搜集有关颐和园的资料。</td></tr>
</table>

我们提倡的结构化预习，不仅仅是看书阅读，也不是提前作业，而是一种以预学单为载体的前置性学习任务。设计预学单，是为了帮助学生有目的、有计划、有步骤、有章法地自主预学，培养其独立学习的能力。结构化预学的基本要求是学生以读贯穿始终，一是要求学生读通课文，学生能独立学会的基础知识和基本技能让学生自己读懂；二是要求学生能悟读课文，结合课后练习对本课的重难点先进行独立思考，鼓励学生尝试解决，课堂上再进行小组研学；三是疑读课文，要求学生能对课文中的不懂之处提出疑问，学生不会的教师在课堂进行导学；四是延读课文，要求学生搜集与课文相关的资料，进行拓展阅读或表达，激发学生阅读和表达的欲望。

（二）基于预学，避免“零起点”教学——“以生为本”之关键

预学单往往在上新课的前两天发给学生，学生在常规预习的基础上，独立完成这份预学单。然后，教师通过预学单了解学生的预习情况，重新调整自己的教案再进入课堂教学。如表 2.2 中“我的收获”一栏，主要了解学生对字词和课文内容的预习情况。我要求学生掌握 14 个词，知道课文主要写了哪三个景点。这是最基础性的知识目标。在课堂上，我首先让同桌帮助检查，接着就学生认为难的、易错的或意见不一致的展开学习，其他的就带过或不讲了。作为四年级的学生，经过三年的培养，应该具备一定的自学能力了。如“宫殿”、“长廊”两词有半数以上的学生认为比较容易写错，因此，以听写的方式强化了字形。又如“我想挑战”一栏主要针对课文重点、难点提出问题或练习。课堂

上的两次合作研学都是基于学生预学的基础上开展的，自学能力强的同学在小组学习中就能充分发挥“小先生”的作用了。

因为有了预学单的明确指引，学生能因为事先有目的的学习而“有准备地投入”到课堂中。这也是我们设计预学单的一种朴素的出发点：学生能学的，自己先学，课堂中可以解决更为困难或重要的问题。

（三）基于预学，培养合作研学能力——“以生为本”之手段

1. 小组学习，鼓励畅所欲言

课堂教学中，往往存在这样一种消极现象：学生有话不愿意说，有问题不反馈，有方法不交流。以一种“合作研学”的方式组织学生学习，不失为一个良策。在课堂教学中必须重视学生的小组讨论，因为学生与学生之间是无拘无束的，所以他们往往能畅所欲言。这样，教师就会及时获得来自学生的反馈信息。其次，教师还要善于构建民主、平等、合作的师生关系，只有在宽松的氛围和没有等级之分的空间，学生才没有畏惧感，能够积极思考，大胆发言，说出自己想说的话。实录中，“我们小组找到的句子是，‘绿漆的柱子，红漆的栏杆，一眼望不到头。这条长廊有七百多米长，分成273间’”，“‘七百多米’写出了长廊的特点——长”，“‘一眼望不到头’也写出了长廊的长，我仿佛看见长廊像一条很长很长的巨龙”，“‘七百多米’、‘273间’，作者用了列数字的方法说明长”，“我读出了长廊的独树一帜，那么多的画没有哪两幅是相同的，长廊很特别”，“我觉得长廊特别美，我能用朗读来表现”……很显然，在轻松的研学氛围中，学生敢于发表各自的见解。这些见解有些来自小组讨论后的意见，有些是个人的看法，但他们都在共同的任务指引下，兴趣盎然的发现着、交流着……这种思维的碰撞不仅落实了本课的目标，更是一种真实的语文实践，学生敢说、想说、会说，长此以往，语文能力必将有所发展。

2. 延迟评价，相信学生能力

所谓的延迟评价，就是教师对学生的发言或者提出的问题不要急于给出对或错的评判，而应让学生充分发表自己的见解，通过师生间的讨论达成共识。这样，有足够的时间让学生进行思考，使“最精彩的话”从学生的口中说出。实录中，寻找文中表示游览顺序的句子时，有的小组找到了三句，分别是：第三段的第一句“走完长廊，就来到了万寿山脚下”；第四段的第一句“登上万寿山，站在佛香阁的前面向下望，颐和园的景色大半收在眼底”；第五段的第一句“从万寿山下来，就是昆明湖”。而有的小组则认为第四段的第一句不是。这时，教师不急于进行评价，让学生来评一评、说一说。学生在发表自己看法的同时，充分暴露了各自的想法，在轻松的交流过程中达成共识。而此时，教师才表明自己的立场。延迟评价，是基于教师对学生的信任，是“以生为本”、“学为中心”教学理念的折射，是真正还课堂于学生！

第三章　小学数学理解性学习的教学建构

随着教学改革的不断深入,"学为中心"的理念日益凸显,课堂教学也随之从"教为中心"转向"学为中心"。原本课堂中的教学方法虽然很多,但常态课中,主要方法是讲授法,也就是大多数时间是由教师来把控的,学生在课堂中大多数时间做的是倾听与练习。然而,在课堂中,当教师把更多的时间让给学生自主学习后,如何让学生自主学习成为课堂教学中的新问题。尤其是对于小学生来说,自主学习能力相对较弱,在这种情况下,我们需要研究,如何为学生提供简单开放的教学方式,促进学生的自主学习。研究表明,理解性学习十分有助于学生深度学习。

第一节　理解性学习的基本意义

所谓理解性学习,是指"通过深度的概念理解来促进学习"[①]。可见,理解性学习,是基于对概念的深度理解,对概念的先行深度理解,是后续学习的基础与保障。

从理解性学习的意义可以发现,促进学习的主要特性是对概念的深度理解,进而我们需要思考:什么是深度理解?对于原理性概念知识来说,所谓深度理解是指"任何学科内高度熟练的表现都要求知识既能获得又能应用,同时不仅知道许多零散的事实,是要围绕域内主要的组织原则和核心概念,即'大概念'来组织的(如数学上的有限概念)。"深度理解概念既能获得,又能运用,同时是相互联系的、有组织的,并被"条件化",以规定它适用的情境。

如何来促进学生的深度理解,最为基本的是不同概念的学习,需要运用不同的策略。

第一,对于原理性概念知识。当新知识和现有知识围绕着学科的主要概念和原则被组织的时候,会促进理解性学习。需要强调是,如果单纯回忆事

---

① 杰瑞·P.戈勒博,梅丽尔·W.伯坦索尔,杰伊·B.拉波夫,等.学习与理解[M].陈家刚,邓妍妍,王美,译.北京:教育科学出版社,2008.

实，会阻碍学生有效组织知识的能力，从而不能围绕着学科的主要组织原则和核心概念去组织所学的内容，即使是那些更喜欢寻求理解的学生也常被迫去死记硬背大量被要求记忆的信息。

第二，先前知识。学生运用他们的先前知识去建构新的理解。先前知识在获得新的知识和理解的能力上起到中心作用，对帮助学生更好地进行学习具有重要的意义。如果先前知识不参与进来，他们通过教学获得的理解会和教师构想的大不相同。如果先前知识不参与进来，学生很可能不能理解甚至把在学校学到的知识与他们在课外看待世界的观念和观察分离开来。

第三，元认知。运用元认知策略。元认知是学生智力发展的重要方面，能使他们从教学中获益，并帮助他们知道，在事情的发展与预想的不一样时，他们该怎么办。如果教师能引导学生在先前知识的基础上进行再认知，就能帮助学生建构概念的"思维导图"。特别强调的是，元认知技能的教学最好在具体的内容中进行，这样便于学生自我理解的监控。

第四，学习共同体。如果学生有机会和其他同学围绕学习任务去互动和协作，学习就会得到促进。但这里需要强调的是学习共同体的活动，其主要形式是"对话"，研究者发现，学生与学生、学生与教师就学科内容进行拓展性对话交流，以建立对观点或主题的共同的理解，这一对话必须是"实质性对话"。

由此可见，理解性学习为学生更好地深度学习提供了理论基础。我们试着应用于小学生的数学学习。

第二节　理解性学习的学科建构

一、对小学数学学习的最为基本的认识

"数学是研究数量关系和空间形式的科学"①。数学作为普遍的科学语言和工具，在各个领域的知识创新中饰演越来越重要的角色，数学在推动生产发展、改变人们生活方式方面的作用不容低估。在义务教育阶段，数学课程具有基础性、普及性和发展性。2010 年颁布的《国家中长期教育改革和发展规划纲要（2010—2020 年）》强调指出："义务教育是国家依法统一实施，所有适龄儿童、少年必须接受的教育，具有强制性、免费性和普及性，是教育工作的重中之重。"这有利于我们进一步深入认识数学课程所具有的属性。

就小学数学学习而言，数与代数、空间与图形、概率与统计、实践与综合应用这四块内容，在各学段中有着明显的差别。以实践与综合应用为例，第一学

① 史宁中. 义务教育数学课程标(2011 年版)解读[M]. 北京：北京师范大学出版社，2012.

段(1～3 年级)是实践活动,第二学段(4～6 年级)是综合应用,第三学段(7～9 年级)是课题学习。同是注重基础性,但程度上还是有比较大的差异。

二、对小学数学核心概念的分析

此次《义务教育数学课程标准(2011 年版)》提出了 10 个核心概念:数感、符号思想、空间观念、几何直观、数据分析观念、运算能力、推理能力、模型思想、应用意识和创新能力。我们不难发现,这 10 个核心概念的内容对于学生来说很难理解,因为它们所指向的是学生的数学素养。道理上讲这 10 个概念很重要,但对于小学生来说很难被再认知,对教师而言,它更倾向于在教学中所要把握的教学内容与教学目的。因此,在小学阶段,学生需要掌握的四组更为显性的指向知识的核心概念就是:数的概念中整数与小数,运算概念中加与减,形的概念中点、线、面、体,统计概念中分类与整理。如果学生对这四组概念进行理解性学习,能深度理解这四组概念,就能顺利地进行拓展性学习,进而能够逐步形成相应的数学素养。

基于上述对数学核心概念的分析,在教学上,我们更应该把知识性的内容放在第一位,这一观点可能得不到大家的认可,因为新课程理念倡导重点培养学生的数学素养,降低数学的学习难度。这里很有必要理清一个概念,我们把基础知识放在第一位,不是不重视对学生素养的培养,而是认为对学生数学素养的培养不是凭空的,而是让学生在获取与运用数学知识的过程中潜在地发展其数学素养。如果离开了最基本的数学概念,凭空去谈数学素养,这与无本之木是一样的。之所以特别强调这一点,是因为,在新课程改革的推进过程中,我们看到舍本逐末的现象并不少。这就有悖于课程改革的初衷了。

三、理解性学习数学的教学构想

基于对数学的基本的概念综合分析与小学生的年龄特征,我们试着运用理解性学习的理念构建三阶阅读与二度展示(“三环・二线”)的教学方式,以促进学生的深度学习。

(一)基本程式

如图 3.1 所示,在这个过程中,预学是基础,预期目标是学生能独立学会教材中的大部分内容;展示是关键,在“小展示”中,组内交流自学所得;在“大展示”中,通过生生互动、质疑,最后在教师引领下归纳提升,全班达成共识,努力达到原定的学习任务;巩固环节是学生学业成绩提高的保障;评价则贯穿始终,使整个课堂走向理解性学习。

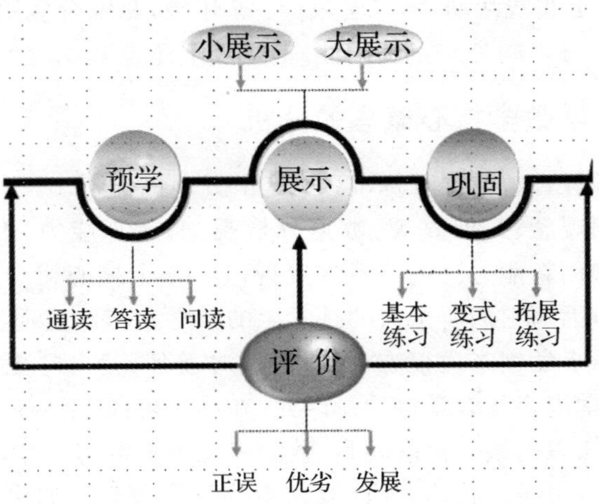

图 3.1　小学数学“三环·二线”展示教学方式

(二) 基本流程解读

1. 预学(基础)

在预学中,学生首先是思考事实信息,同时还要思考数学概念,有时还要介入数学推理。预学向学生提供更多的挑战的机会。有了预学,学生才有与同伴和教师对话交流的条件。预学的主要形式是阅读与思考,针对小学生的阅读基础,我们特别重视从习惯到方法的过程性培养,有目的地设置三阶阅读,即通读、答读、问读,以利于学生的阅读入门。当学生阅读与思考能力得到培养时,预习才会达到应有的效果。对于三阶阅读,我们试着提以下要求,以利于学生自我监控与调节:

通读,意在让学生了解性地读,跟阅读其他材料一样,很轻松地把教材浏览一下,知道明天要学的新内容是什么。

答读,让学生在通读的基础上,自问自答,主要思考两个问题,有什么?怎么样?对于教师来说,只要每一个学生都能在通读的基础上,各自进行答读,就已经达到目标了。实践告诉我们,在答读的过程中,绝大多数学生能够自觉地运用先前概念去理解教材中新的知识与方法。

问读,就是学生在答读的基础上,经过思考,把一些自己提出的问题,自己又答不出来的内容写下来。问读是三阶阅读的最高境界。

为了提高预学质量,一开始,教师应在钻研教材的基础上,认真设计好预学单,为后续的交流展示搭好脚手架。编写预学单的基本原则是:根本、简单、开放。根本,抓住数学本质及本堂课的核心目标;简单,人人可以参与,可操作，可表达；开放，不同的人展示不同的思维过程。

2. 展示（二度展示）

小展示（小组内交流）：以小组为单位，学生在小组长的带领下对内容进行甄别、补充、完善和总结，并提出疑惑，在个人做好预习的基础上小组做透，达到组内学力最大化。教师在这个过程中做好巡视，发现学生的亮点及知识卡点，为大展示收集代表性、典型性的案例。

大展示（班上组际交流）：学生以小组为单位进行上台展示。先由小组长做主持，小组长带领小组在全班进行展示，每个组员都被分配到一定的任务。如有三个问题的，每人回答一个，如有三种方法的每人展示一种。在每个组员展示过程中，个体展示后，先由组内同学进行补充，然后由组外同学进行提问，与该组同学进行互动，全班达成共识。一个小组展示后，如其他小组还有另外的方法再进行补充，把课堂变成学生思维交锋的场所。主要有三种指向性的交流：新知识不同方案的交流；不同认识的辩论式交流；错误认识分析式的交流。

教师组织全班进行展示，并适时进行帮学。在帮学过程中教师要善于捕捉学生暴露出来的错误资源，让学生在分析错误、改正错误中感悟道理，领悟方法，发展思维，使核心知识在学生的想、说、答、辩中越来越清晰，越来越明朗。帮助学生解决在交流中遇到的困难；梳理知识点，对知识进行提升和总结，帮助学生形成知识网络，加深对学习材料的理解。

3. 巩固练习（三层练习）

练习是巩固学习成果很重要的一环，也是培养学生解决问题能力以及其他综合能力的重要途径。三层练习指的基本练习、变式练习和拓展练习。首先要保证练习的量：一堂课一定要留有充足的时间给学生练习，没有一定练习的量，是无法保证学习效果的，一方面学生无法自我监控，另一方面教师也没有评价教学实际效果的重要依据。特别是对学生应用能力的培养也会成为空话。通常三层练习采用“三二一”模式，基本练习要求3道以上，变式练习2道以上，至少有一题拓展练习，当然包括了分散练习和集中练习；其次要保证练习的质：教师要精心设计课堂练习，把它作为教学设计的重要一环。练习设计要注意层次性，在巩固本堂课内容的基础上注意训练学生的思维；最后要注意练习的反馈：练习反馈时，从错误展开，教师要注意对错误资源的利用，要让每个学生有多动笔练习的机会，最忌讳的是以个别学生的回答代替全班学生的思维。通过练习，教师对学生掌握知识的情况做到心中有数，并及时扫清知识的盲点及死角。对每个知识点的掌握，教师要问自己三个问题：一是有多少学生发生错误？二是有多少种典型错误？三是现在学生都会了吗？在这个环节，要发挥集体的力量，通过组内检查、组际检查、小组学习承包制，做到兵教兵人人会，堂堂清。

4. 评价(三维评价)

评价要贯穿整堂课的始终，从学生的预学到大、小展示再到课堂练习及至全课总结，都要发挥评价应有的价值功能。三维评价是指对学生的知识习得、习惯养成、思维方法以及学习能力等方面，进行对与错、优与劣、进与退的评价，这个评价应既包括生生评价，也包括教师评价。让评价走向生本，既要关注学生学习的结果，也要重视学习的过程；既要关注学生数学学习的水平，也要重视学生在数学活动中所表现出来的情感与态度。以正向评价为主，帮助学生认识自我、建立信心，让学生在综合素质得到全面发展的同时又能体验到成长的快乐。

第三节　理解性学习对于学生学力的影响

学生的学力培养是理解性学习的主要指向，也是提高学生数学素养的核心与关键，在每个学习环节中，教师都应关注学生的学力提高。

阅读力培养的途径：阅读力不单单指培养学生阅读文本的能力，除了阅读文本外，还要培养学生阅读其他信息和阅读板书的能力。

合作力培养的关键：合作力的培养不能狭隘地理解为小组操作交流能力的培养，合作力培养的核心是小组的文化建设和团队意识的培养。小组文化建设包括小组组名、口号、成员编号、小组公约、小组长培训等；团队意识的培养主要通过小组利益捆绑制及小组学习承包制来完成。

表达力训练的要点：首先要进行规范句式的训练；其次是在大、小展示时，在与学生互动、解答提问的过程中，教师都应对学生进行有针对性的训练，同时要注意其表达力与思维力的有机结合，使学生善于把自己思维的结果用语言准确地表达出来，有效提高思维的针对性、发散性、深刻性和逻辑性。

提问力培养的注意点：要给学生提问的时间和空间，在预学时、展示时、新授中、授课结束前都要有机会让学生进行自主提问；要让学生学会提出问题并尽力去解决提出的问题，对学生提出的问题尽量抛给学生回答，充分展示提问—质疑—辩论—达成共识的过程；对学生提出的问题教师要具有处理的艺术，对学生提出的问题是忽略还是放大，是即时解决还是后移，教师要心中有教材有目标，及时进行判断并作出相应的教学行为。

课堂的精彩缘于学生，因为课堂是学生展示的舞台，是学生蓬勃发展的舞台，也是学生激扬生命的舞台。现在教育改革逐渐从外延走向了内涵，我们努力打造基于理解性学习的课堂，只有这样的课堂，学生才能“快乐、素质、成绩”三丰收，才能让所有的学生都能得到不同程度的发展，得到不同程度的成功，才能让不同的花在不同的花季相继绽放。而“理解”恰恰是学力课堂的“魂”，因此，探索理解性学习，发展学生学力，打造优质高效的高效课堂是我们不懈的追求！

第四节　教学实录

案例1　《分类与整理》教学实践与反思①

一、教学内容

人教版《义务教育课程标准实验教科书·数学》一年级下册第三单元《分类与整理》。

二、教材分析

教材将分类与统计结合起来编排，强调在分类的基础上收集、整理数据，呈现分类结果，突出分类是收集、整理、描述数据的基础。在教学“认数”及“认识图形”中，我们已经渗透了分类的思想。本节课主要是让学生在分类的基础上用自己的方式(文字、图画、表格等)呈现收集、整理、分类的结果，从而进一步感知分类的意义，激发学生进一步学习的经验和兴趣。

三、教学目标

1. 通过操作学习，让孩子选择不同的标准进行分类与整理，掌握分类与整理的方法，初步感知分类整理的意义。

2. 使学生经历简单的数据整理过程，能够用自己的方式(文字、图画、表格等)呈现分类的结果。

3. 通过分一分、看一看，培养孩子的观察能力、判断能力、操作能力、语言表达能力，培养孩子合作交流能力、互相学习能力。

四、教学重点、难点

依据不同的标准对物体进行分类整理。

① 本案例由浙江省舟山市普陀区沈家门第一小学张海英老师提供。

五、设计思路

在课程改革轰轰烈烈之际，在生本课堂研讨大力开展之际，我作为一个教一年级的数学教师该如何体现生本思想呢？显然课前的导学是不现实的，字都没认识几个的小朋友如何做到自学呢？在我们教研组的共同商讨下，我开始了初步的尝试：让学生大胆发言，让学生善于比较，让学生自信上台。在自信发言中生本，在大胆批判中生本，在互相反诘中生本。这样的教学，既适合学生的年龄特征，又能适时发展学生的能力，何乐而不为呢？

六、教学过程

（一）创设情境，引入新课

师：小朋友，今天老师带来了一些礼物送给大家，是什么呀？

生齐：铅笔和巧克力。

【设计意图】 用最简洁的语言瞬时吸引学生的眼球，激发学生的兴趣，让他们以最积极的状态投入到下面的学习中。

（二）提出任务，逐一展开

1. 不同类别的分类

师：是的，我要把其中一种分给全班每个小朋友，另一种分给表现最棒的小朋友。你们愿意帮老师分一分吗？

生齐：愿意。

师：什么分给全班每一个小朋友，什么分给表现最棒的小朋友呢？为什么？

生1：铅笔分给全班小朋友，巧克力分给表现最棒的小朋友。因为铅笔多，巧克力少。

师：有道理，刚才你们把礼物分成了铅笔和巧克力两大类，这就是分类。（板书：分类）

2. 同类别不同标准的分类

（1）分类

1）操作分类

师：听小朋友的，我把铅笔放在旁边，下课后奖给每一个认真听课的小朋友。这些巧克力我要奖给遵守纪律的小朋友，会动脑筋的小朋友，积极举手大声回答问题的小朋友。如果是你，你喜欢哪种？

生1：我喜欢黄色的巧克力

生2：我喜欢红色的巧克力。

生3：我喜欢爱心形的巧克力。

生 4:我喜欢圆形的巧克力。

师:那老师准备的巧克力共有几种呢?你愿意继续帮老师分吗?我们就把桌上的卡片当成巧克力来分怎么样?

生齐:好。

师:听清要求,仔细观察,想一想我可以按什么来分?选择其中一种方法把他们分开,比一比谁分得最快。

2)生上台贴图汇报

生 1:我是按形状分的,我把长方形的分成一堆,把爱心形的分成一堆,把圆形的分成一堆,我说得对吗?

生齐:对。

生 2:我是按颜色分的,我把红色的分成一类,把绿色的分成一类,把黄色的分成一类。我这样分可以吗?

(板书:颜色 形状)

生齐:可以。

师:想到两种方法的小朋友举手。想到一种的举手。

【设计意图】这个环节的设计,一方面可了解学生的原有认知水平,另一方面借助分彩色图片,激发了学生的学习兴趣和求知欲望,放飞了学生的思维,使学生积极地投入到学习活动之中。通过两种不同方法的比较,让学生明白分类必须有一定的标准,只要有标准,不管怎么分都是可以的。同一堆物体,分类的标准不同,其结果也是不同的。

(2)整理

1)讨论整理意向

师:看来分类有不同的标准,那怎样才能让老师一眼瞟过去就知道每种巧克力各有多少块呢?

生:我认为可以把他们放整齐点。

师:小朋友的意思就是把它们整理一下。

师:那我们先按形状来整理一下怎么样?

生齐:好!

师:听清要求,你可以选择动手摆一摆,也可以选择用笔写一写,但要让我们一眼就看出每种形状的巧克力各有几块。开始。

2)生整理,教师巡视

3)学生上台展示

A. 展示先分再数的方法(一堆一堆的)

师:掌声欢迎这几个小朋友介绍。

生 1:我把巧克力一个一个分开,爱心形的放一起,长方形的放一起,圆形的放一起。然后数一数，方的有4块，圆的有3块，爱心的有5块。我这样分可以吗？

生齐：可以。

B. 展示象形统计图的方法

生2：我来介绍我们的分法，我是横着排的，我把长方形的排成一排，把圆形的排成一排，把爱心形的排成一排，长方形的有4块，爱心表的有5块，圆形的有3块，我说的对吗？

生：对！

师：这一排表示长方形的，老师在它旁边做个标记……

生3：我来介绍我们的方法，我是竖着排的，长方形的排成一列，圆形的排成一列，爱心形的排成一列，长方形的有4块，爱心形的有5块，圆形的有3块，我说的对吗？

生齐：对！

师：看来这一列他是来记录心形的巧克力，我们在下面画上一个心形，表示这一列记录的项目。另外两列是记录长方形和圆形的巧克力，我们也在下面表示出来。在老师和小朋友的共同努力下，就形成了一张张图。

4)概括整理方法

师：这三种整理的方法，你最喜欢哪一种？为什么？

生1：我喜欢横着排的，因为这种很整齐。

生2：我喜欢横着排的，因为它们排得一一对应。

生3：我喜欢竖着排的，因为它们排得也很清楚。

生4：我喜欢中间一种，因为这种方法一看就知道爱心的最多，长方形的最少。

师：喜欢第二种的举手，喜欢第三种的举手。

师：我看第三种也很好呀，为什么那么多人不喜欢呢？

生5：因为没有一一对应。

师：同意吗？谁愿意上来修改一下，让全班小朋友都喜欢。

师：那以后我们可以怎么来整理呢？同桌交流一下。

生6：我们可以把他们放整齐点。

生7：我们可以横着排，竖着排，对整齐。

生8：我认为横着排，竖着排都可以，但要一一对应。

【设计意图】生本教育的特点是把学生当作学习的主体，教师把学习的主动权交还给学生，让学生主动去学。于是本环节大胆放手，让学生通过自己的理解用自己的方法对分类的结果进行整理，充分体现了学习的主动性与创造性。在此环节中，引导学生进行了第二次比较，就是在多种整理方法的比较中进行优化，从而升华为一种整理的方法，在比较中培养学生思维的发散性和深刻性。

C. 展示表格记录数据的方法

师：请听下一个小朋友的介绍。

生 1：我是这样记录的，我先画一个方形，在下面写上 4，再画一个爱心，在下面写上 5，然后画一个圆，在下面写上 3，我的记录方法可以吗？

师：这种方法跟上面的方法有什么不同？

生 2：他的方法不用摆了，只要画一个，再写上数就好了。

师：这个“3”表示什么？你怎么知道的？

师：为了更加清楚整齐，我把同学们记录的画上线。这样就变成了一张表。（板书：表）

师：谁来介绍一下这张表，他的每一行、每一列都表示什么？

生 3：上面一行表示形状，下面一行表示这种形状有几个，这一列表示爱心形的有 5 个，这一列表示圆形的有 3 个，这一列表示长方形的有 4 个。

（3）读取信息

师：刚才我们小朋友不仅能按照形状把这些巧克力分为 3 类，还自己设计图表把分类的结果整理出来。多棒呀！

师：仔细观察图和表，你了解到什么信息？

生 1：我知道爱心形的有 5 个，长方形的有 4 个，圆形的有 3 个。

生 2：我知道了爱心形的最多，圆形的最少。

师：你能提出什么数学问题？

生 3：三种图形共有几个？

生 4：长方形的和爱心形的共几个？

生 5：爱心形的和圆形的共几个？

生 6：爱心形的比圆形的多几个？

生 7：长方形的比爱心形的少几个？

师：真厉害，如果按颜色来分类，会整理了吗？

生齐：会。

师：赶紧用最快的速度，按颜色分类整理。（贴学生作品）

（4）统计图表

师：大象学得真不错。现在我们来点有难度的怎么样？把老师给你们准备的东西都放进去，拿出里面一张纸。（图表的应用）

师：上边的怎么做？下边没有图片让你摆，你打算怎么办？

生 1：上边写数，下边画图。

师：开始。

1）生自主练习

2）投影展示（表 3.1）

表 3.1　巧克力色彩统计表

	红色的	黄色的	绿色的
块数			

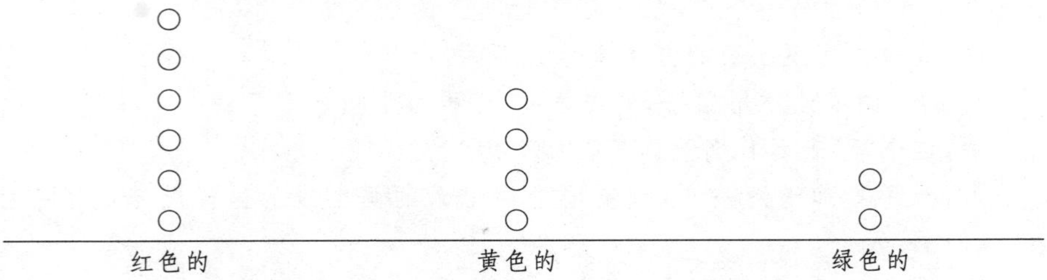

生 1：红色的有 6 个，我把这 6 个图画上去，黄色的有 4 个，把这 4 个图画上去，绿色的有 2 个，把这 2 个图画上去。右边红色有 6 个就填 6，黄色有 4 个就填 4，绿色有 2 个就填 2。

生 2：红色的有 6 个，我画 6 个圆，黄色的有 4 个，画 4 个圆，绿色有 2 个，画 2 个圆。右边红色有 6 个就填 6，黄色有 4 个就填 4，绿色有 2 个就填 2。

师：同意他们的做法吗？你喜欢哪种？为什么？

生 3：我喜欢下面一种，因为这种画起来方便。

生 4：我也喜欢下面一种，因为是按颜色分的，所以不用画各种各样的形状，都画圆比较快。

师：除了都画圆，也可以画什么？

生：三角形、长方形。

师：是的，只要好画，都可以。

（5）对比

师：小朋友，为什么都是整理这些图片，得到的结果却不一样呢？

生 5：左边一种是按形状分的，右边一种是按颜色分的，所以结果不一样。

师：噢，标准不同，那有没有什么相同的呢？

生 6：总数都是 12 个。

（得出结论：分类的标准不同，得到的结果也不同，但是他们的总数是一样的。）

【设计意图】其实对于学生来说，按某一个标准来分类是简单的。本环节的设计是在整理基础上的一种提高，当没有实物可整理时，我们如何整理。这就引到了统计这个概念上，迫使学生不得不用画图这个策略来解决问题。在这环节中设计了第三次比较，从比较中又得出，我们可以画同一图形来表示物体的个数（即统计的结果），把整理过程和统计图表完美结合在一起，从而使学生的认识水平在原有程度上又有新的拓展和飞跃。

3. 初步感受“一类”和“一个”的区别

师：到现在为止，我发现有13个小朋友表现特别好，老师准备的巧克力够吗？

生：不够，还差1块。

（师拿出一个紫色的方形，生讲，师操作）

师：如果增加一个紫色的长方形的巧克力，放在这个图上，怎么放？

生1：放在长方形的上面，因为这个图形也是长方形的。

师：放在这个图上呢？

生2：放在红色的上面。

生3：不行，这是紫色的，不能放。

生4：旁边再加一列，写上“紫”。

生5：把紫色的长方形也换成圆，这样更好看。

师：这个表上呢？为什么？

生6：把长方形下面的4换成5就可以了。

生7：右边要重新加一格，写上紫，再写上1。

师：都是增加一块巧克力，怎么改变的不一样呢？

生8：因为左边是按形状分的，有长方形的就直接可以放了，但右边是按颜色分的，没有紫色的，所以要另外加一列。

【设计意图】教学的最终结果不在于场面的热闹，而在于冷静后深深的思考，对于一年级才读4个月的学生来说，我们不求他们深度地思考，但求他们有一定的理解。这个环节设计了第四次比较，就是这一块巧克力放在不同位置的不同效果，既可以检测本节课的教学效果，又可以展示学生思维的深刻性，是画龙点睛之笔。

（三）小结

师：小朋友学到这里是不是收获多多了？都有什么收获呢？

生1：我知道了分类可以按形状、按颜色分。

生2：整理的时候可以横着排，也可以竖着排，要一一对应。

（四）联系生活实际

师：那生活中你有没有见到过分类现象呢？（生讲后图片欣赏）

生1：我家的书是分类的。

生2：我看到过垃圾分类。

生3：我还知道超市的东西都是分类的。

师：同学们说得真好，超市分类可以让我们更容易找到商品，房间物品分类可以让房间更整齐，垃圾分类可让我们生活的环境更美好。让我们小朋友时时做个有心人，个个都能用分类的眼光去整理我们身边的东西。

七、教学反思

(一) 多方展示,为比较起驾引航

小学数学课堂教学要注重活动性和操作性,让学生主动参与、自主探索、主动发现。由于每个人生活经验的不同与认识水平的差异,即使是面对同一个问题,也会有不同的看法,而教育的目的是让不同的人获得不同的发展。因而在分类与整理这节课中,我首先考虑到学生的年龄特征,借助有诱惑力的巧克力引入,又从小朋友不同的喜好引出分类,即有的是按形状分的,有的是按颜色分的。这既是对学生原认知的了解,又是多种方法的展示。在分类的基础上进行整理,黑板上展示了学生出现的所有情况,既有有序的整理,又是不规范的排列,更有深层次的理解。既为学生提供了学习的素材,又给他们以视觉的冲突与理性的比较。在再次练习过程中,我又设置了一个障碍,即没有了原先的素材——卡片,如何以图表的形式表现出来,从而引出两种不同的画图方式:①把同色的各种形状的图形画下来。②用圆来表示每种颜色的巧克力的个数。这为学生再次提供了择优的需要,提供了比较的空间。整堂课以多方位展示为牵引,在一次次的比较中层层深入,在一层层的抽剥中步步提高,在一步步的提高中展现自我,让学生深信自己就是学习的主人。

(二) 畅所欲言,使比较开枝散叶

不管是以学定教,还是生本课堂,强调的都是以生为本,而这些都离不开学生的积极参与。没有学生的积极参与,就不可能有自主、探究、合作学习。对于一年级小朋友来说,也许合作还有待改进,也许探究还不够靠谱,可自主学习、畅所欲言总是可行的。为此我给学生营造了一个民主、平等、和谐的学习氛围,让学生把自己做的事自信大胆地说出来。第一次我让两个程度中下的学生上台介绍他们是怎么分的。一个学生说:“我是按形状分的,我把长方形的分成一堆,把爱心形的分成一堆,把圆形的分成一堆,我说的对吗?”另一个学生说:“我是按颜色分的,我把红色的分成一类,把绿色的分成一类,把黄色的分成一类,我说的对吗?”这两种情况的展示,让学生感悟的是同一类事物,分类的标准不同,得到的结果是不一样的。第二次是在按形状整理后让程度中上的学生上台介绍的。一个学生说:“我把巧克力一个一个分开,爱心形的放一起,长方形的放一起,圆形的放一起。然后数一数,方的有 4 块,圆的有 3 块,爱心的有 5 块。我这样分可以吗?”第二个学生说:“我来介绍我们的分法,我是横着排的,我把长方形的排成一排,把圆形的排成一排,把爱心形的排成一排,长方形的有 4 块,爱心形的有 5 块,圆形的有 3 块,我说的对吗?”第三个学生说:“我来介绍我们的方法,我是竖着排的,长方形的排成一列,圆形的排成一列,爱心形的排成一列,长方形的有 4 块,爱心形的有 5 块,圆形的有 3

块，我说的对吗？”看似简单的介绍，向我们展示的是不同学生的不同整理方法，向我们展示的是学生自信满满的讲解，向我们展示的是一个个小老师般的气质。再加上第三次的按颜色整理后的统计，展示两种不同的画图方法。让学生自主介绍，又让学生选自己最欣赏的。这一设计看似让学生自由选择，而事实上是让学生自发地进行比较，其间蕴含的是学生的理解与智慧，是学生的感悟与提升，这样畅所欲言的课堂教学不愁体现不了生本，不愁让学生得不到发展。

（三）智慧共享，让比较根归故里

“在比较中认识一切”，这句话清楚地说明了比较在认识中的作用。苏联著名教育家乌申斯基认为：在数学理论中，比较应当是一种基本方法。对于数学来说，这种思想尤为重要。分类与整理这节课中无时不渗透着比较的思想，无处不弥留着比较的痕迹。那么比较是为了什么？比较的最终落脚点在哪里呢？第一次比较展示了两种分法，只是为了引出分类有不同的标准，按不同标准分结果是不同的。第二次比较了三种方法的选择，目的是让学生在取长补短中充实自己，完善自我。通过借助一个变式——没一一对应的排法，让学生体会到一一对应排列可一眼看出什么最多什么最少，每两种物体相差几个。在不断地观察比较中得出第二种方法整理得最好，从而引出整理的方法，即可以横着排，也可以竖着排，但不管怎么排都要有序，都要一一对应。第三次比较是在按颜色整理后的记录过程中，学生展示的方法一种是画各种形状，一种是都画圆。两种方法展示后，让学生评判这两种方法是否正确，以及他们喜欢哪一种。喜欢总有一定的理由，它不似生活中的你喜欢吃什么水果，不似生活中的你最爱谁。它要的是你的思考，你的理解，你的比较与批判，最终要落脚在从分类到整理再到统计的抽象中。这一次次的比较与评价，是一个多种感官参与的过程，是一个思绪飞扬的过程，是一个集大众智慧于一体的过程。为的就是一次次的圆满，一次次的根系发展，魂归教育。

从一年级开始就让学生畅所欲言，就让学生自信上台，就让学生评价批判，我们便不愁我们的课堂成不了“鱼儿”遨游的大海、“鸟儿”飞翔的天空。

案例 2　《认识面积》教学实践与反思[①]

一、教学内容

人教版《义务教育课程标准实验教科书·数学》三年级下册第五单元《面

---

① 本案例由浙江省舟山市普陀区螺门小学刘碧颖老师提供。

积和面积单位》。

二、教材分析

《面积和面积单位》是三年级下册第五单元的知识，这个内容的教学是在学生掌握了长方形和正方形的特征，并会计算长方形和正方形周长的基础上进行的。面积概念是贯穿于整个单元的核心内容，是学习其他相关内容的重要基础。为了让学生更深入理解面积的含义，新教材对这块内容重新进行调整，单独把面积的含义这个内容设为一课时，并安排了两个例题进行探究。基于以上认识，本课把重点放在结合实例使学生初步认识面积的含义，能用自选单位测量、比较图形的面积上。

三、教学目标

1. 结合实例使学生初步认识面积的含义。

2. 小组合作，经历用不同图形作单位度量面积的过程，体会统一面积单位的必要性，感受用正方形作面积单位的便捷与合理。

3. 通过观察、比较、动手操作，发展学生的空间观念，培养学生的度量意识，在小组合作中培养学生的合作能力和提问意识。

四、教学重点、难点

重点：结合实例使学生初步认识面积的含义。

难点：度量意识的培养。

五、设计思路

小学数学课堂的精彩往往体现在学生的课堂展示中，有效的课堂展示是学生学习知识的主要方式之一，它能营造宽松自由的学习环境，使每位学生学习的自主性有发挥的空间，个性也能得到张扬。所以在设计教学环节时，在学生经历自主学习、小组合作之后，进行展示交流，使学生在展示过程中学会表达，学会倾听，学会思考，学会交流。

六、教学过程

（一）结合实例，认识面积

1. 小组合作，初步认识面积

师：课前我们根据导学单要求，对今天要学的新知识进行了预习。相信大家通过自主学习，对面积有了一定的认识。下面，请各组长根据导学单要求，认真组织好小组的交流活动，待会儿请各小组上台展示。

2. 分工合作组内交流

过程略。

3. 小组上台展示交流

师：刚才我观察了每个小组的交流，发现大家都很认真，哪个组想来汇报你们的结果？

组1（投影展示导学单）

生1（组长）主持：下面由我们组的2号同学先来讲解第一题。

(1)摸一摸，认识面

生2：请大家拿出数学书，用手摸一摸数学书封面，再摸一摸课桌的桌面，哪一个面比较大？我觉得应该是课桌的面比较大。大家有意见吗？

生齐：没有。

生2：但是我还有补充：摸数学书封面和课桌桌面的时候，不能只摸一点点地方，要摸整个面。大家同意吗？

生齐：同意。

生2：请大家观察教室中的黑板面和白板面，一看就知道黑板面比较大。

师：同学们，刚才我们摸到的、观察到的这些物体的面都叫作它们的表面，物体的表面是有大小的。（板书：物体的表面大小）

生1：对于导学单的第一题大家还有什么问题吗？下面由我们组的3号同学来讲解第二题。

(2)画、读、说面积含义

生3：请大家打开数学书第61页，“什么叫面积”，我是这样画的。大家有意见吗？那我们一起来读一读。

（齐读书中画的面积的含义）

生3：同学们能举例说说其他物体表面的面积吗？要边摸物体的表面边说它的面积。

生：我摸到的手掌心的大小就是手掌心的面积。

生：我摸的凳子表面的大小就是凳子表面的面积。

生：我摸的校牌表面的大小就是校牌表面的面积。

生1：大家说得都很好，我知道你们都还想发言，那就请同桌相互说一说。

(3)比较字典的封面和侧面面积

生1（组长）主持：下面请我们组的4号同学来讲解第三题。

生4：请大家拿出字典，跟我一起先摸一摸字典的封面，再摸一摸字典的侧面，通过观察，我知道字典的侧面比较小。大家还有其他想法吗？

生：我有不同意见。我的这本字典很厚，大家看，它的侧面和封面谁更小些？

生1:不太好比较了吧,谁有办法?

生:我把这本厚字典的封面和你的《新华字典》的封面重叠一下,它们是一样大的,再用《新华字典》的封面和厚字典的侧面去重叠,大家看,这样马上就能比较出还是侧面小一些。

师:太精彩了!我建议给这两位同学鼓鼓掌!一个能大胆提问,另一个能巧妙解答。刚才第二位同学用很重要的数学方法得出了最后的结论,大家能给这种方法起个名字吗?

生:重叠法。

师:没错,就是重叠法。当我们不能通过观察比较得出结论时,重叠法就是一种很好的比较方法。

(4)质疑争辩

师:你们小组还有什么问题或困惑吗?

生1:我们小组还有一个问题要考大家。(拿出一个橘子)大家看这个橘子有没有面积?

生:我能上来摸一摸再说吗?

生(边摸边说):我觉得橘子是有面积的,就是整个橘子表面的大小。

师:大家同意吗?你们小组还有什么问题吗?

生1:同意!我们小组没有问题了。请大家为我们的展示做评价。

生:我觉得第1小组展示得挺好,组长主持得很好,每个同学都进行了展示,可以加2分。希望2号同学发言声音再响亮一些。

生1:谢谢大家,不好的地方我们会努力改正。

【设计意图】这一环节的设计让学生在小组合作交流的基础上,将预习成果在全班进行展示。展示时,在组长的主持下,组员分工明确,人人都有任务。其他学生都能认真倾听,并积极参与交流讨论,台上台下学生通力合作,在大量直观感受和实践体验活动当中一起分享彼此的思考、发现,从而获得新知识,最终达成共享、共识、共进。

(二)质疑问难,进一步理解面积的意义

师:其他小组还有什么问题或困惑?

问题一:

生:我有一个问题,我拿的这个圆柱体的水彩笔的笔筒,它的面积在哪里?

生:我觉得它的面积是整个圆柱体的笔筒的大小。

师:你先摸一摸,数一数它是由几个面组成的?这些面分别是什么形状的?

生:这个水彩笔的笔筒,它有三个面,上面和下面都是一样的,是圆形的。中间这个面我不知道叫什么形状?

师：圆柱体中间这个面是弯曲的，像这样弯曲的面可以叫作曲面。这个曲面的面积在哪里？你能摸一摸，说一说吗？

生（边摸边说）：这个曲面整个面的大小就是曲面的面积。

师：没错！要摸整个曲面的大小。你们都想边摸边说？同桌互相说一说。

师：刚才我们摸的、说的都只是圆柱体曲面的面积，以后到了六年级我们会学到，这种曲面的面积就叫作圆柱体的侧面积。那么，刚才那位同学提的问题是笔筒的面积，是不是就只指侧面的面积？

生：不是，整个笔筒的面积还包括两个圆形的面积。

师：刚才的讨论很热烈，参与的同学也多，大家都很自信而且说得都很好，我为你们感到骄傲！我建议大家给自己鼓鼓掌！

问题二：

生：老师，我们小组也有问题要考考大家。面积和周长有什么关系？

师：谁能回答这个问题？

生：我可以举例来说。这张长方形的纸，它的面积应该是指整个面的大小，而它的周长指的是它一周的长度。两个意思完全不同。

生：我觉得面积指的是图形里面的大小，而周长是它外面的一周长度。

师：大家对这两个同学的回答满意吗？

生：满意。

师：大家对周长和面积的区别讲得很到位。我用这根线把这个正方形围起来，这根线的长度就是正方形的周长，而正方形涂色的部分就是指它的面积。（板书并粘贴线和正方形）

师：通过刚才的分析，大家对周长和面积的区别还有什么问题吗？

生：没有了。

师：那好，请打开书本第64页，完成练习十四的第一题。

展示、评析练习，进一步掌握周长和面积的区别：红色描出的表示周长，涂色表示的是面积。

问题三：

生：老师，我还有个问题。什么东西没有面积？

师：这个问题问得好，把大家都给问住了。刚才我们讨论的不管是书、黑板、橘子还是圆柱体，凡是我们看得到、摸得着的物体的表面大小都是它们的面积。（边说边指板书）那什么东西没有面积呢？

生：老师我有个想法。我们学周长的时候，指的是封闭图形一周的长度，如果一个图形不封闭，它就没有周长。那面积是不是也这样的呢？

生齐：哦！对，面积肯定也要封闭图形的。不封闭的话，面积就找不到了。

师：你的想法太棒了，竟然能从周长的意义联想到面积，这种思考方法值

得我们学习。我把你的这种想法用作图软件来演示一下。(课件演示)

师:现在你们对面积是否有了更进一步的理解?除了物体表面的大小叫作它们的面积,还有什么?

生:封闭图形的大小,就是它们的面积。

师(归纳总结):物体表面或封闭图形的大小,叫作它们的面积。(完善板书)

【设计意图】学生的交流内容是个体的思考成果,师生间、学生间的交流需要有思维的碰撞,需要有质疑与辨别,从而使学生对知识、方法、含义的理解不断深入。这个环节的设计就是让学生通过质疑、辩论,引导学生经历从生活经验上升到数学抽象的过程,经历数学知识的产生、抽象与完善的过程,使课堂展示因质疑、争辩而活力四射。

(三)探讨比较面积的方法,发展度量意识

1. 提出问题,引发思考

出示例2(展示同一张纸上画的长方形和正方形)。

师:用观察法、重叠法,都不太容易一下子比较出哪个图形面积更大一些,怎么办?

2. 交流比较方法,引发认知冲突

师:你还能想到其他办法吗?

生:可以用工具进行测量。

师:很好!同学们又想到了一种新的比较方法——测量法(板书)。我们每人都有一包测量工具,有圆形、长方形、正方形和三角形。待会儿我们要两人合作进行测量,在选用图形的时候,两人首先要注意什么?

生:选用同一种图形来测量。

师:对,也就是要统一标准。如果选用一种图形作单位来摆一摆,你想选择什么形状?为什么?

生:我会选择正方形,因为它可以铺满,而且摆起来方便。

生:我们想先用正方形摆,有时间再去试试圆形。

师:好,请同桌两人先确定一种图形,再测量比较得出结论,看看哪个图形的面积更大些?

3. 小组合作,探究体验度量的方法

(1)两人一组,用学具在两个图形中摆。(教师随即拍照取证)

(2)交流反馈,确定度量单位。

组织学生反馈,说说自己选择什么图形,是怎样摆的?(展示拍摄的图片,交流各种方法)

生1:我们是用正方形来测量的,通过一个一个摆放,1号长方形图用了8

个小正方形,2号正方形图用了9个小正方形,所以2号正方形面积更大一些。

师:第二组也是用正方形测量的,但跟第一组的有些不同,请解释一下。

生2:我们也是用正方形拼的,但是我们不用全部拼完也能比较大小。因为,2号图形,横着拼,可以拼3个小正方形,竖着可以拼3行,所以三三得九,是9个小正方形。1号图形的面积就是8(2×4=8)个小正方形的面积。所以2号图形更大一些。

师:原来你们是用每一行的小正方形个数乘行数得出一共的小正方形个数,这个方法大家觉得怎么样?

生:用乘法计算更方便。

生3:我们第三组是用圆形测量的,也能比较得出2号正方形面积更大些,因为它可以铺9个圆形,而1号图形只铺了8个圆形。

师:是啊,用圆形也可以比较得出结论,那这些圆形的个数能准确代表这两个图形的面积大小吗?

生:不能,因为它们还有空隙。

师:第四、第五组的测量方法,大家能看懂吗?

生4:我们先是用三角形来测量的,1号图形可以铺16个小三角形,2号图形要铺18个小三角形,所以2号图形更大些。后来我们还发现其实两个三角形最后也是拼成了正方形。

生5:我们的想法跟第四组的差不多。我们是用长方形拼的,1号图形用了16个长方形,2号图形用了18个长方形,然后我们还用两个长方形拼成一个正方形,其实都是一样的道理。

师:通过刚才的操作、展示、分析,要准确测量出某个图形面积的大小,用哪种图形作单位最合适?为什么?

生:我觉得用正方形最合适,因为它可以铺满,而且铺起来也很方便。

师:是啊,同学们想得非常周到。因为正方形能铺满整个图形,而且四条边一样长,在摆放时不受摆放位置和方向的限制,所以国际上就规定用正方形作面积的度量单位。

【设计意图】教师用相机及时记录下学生用不同图形作单位来度量长方形、正方形面积的拼摆过程,并通过投影进行直观呈现,学生面对图像回顾并阐述拼摆过程中的度量方法,使展示活动简捷、高效。

(四) 回顾整理

师:学到这里,大家还有什么问题?看着板书说说你的收获。

(五) 巩固练习

应用学到的知识,来完成书上第62页的“做一做”。

师：组长主持好小组交流，汇报的同学先说明结果，再说明你是怎么想的？

【设计意图】练习反馈，组织学生小组互动展示交流，能快速找到学生认知的盲点，高效解决认知中的问题，避免减少不必要的重复。而且学生在交流中能学习到不同的思路和方法，提高数学学习的能力。

七、教学反思

（一）合作交流使展示顺势而为

在小学数学课堂教学中，学生的展示交流是课堂教学的重要组成部分。当学生经历自主学习、小组合作之后，就会自然形成对问题解决或活动过程的独特认识和体验，这时教师如能及时为学生搭建展示交流的平台，就既可以培养学生的协作能力、表达能力、组织能力，又能提高学生的自信心。而且有效的合作交流，可以促进学生积极思维、深入思考，使展示活动成为探究和成果分享的过程，促进全体学生共同进步、共同发展。

例如，在“初步认识面积”环节时，各小组先进行合作交流，组长分配好且员的任务，组织组内交流顺利开展，并做好集体交流展示的汇报准备。

当上台展示的2号同学讲解第一题“摸一摸，认识面”时，发现很多同学在摸数学书封面和课桌面的时候有问题，马上说道：“摸数学书封面和课桌桌面的时候，不能只摸一点点地方，要摸整个面。大家同意吗?”生齐声说：“同意。”能提出这样的意见，说明这个学生对“面”的知识点的理解很到位，讲解时对其他同学的学习活动也十分关注，这样的提醒更使其他学生加深了对“面”的含义的理解。另外，3号学生提出问题：“你能举例说说其他物体表面的面积吗？要边摸物体的表面边说它的面积。”几个学生举例发言后，其他学生也很想举例说一说，可是时间有限，作为主持人的1号学生马上说道：“大家说得都很好，我知道你们都还想发言，那就请同桌相互说一说。”这样的处理不但让所有学生都能畅所欲言，经历从直观认识到较为深入理解这一过程，而且很好地锻炼了学生的组织能力，提升了自信心。

（二）质疑问难让展示精彩纷呈

学生在充分展示的过程中，能出现质疑是很难得的，教师要重视指导学生学会质疑、敢于质疑，要让学生在倾听中逐步学会思考，甚至辩论。在质疑、对抗中，学生既学到了知识的真谛，同时又享受辩论的快乐，锻炼了口才，提高了自信。

例如，在比较字典侧面和封面面积大小时，有一个学生提出问题：“我有不同意见。我的这本字典很厚，大家看，它的侧面和封面谁更小些?”

另外一学生经过思考解答：“我把这本厚字典的封面和你的《新华字典》的封面重叠一下，它们是一样大的，再用《新华字典》的封面和厚字典的侧面去重叠，大家看，这样马上就能比较出还是侧面小一些。”

又如，当教师提出各小组还有什么问题时，同学们积极思考，大胆质疑：①生：“我们小组还有一个问题要考大家。（拿出一个橘子）大家看这个橘子有没有面积？”②生：“我有一个问题。我拿的这个圆柱体的水彩笔的笔筒，它的面积在哪里？”③生：“我们小组也有问题要考考大家。面积和周长有什么关系？”④生：“我还有个问题。什么东西没有面积？”

在这里，学生勇敢地走上前台，大胆地表达自己的想法，回答者也说得有理有据，在大家相互启发、你来我往的交流与争锋中，难点慢慢被突破，问题解决逐步明朗，学生之间实现了经验共享、情感共鸣，问题意识逐步增强，沟通交流能力也得到发展，课堂展示因质疑、争辩而迸发出智慧的火花。

（三）合理评价为展示保驾护航

良好的评价机制不仅能够体现激励和愉悦，而且能够让学生认清自己学习的现状、努力的方向，还能让人产生乐观向上的情绪，激发学生学习的内驱力，提高展示交流的有效性。

首先，课堂上教师要善于对学生的展示作出客观、积极的评价，这样既能激发学生的参与热情，又能让学生掌握展示的方法。

例如，在“初步认识面积”展示环节时，教师评价：“太精彩了！我建议给这两位同学鼓鼓掌！一个能大胆提问，另一个能巧妙解答。”

又如，在“质疑问难”展示环节中，教师评价：“刚才的讨论很热烈，参与展示的同学很多，大家都很自信而且说得都很好，我为你们感到骄傲！我建议大家给自己鼓鼓掌！”还有：“你的想法太棒了，竟然能从周长的意义联想到面积，这种思考方法值得我们学习。”

其次，采用小组积分制来营造小组展示交流的竞争氛围。

在数学课堂教学中根据学生小组展示交流的仪态、探索成果的正确与否或创新程度进行积分，可以由教师评价加分，也可以展示完毕由学生互相评价。将这种竞争意识和学生的荣誉感相结合，激发其渴望展示交流的内驱力，让小组的学习活动变得有活力。

如，生：“我觉得第1小组展示得挺好，组长主持得很好，每个同学都进行了展示，可以加2分。希望2号同学发言声音再响亮一些。”

当然，成功的课堂展示不是一蹴而就的，它来自教师长时间有意识的训练和培养，如对学生课堂展示的积极性的培养，语言表达能力的训练，倾听、提问、补充、评价的习惯和能力的训练等。只有当学生满怀信心地展示学习成果时，课堂才能充满自信和快乐，更会因学生的精彩展示而充满生机和活力！

第四章　小学英语生本理念下PWP课堂读写模式初探

陶行知说："教育就跟喂鸡一样，如果强迫学生去学习，把知识硬灌输给他，他是不情愿学的，即使学，也是食古不化，过不了多久，他还会把知识还给老师。但是，如果让他自由地学习，充分发挥主观能动性，那效果一定会好得多！"①我们教师必须学会放手，让学生做学习的主人，在学习的过程中激发和强化学生各方面的能力，促进学生的主动发展。

郭思乐教授提到：教学的本质是学，教要转化为学。这就是生本教育全部方法论的根本。生本教育是以"一切为了学生，高度尊重学生，全面依靠学生"为宗旨的教育，是真正做到以学生为学习的主人，为学生好学而设计的教育。即：以学生为主体。②

小学英语的读写能力是英语交际能力的基础之一。发展学生读写能力，有助于交际能力的培养；有助于丰富他们的英语语言，有助于学生总结英语知识，从而加快学习的速度；有助于开拓学生的视野，发展学生的智力。《义务教育教科书·英语(三年级起点)》(以下简称《PEP 新教材》)于 2012 年秋季正式投入使用，其中对"Read and Write"板块做了较大调整。从三年级开始采用多样化文体形式，循序渐进地培养学生的阅读能力，增加了语篇的可续性和趣味性。同时，在写的方面也有微调，难度由低年级到高年级循序渐进，并且增加了有意义的写的活动，如短广告、其他应用文体小短文等。基于以上调整，教师在读写课中应结合综合性语言实践活动，着重培养学生听、说、读、写四方面的能力，为真实语言交际打下基础。新教材在"前言"教学方法建议板块中提出：读写板块(Read and Write)通过配有图片的组句或文段提供了一个有一定意义的语篇综合性训练活动，包括阅读理解活动，在有意义的语境中选词抄写完成句子，以及个性化的书写活动，旨在帮助学生进一步巩固本单元学习的核心句型和词汇。

如何真正把握教材改革的内涵，让新课程生本理念融入 Read and Write

---

① 1938 年陶行知于武汉大学演讲时所说。

② 郭思乐. 教育激扬生命[M]. 北京：人民教育出版社，2007.

课型教学中，使学生真正受益，这是新教材对我们提出的要求。新教材实践以来，本人认为：以教材文本为中心，积极创设语境，以语言知识体系、文本内容体系为两大主要课堂线索，再构读写文本，使其情趣化、故事化、生活化，并通过教师对读写技能的科学指导、开展探究式读写学习、发挥学生自主互助与互相评价的作用，真正让读写课堂回归生本。

浙江省舟山市普陀区教研室 2014 年进行了生本理念下 PWP 课堂读写模式实践，以下是模式流程(图 4.1)：

- ◆ Pre-reading——创设语境　引导阅读
  1. 热身活动 复习旧知
  2. 制造会话 渗透新知
  3. 创设情境 生生感知
  4. 语言重点 互动学习
  5. 任务分解 小组操练
- ◆ While-reading ——设计任务　解读文本
  1. 初读感知 促其入境
  2. 听力训练 习得语感
  3. 提出问题 寻疑索解
  4. 细读文本 合作学习
  5. 借助文本 提升读写
- ◆ Post-reading ——内化语言　延伸课外
  1. 情感朗读 巩固文本
  2. 复述表演 输出语言
  3. 师生合作 摹写训练
  4. 学以致用 拓展文本
  5. 完成练习 课后延伸

图 4.1　PWP 课堂读写模式

第一节　Pre-reading——创设语境 引导阅读

众所周知，教材是根据课程标准和教学大纲统一编写的，由于不同语言基础、处于不同语言环境的学生面对同一种教材，教育的公平性得不到很好体现，因此需要对同一教学内容从目标、过程和方法的不同维度进行整合、优化，以适应学生的差异，取得最佳的教学效果。我们在教学过程中要做到整合调节教材的各部分内容并找到适合自己与学生的材料，创设贴近学生生活的语境，让学生有话说，有兴趣说。

一、创设生活化语境

(一) 首先要以语境为线索,再构文本

英语教学要教会学生在语境中灵活运用所学语言,体会其中的文化内涵,而不是过于注重语法和词汇的教学。

Nunan(1999)曾在"有机的,基于语篇的语言教学思路"(an organic, discourse-driven perspective to language teaching)中主张不能把语言看作孤立的句子来教学,应该在语境中教学。再构文本就是将所要学习的单词、词组、句型等零散的知识放入合适的语篇中进行整体理解和学用,只有语篇和语境的整体推进才能激发学生的学习兴趣,调动学生的语用情趣,提高学习的有效性。课堂上积极地把词汇教学融合在语篇(文本)中进行教学,力图以语篇带动词句教学。其实这样的教学就像我们语文课的"随文识字"。英语课教学很多时候与语文课教学有着异曲同工之妙。因为语言是相通的。语言学习的最终目的就是交流、阅读和写作。而语篇是我们学习、运用语言的重要环境。不管我们研究词汇、句型教学,还是会话教学,都不能脱离语篇而独立存在,否则便失去了语境,不利于学生理解词汇、句型的含义,更不利于培养学生的语用能力。所以在这个环节,教师可以根据学生的学力基础和真实学情,对教材中的文本进行删选和再构,在文本内容中加入学生感兴趣的生活话题。

(二) 其次要达成生本目标

教材中普通的读写文本材料,假如给学生创设和他们息息相关的真实生活情境,学生会表现得积极振奋。所以让他们明确每节课的重要的目标,并积极参与其中,把其内驱力调动起来,一场好的课课才刚刚开始。当然,在类似这样真实情境的教学后,教师要做好后续性的教育,不能食言,要兑现诺言或者用较真实的方式做好后续的教育工作,这样有助于以后类似情境的创设。总之,生活化情境的创设,并加以生动的语言、图片、音乐等多种方式的渲染,有助于找到学生学习的兴奋点,激发学生达成学习兴趣,驱动学生的学习目标,使他们有参与课堂教学的积极性,从而对所授的读写课产生浓厚兴趣。

二、铺垫技能型语言

《PEP 新教材》在内容安排上可分为词汇课型、对话课型和读写课型。但我们在上课时,要尽量避免词汇课只上词汇、对话课只上对话,到了读写课才上读写的情况。所谓读写课型,只是在本课教学以读写学习为主,但并不意味着是脱离语境、单词复习和听说句型后进行的单一的读写教学。不管什么课型,我们都要创设具体的语境,让学生在交际、交流中进行听说的训练,然后逐步过渡到读写的训练让学生来总结本课所学的内容。只有先学好基础的听、

说、认技能作铺垫，通过立体的语言运用才能让学生全面了解并掌握语言知识，形成综合语言运用能力。

（一）常见词中回顾句型

在复习环节，教师可以向学生呈现一些跟学校、班级或者学生生活有密切关系的常见数词、名词或者生活中的一些提示语等，让学生根据这些词汇在脑中搜索已学句型，并以提问的方式表达出来。

这样既做到英语学习生活化，又能启发学生英语思维，再现已教句型。而且避免了传统教学中，以“师问生答”为主的交流形式，变学生“被动回答”为“主动提问”，促进学生主动思考，进而掌握主要句型。呈现本单元各种重点句型时要注意设计更高要求的听说环节，提高对句子的掌握要求目标，这样的复习也会为接下来的读写文本理解扫清障碍，促进轻松阅读。

（二）关键词中联想单词

各种课型中的单词复习形式多样，可以是快速说单词、看图辨认、听音判断、听词语做动作等。其中，阅读“关键词”、“短语”然后“联想单词”是单词复习中的一种具备认读词汇、理解词义、培养思维概括能力要求的单词学习方法。因为读写课教材都安排在一单元的最后一课时，如果此时的单词复习还停留在听听说说的初级认知目标阶段，就比较肤浅。而这种形式的单词复习含有类似于“start to read”的教学作用，一定程度上为学生接下来的阅读培养信息获取、理解语段能力打下基础。

（三）情境过渡中呈现读写文本

单词、句型的复习是为了语言的立体运用，也为接下来顺利开展读写活动进行学习铺垫，为使教学线索流畅、使学生在情境中愉快地自然习得语言，我们要注意情境的过渡与语言目标的递进之间的平行推进、目标深入。在这个环节，教师可以创设大情境，提出语言学习总目标，再让学生扮演角色并根据关键词互问，也可以让学生以单词联想的形式回顾所学句型，不失时机地引出要求读写的句子，最后板书呈现本课要求书写的句子，为以后的文本理解和书写习惯的养成打下基础。

第二节 While-reading——设计任务 解读文本

本环节的主要目标是通过开展任务型主题活动，训练学生的阅读策略，帮助学生理解语篇内容，培养学生语篇意识；同时，通过解决语篇中关键词句，引导学生能以正确的语音、语调朗读语篇，逐步养成按意群阅读的习惯。在这一环节，教师可在单元主题背景下，引导学生看图谈图，利用已有的知识经验，初步构建语篇的意义，然后进入个体的阅读，并完成相应练习。

一、加强阅读策略训练，有效理解主题语篇

在读写课的教学中，教师不能把教学的重点停留在语言知识点的输入上，而应对学生的阅读策略多加指导，在阅读的过程中交替使用略读（skimming）、寻读（scanning）、猜词义等阅读技巧，分别推进从字面理解（read in the line）、言外之意理解（read between the line）到评判性理解（read beyond the line）的有层次的阅读训练。训练学生使用多种阅读技巧，获取有用信息，从整体上理解语篇内容。在这个过程中，教师不仅要帮助学生对阅读材料进行理解，还要帮助学生学习和掌握、运用初步的阅读技巧，为课外阅读打下基础，从而培养学生独立阅读的能力，这也是学生阅读策略的学习和运用过程。学生的阅读过程，最好是由浅入深、由易到难的过程，一般遵循“听、说、读”的顺序效果较好。

二、强化朗读技巧指导，改良学生语音风貌

小学生的阅读过程，要让学生同时学会朗读，目的不是让学生随心所欲地读，也不是一味追求准确性和流利度，而是要通过有意义的模仿，把握语篇中不同句子所透出的感情色彩。因此，在读写课中，教师的朗读教学目标应有所拔高，重在朗读方法和技巧的指导，关注连读、略读、语调、重音、节奏等相关朗读技巧的培养，培养学生按意群朗读语篇的习惯，使学生能正确、流畅地朗读语篇。方法有 listen and mark、listen and divide、listen and repeat 等。

三、引导探究，细化文本

（一）让学生细读文本，进行表演

让学生抓住自己感兴趣的地方，或借用文中角色，或引入相关角色，或充当某些角色，去换位思考，在情境中让学生轻松自在地参与其中的学习过程，让他们不知不觉地获得知识，培养能力。

（二）让学生就文本内容自己提问

提醒学生在阅读文本中要不断推理、判断，鼓励学生不唯书、不唯师，抓住文本找出自己学习中遇到的不明确的问题，引导学生进行探究、探索，直陈己见。只有这样，才能不断提高学生的探究性意识，培养解决问题的能力。

（三）教师引导学生进行探究式阅读

在这里教师的主要任务是有针对性地指导学生围绕问题进行阅读、观察、探究、讨论等，并要认真引导、组织。如激疑设问，根据关键句进行小组讨论，各小组根据句子描述。此阶段要让学生在思维碰撞中产生灵感的火花，从而体验“探究”的乐趣。让学生讨论后，可以请小组派代表回答，教师向学生呈现

解决问题的关键句子与单词，再请学生观察对比、自我纠正，等学生发现、归纳出答案后，教师呈现课件、突出关键词句做再次提醒。

(四) 教师引导学生正确模仿书写

教师在这个环节可结合主题意义语境，培养正确抄写习惯。《PEP 新教材》在“Read and Write”内容中专门开辟了一个板块，让学生借助图片在有意义的主题语境中抄写单元核心句型。所以在进行“写”的活动时，教师要引导学生看图并读懂教材提供的文字材料，首先要学会表达，然后再仿照组句或文段中的句型选词抄写、填充句子。在指导学生时并要注意句子的书写规范，如第一个单词的首字母大写，词与词之间空一格，句末加标点等。

第三节　Post-reading——内化语言　延伸课外

一、阅读后训练，强化复述策略

文本解读完毕后，教师可示范如何简要概括文本内容，要求学生实践体验如何运用概括的方法复述文本，让学生从感知概括情节到尝试概括情节并复述内容的过程，从中体验复述文本的方法，这一过程遵循了学生认知发展规律：从感知体验到实践操练以巩固，让学生在训练过程强化复述的策略。

二、倾听生言，评价注重实情

学生语言复述活动中会生成、暴露出一些问题，这就需要教师倾听学生的语言，以学生的语言为本，捕捉学生语言表达深层性的东西或存在的问题，并及时反馈和引导以完善学生的语言表达，促进学生语言交流，激发其语言交流的积极性和学习的兴趣，提升语言能力。因此，评价活动也应以学生的语言为本，适当引导，促进学生的学习和交流。教学中应凸显学生的主体性，关注学生的学习过程和思维训练，循序渐进地开展贴近学生实际的语言活动，着实扩展学生的语言知识，提高学生的语用能力，形成学习策略。

三、创设情境任务跟进，提高学生写作能力

说是写的基础，写是说的提高。根据提供的情境和画面、绘本等关键语境点要求学生进行复述、交流等语言活动过后，教师把握好契机和结合点引导学生进行仿写训练，要求学生抓住关键词、结合内容进行仿写。此外由阅读材料内容本身延伸出的各种话题，也给学生提供了写作的素材。《PEP 新教材》每个单元都围绕一个话题展开教学活动，是学生进行写作的好素材。教师应从学生的实际生活出发，以课堂学习的语言形式为基础，设计难易适中且充满童

趣的写作任务,同时采取化繁为简的写作策略,指导学生从书写核心词逐步过渡到书写核心短语、核心句(一句至多句),由易到难,由简入繁,从而激发学生的写作兴趣,帮助学生树立自信心,逐步提高写作能力。

四、换位阅读,创意改写

小学生的英语阅读材料,通常是以对话式、绘本式的形式出现,到六年级才有小语篇的形式。授课教师应该有目的地引导学生积极改变、开拓思维,尝试学会转换各种角色阅读,或换一种文体阅读。这样不仅为英语写作在实际生活中运用作准备,在改写的过程中也培养了学生的综合语言运用能力和语言创造力。

总之,面对统一的读写文本,我们应该超越教材的局限,尝试重构文本语境,强调读写探究,倡导读后交流,重视自主互助。只有这样,学生才能富有个性地学习、拓展和探究,英语课堂教学的效率和效果才能得到进一步提高。

在小学英语读写课教学中,教师应以生本教育的理念,整体教学的思维,充分调动学生已有的背景知识和生活体验,深入解读语篇和图片素材,培养学生的阅读和写作策略,从而建构科学合理的读写课堂教学模式。

英语新课程不只是特定知识的载体,而是师生共同探求新知、形成能力、体验情感、感受文化的过程。

第四节　教学实录

案例 1　*I have a pen pal* 教学实践与反思①

郭思乐在《教育激扬生命——再论教育走向生本》一书中提到:教学的本质是学,教要转化为学。这就是生本教育全部方法论的根本。生本教育是以“一切为了学生,高度尊重学生,全面依靠学生”为宗旨的教育,是真正做到以学生为学习的主人,为学生好学而设计的教育。生本教育提出,比“基本知识和基本技能”更为基础的是发展人的情感和感悟,认为感悟是人的精神生命拓展的主要标志,学生学习的核心部分应该是发展感悟,积累的意义也在于感悟的形成。

读写课,顾名思义,就是以培养学生读和写的能力为主要目的的一种课型,要求学生在大量阅读、朗读的基础上进行语段输出,形成一篇书写的文本

① 本案例由浙江省舟山市普陀区六横中心小学李鑫、张音老师提供。

内容，是培养学生综合语言运用能力不可或缺的能力训练课。但是，读写课信息量大，对学生的单词记忆能力、阅读理解能力和独立书写能力有着较高的要求，教学的内容较枯燥，教学的难度比较大。教师要在教学过程中关注知识点的灵活整合，加强阅读及写作方法的层层引导，从而使读写课深入浅出地为学生所接受，且不仅教会他们课本中的知识，更教会他们相关的阅读、朗读和写作的方法。在课堂教学中，把握整体，从综合出发。依据学生的学习规律，以综合整体和分析相结合、感悟与训练相结合为主，沿着“整体—意义—感悟—创新”的路线前进。教给学生的基础知识要尽可能地精简，尽可能多地留出时间和空间让学生进行练习和活动，尽量使整个教学过程体现“教少学多”。

一、教学内容

《PEP 新教材》六年级上册第四单元 *I have a pen pal*。教材目录及本课要点内容见图 4.2。

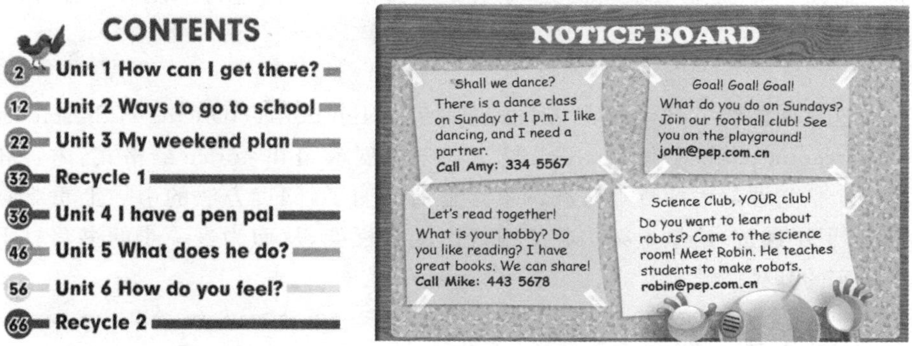

图 4.2　教材目录及本课要点内容

二、教材分析

本单元围绕 hobby 这个话题开展教学活动，在之前的课程中已经学习了相关的词汇和句型。而本节课是读写课类型，是一篇由四段小短文组成的文章，分别是四个社团俱乐部的张贴广告，要求学生会读能读懂文章，以及完成相关的练习和书写活动。同时，在本节课中要求学生掌握阅读、理解、写作等高层次的学习方法、技巧和能力。

三、教学目标

(一) 知识目标

1. 能听、说、读、写单词:shall、join、share、club、teaches。
2. 读懂布告栏的格式和内容。
3. 能够按照布告栏的基本要求写一个布告栏。

(二) 情感与态度、文化意识、学习策略目标

1. 学生能够提高交流合作能力,分享的意识得到培养。
2. 学生能够进一步提高从阅读中提取信息的能力和按意群阅读的能力。

四、教学重点、难点

重点:学生能够理解短文,完成读后问题的任务,并在情境中完成个性书写的活动。

难点:学生能够按意群阅读,掌握重弱读技巧,并能进行个性书写活动。

五、设计思路

这堂课围绕 club 为主题,通过教学四块 club notice(dancing club、science club、reading club 和 football club)来向学生展示 club notice 的格式、内容和写法。整堂课最大的特点是教学思路上清晰明了,阅读方法的引导上重难点突出,层层递进,给学生架构起了很好的结构框架,从而为进一步的书写打下了坚实的基础。

六、教学过程

(一) Pre-reading(阅读前)创设语境,引导阅读

1. 热身活动,复习旧知(图 4.3)

T: What are your hobbies?

Ss: I like… I also like…

T: What are the girl's/boy's hobbies?

Ss: She/He likes…

【设计意图】复习本单元句型和词汇,为学习本节课铺垫已有知识。

2. 制造会话,渗透新知

T: I like singing and cooking, and my friend Alice likes singing and cooking too. Look, she is Alice. Last night, we talked about the weekend plan. Guess, what is she going to do this weekend?

Ss: She is going to…

What are your hobbies?
I like________.
I also like ________.
。。。。。。

图 4.3　各类兴趣爱好

T: She is going to join a club. (引出 join a club)

T: What club?

Ss: The cooking club, because she likes cooking…(图 4.4)

What is she going to do this weekend?
She is going to join a club.(加入俱乐部/社团)
THE
COOKING CLUB

图 4.4　烹饪社团

【设计意图】通过创设 my friend's weekend plan 引出关键信息，为后面内容做好铺垫。

3. 创设情境，生生感知

T: Do you know more clubs in our school?(欣赏配乐的图片展，图 4.5)

七彩社团
COLORFUL CLUB

图 4.5　音乐社团

【设计意图】通过欣赏一段七彩社团的图片展，配上生动活泼的音乐，整体感受社团活动，课堂气氛被调节地相当轻松和愉悦，为接下来的学习奠定了基础。

4. 语言重点，互动学习(图 4.6)

图 4.6　七彩社团

Ss: I like singing, I want to join the singing club.

Ss: I like… I want to join the ________ club.

【设计意图】引入 club 概念，激起学生对 club 的热情，使其学会用语言表达自己喜欢的 club。

(二) While-reading (阅读中) 设计任务，解读文本

1. 初读感知，促其入境(图 4.7)

T: Today I find some club notices on the notice board. (引出 notice

图 4.7　布告栏上的各类社团

board)

T: Notice, notice, come and see.

Ss: notice, notice, come and see.

T: Let's have a look.

【设计意图】通过肢体语言上的配合，更加形象地让学生理解 notice board。

(1)读标题猜社团（图 4.8）

图 4.8　布告栏中展示每一社团的关键句

dancing club/football club/reading club/science club

注意学习 shall 和 goal 的含义(拿一足球做射门状，参与语言活动)，并掌握四个标题的重弱读，最后让学生通过标题猜社团。

(2)读广告栏找关键信息

T: Who writes the notices? How to join the club?

(学生细读课文第 42 页的文本内容并听录音跟读，学习广告的书写格式，留下联系方式)

【设计意图】进入文本学习时，通过第一步阅读标题，第二步阅读联系方式，在头脑中建立广告的书写格式。再分别阅读四个社团广告，帮助学生理清了本篇文章的构造，再通过深入学习，搭建本节课的一个学习框架。学生在这节课中，能够思路清晰地学习文章，并很好地理解文章。

2. 提出问题，寻疑索解

(1) T: Let's go to the dancing club first.

T: When?

Ss: On Sunday at 1 p.m.（听录音跟读）

(2) T: Go to the football club.

T: When?Where?

Ss: On Sundays/On the playground.（听录音跟读）

(3) T: Robin in the science club. Let's go and have a look.

T: Read it by yourselves. Answer three Qs, where?What?Teach?（听录音跟读）

Ss: Science room/learn about robots(连读)/he teaches…（图 4.9）

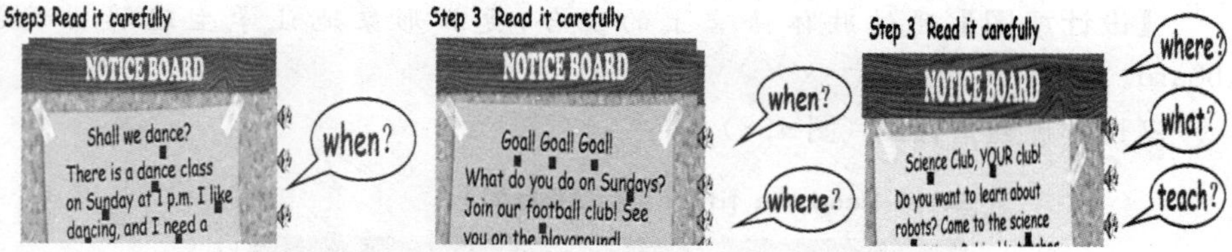

图 4.9　文本键词分化

(4) T: The last club is reading club. Read it.

T: In the reading club, we can ______ books.

Ss: We can share books.

T: I can share English books. What about you?

Ss: I can share ______ books.（听录音跟读）

【设计意图】阅读前提出问题，让学生带着问题读文章，理解文章。

3. 细读文本，合作学习（图 4.10）

(1) T: Amy likes dancing, she needs a partner. I need a partner, too.（师生示范，pair work）

SA: Excuse me, shall we dance?I need a partner.

SB: OK!I like dancing.

(dancing time)

SA+SB: Thank you.

A: Excuse me, shall we dance?
I need a partner.
B: Ok! I like dancing.
(dancing time~~~~~)
A+B: Thank you.

图 4.10　合作学习文本

【设计意图】通过一个对话练习，巩固小语篇中的新授知识和重点。

(2) T: Do you know this club song?(师示范唱 club song)

Goal goal goal, what do you do?
Goal goal goal, do you like football?
Goal goal goal, join our club!
Goal goal goal, see you on the playground!

【设计意图】通过一首世界杯歌曲的旋律，改编为 club song，让学生唱一唱，熟记句型。

(3) T: Look, Robin has a club show for his club.

(师先示范用 Robin 的语气读一遍，然后说 No, not like this, listen!)

(师示范读 chant: club show)

I'm Robin,
Come to the science room.
Learn about robots.
Let's make robots.

【设计意图】通过 Robin 的语气来一段 chant，生动的 club show 让学生对难点知识不再感到枯燥乏味。

(4) T: Now let's enjoy the reading club poem.

(师示范读 club poem)

R is for ready.
I am ready to read.
E is for eye.
I have eyes to read.
A is for ask.
I can ask in the books.
D is for day.
I will read everyday.

Reading is my hobby.

Let's share together.

【设计意图】通过一首配乐优美的club poem，让学生仿佛置身于安静的阅读社团中，培养学生有感情朗读的能力。

(三) Post-reading(阅读后)内化语言，延伸课外

1. 情感朗读，巩固文本

T：Great！Now let's read the four clubs，notices together.

Read by yourselves，finish some Qs on the books.

Let's read after the tape.（听录音，追读）

Choose what club you like to read.

（生阅读课文全部内容，完成课后题。选择喜欢的社团广告朗读）（图4.11）

图4.11 4个社团广告

【设计意图】通过带读学习四小篇后，进行整体学习，通过跟读、追读以及自己的朗读，理解和思考完成课后题，巩固理解。

2. 师生合作，摹写训练（图4.12）

(1) 了解社团广告

T：Title and how to join.（标题、内容和署名）

T：Look，this is my club notice.（PPT）

【设计意图】教师分步示范，学生跟着教师的步骤逐步完成书写。

(2) 个性化书写活动（图4.13）

T：OK，it's your turn to write，choose one to write.

（学生个性书写，可以小组讨论，写完后交流）

反馈：学生投影展示作品并朗读，贴在黑板上展示。

练习的评价标准：

图 4.12　摹写的社团广告

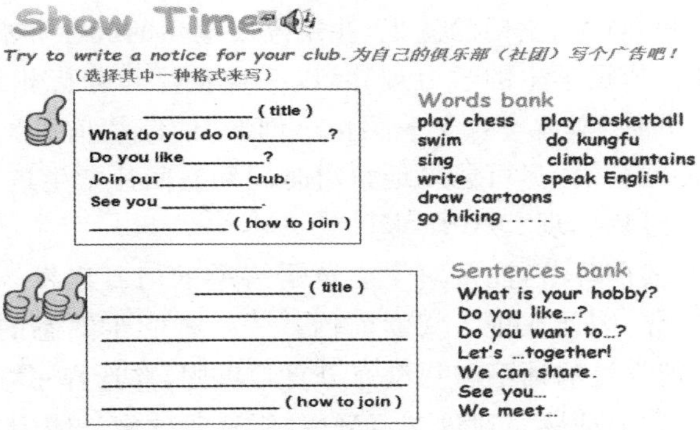

图 4.13　个性化书写模板

Perfect——学生能完成两个拇指的书写任务，没有错误，一线格书写规范美观。

Good——学生能完成两个拇指的书写任务，有少许错误，一线格书写有个别不规范；或者学生能完成一个拇指的书写，没有错误，一线格书写规范美观。

Not bad——学生能完成一个拇指的书写，有少许错误，一线格书写有个别不够规范。

Come on——学生基本能完成一个拇指的书写，错误较多，一线格书写不规范。

对学生能力水平给予正确的评价，让学生正确认识自己的能力水平，并树立正确的努力方向。

【设计意图】在班级中分享和展示自己社团的广告。设计具有梯度难度的两种摹写练习，请学生根据自己的能力水平选择适合自己难度的一篇来补充完整。

七、教学反思

（一）“生本教育”促感悟

生本教育是以学生为本，为学生好学而设计的教育，它主张“一切为了学生、高度尊重学生、全面依靠学生”的价值观、伦理观和行为观，为构建高效的课堂教学模式提供了丰富的理论支撑和实践经验。

生本教育提出，比“基本知识和基本技能”更为基础的是发展人的情感和感悟，认为感悟是人的精神生命拓展的主要标志，学生学习的核心部分应该是发展感悟，积累的意义也在于感悟的形成。

因此，教师应该正确认识学生的主观能动性和个性发展，坚持以学生为中心，尊重学生自我、自主、主动的意识，注重发展学生的天性和潜能。在课堂教学中，把握整体。依据学生的学习规律，以综合整体和分析相结合、感悟与训练相结合为主，沿着“整体—意义—感悟—创新”的路线前进。教给学生的基础知识要尽可能地精简，尽可能多地留出时间和空间让学生进行练习和活动，尽量使整个教学过程体现“教少学多”。

在本节课阅读前环节，注重对学生英语兴趣的培养启发。因为兴趣是学生最好的学习向导，因此在进入阅读前创造了一种学生熟悉的、感兴趣的、有话可讲的氛围，把学过的词汇和句型充分复习巩固，并选择了“小社团”这样一个存在于学生身边的话题。通过交流爱好，听音乐欣赏社团图片、报名想加入的社团等环节，充分调动学生的兴趣和话语感。为进入阅读做好充分的读前准备。

在本节课阅读中环节，因为前面有了良好的铺垫，进入阅读也就事倍功半。学生已经对所学语篇有了大概的预测，加上之前的预习准备，学生对文本已经有了大框架。而教师只需要带着学生从容地“进入”语篇，条理清晰地“穿过”语篇，思维拉练般地“跃出”语篇，就能让学生对语篇产生浓厚的兴趣，并且自主地想学习语篇。通过三个问题，what、who 和 how，将语篇迅速贴上四个小标签，同时明确了布告栏的基本格式，以及想要加入社团的途径，文本的框架结构一目了然。然后，进入每一篇小短文中，通过自主阅读、小组讨论答题的模式，将语篇中的重点和难点逐个击破，与此同时，还着眼于训练学生的朗读技巧，可谓“一举两得”。再者，在阅读语篇的过程中，除了理清文章结构，理解文章大意，还对学生思维和语言能力进行了更高的拓展。在每一个小短文的读后活动中，都安排了形式各样的拓展性操练活动，给出示范，同桌或者小组进行参与。

在本节课阅读后环节，强化对学生学以致用的能力的培养。学生在阅读了四个小短文之后，教师要求学生动手创作一个属于自己的社团布告。在阅读过程中积累的写作要素和参考资料，正是书写活动中需要用到的。书写采用分层机制，每个同学可以对应自己的能力选择其一，在进行书写后，首先是四人小组交流，这是第一步的修改，也是学生第一次获得书写的体验。而后进行全班展示，根据对教学目标的编制，分别请不同层次的学生进行展示，这是第二次的修改，也是学生第二次参与到分享、体验的环节，是让学生获得成就感的一次体验。

在本节课中，教师还通过提问让学生自主地寻找文本信息，同时在读后活动中安排了大量的拓展活动，比如对话、唱歌、阅读童谣和诗歌等。这些活动的安排不仅是对学生文本理解能力的训练，更是让学生亲身参与到这些能够获得更多英语学习体验的活动中，去感悟，去学习，去体会，比起教师教和说效果要好过百倍。这些体能的积累对学生英语学习能力的发展起到了推进作用。

(二)“读写模式”促升华

读写课虽然不是近几年才开设的，但却是近几年比较关注的一种课型。因为这种结合读和写的英语教学模式是学生能够比较全面地学习语言的课堂模式。在这种模式之下，学生的英语水平会经过日益提升。阅读和写作是英语学习的两大重要能力，只有发展了这两项能力，学生的英语水平才能在稳固中求发展，才是为学生今后的发展起到促进作用。

案例 2　*Robin and the ant* 教学实践与反思①

新教材实践以来，教师的教学理念在不断更新。著名生本教育专家郭思乐教授强调：教学的本质是学，教要转化为学。“一切为了学生，高度尊重学生，全面依靠学生”，是真正做到以学生为学习的主人，为学生好学而设计的教育。从“教”转变到促进学生的“学”，让学习与生活、经验与情感紧密相连，尽可能成为学生成长的自然过程的一部分。英语作为一门语言，具有极强的实践性，其言语实践充满“语境”。《义务教育英语课程标准(2011 年版)》指出：“主张学生在语境中接触、体验和理解真实语言，尽可能多地为学生创造在真实语境中运用语言的机会。”英语新课程标准的一个重要理念就是英语教师应坚持以学生为本，英语教学应凸显英语语言的交际性和交际的真实性，培养学生“能用英语做事情”的能力，要求教师注重创设语境。如果说文本是读写教

① 本案例由浙江省舟山市普陀区沈家门小学王芬芬老师提供。

学的载体，那么以生为本就是读写教学的目标——发展学生。如何真正把握教材改革的内涵，让新课程生本理念融入 Read and Write 课型教学中，使学生真正受益，这是新教材对我们提出的要求。以教材文本为中心，再构读写文本使其具有生活化情境，并通过教师对读写技能的科学指导、开展探究式读写学习，真正让读写课堂回归生本。现把如何以《语境创设为推手提高学生的阅读能力》课例研究整理出来，与大家分享。

一、教学内容

《PEP 新教材》六年级上册第五模块“Read and Write”。

二、教材分析

“Read and Write”部分通过 Robin 和蚂蚁互相帮助的故事，讲述助人为乐的故事。其中渗透的情感教育是让学生不要以貌取人，明白团结的力量以及应当乐于助人的道理。但对于六年级学生来说，该故事情节过于简单，不够生动、有趣；人物形象也不够丰满，缺乏吸引力。因此，基于以上分析，教师在教学时必须进行适当的教学铺垫，并设计巧妙的情境加以拓展延伸。

三、教学目标

1. 能听、说、读、写单词：worried、afraid、stuck、pull out of。
2. 能有感情地朗读课文。
3. 能在语篇中捕捉不同类型的信息，提炼出文章的主旨大意，完成排序。
4. 能读懂、补全故事，并能复述故事。
5. 通过阅读故事懂得乐于助人的道理。

四、设计思路

对于六年级学生来说，该故事情节过于简单，不够生动、有趣；人物形象也不够丰满，缺乏吸引力。因此，我在教学设计时创设了三个不同的语境，围绕“ant”、“Robin”及“Robin 与 the ant 的矛盾冲突”，来丰满故事情节和人物形象，通过这些环节的设计，人物形象变得丰满，故事变得生动有趣，让人一目了然。为了提高学生的口语表达能力、语用能力、语感，我对学生的读写技能进行了科学指导，并开展了探究式阅读学习，通过设计标重读音、分角色朗读、表演读、沙画式的复述故事等环节，帮助学生更好地体验这个角色，融入这个故事。通过这几个语境的设计使枯燥、抽象的英语知识更贴近学生的社会生活，符合学生的认知经验，使学生在直观、形象、生动有趣的情境中获得基本的英语语言知识和技能，体验英语学习的价值。

对于本文的重难点词汇教学(如 worried、afraid、stuck、pull out of 等),我通过反复设置类似情境(如小动物被困,Robin 被困等),让学生从感知、习得到运用,扎实地掌握了语言。通过这几个情境的创设,激发学生的求知欲,活跃学生思维,有助于学生英语语言的学习,提高学生的英语综合语用能力。

五、教学过程

(一) 围绕“ant”的语境创设

1. T: Do you like stories? Today I'll tell you a story. Please listen and tell me, where does the story happen?

S1: Maybe it happens in a park.

S2: Maybe it happens in a forest.

…

T: I can tell you this story happens in a park. Look at this beautiful park. It is the home of all the little animals. Think, who lives in the park?

S1: Maybe a bee lives in the park.

S2: Maybe a ladybird lives in the park.

…

T: Everyone here is happy. They sing together, play together. Sometimes they help each other. And today's story is about this little ant.

【设计意图】欢乐的音乐、入情入境的导言,交代故事发生的地点、人物以及人物之间的关系,很自然地引出故事主人公:ant。导入新课短、平、快,一举两得,既激发学生学习的兴趣,同时也为本课的后续学习做好铺垫。

2. Get to know the hero of the story: ant

(利用课件,师生共同演绎呈现文本)

T: It is a sunny day. A little ant is playing on the grass. He's happy. Suddenly he hears: help. Oh! It is a ladybird. He's worried. Why?

S: He's covered by lots of leaves. It's so heavy.

T: He cries.

S1: Help, help.

T: He cries. (请一个小朋友上来扮演 ladybird)

S: Help, help.

T: Don't worry. Let us help you! Come on my friend.

S: Don't worry. Let us help you!

T: Let's say, one, two, pull!

Ss: One, two, pull!

T: Hooray! We pull the ladybird out of the leaves.

S: Thank you, my friends.

T: So who helps the ladybird?

S: The little ant and his friends.

T: Yes.(PPT)

S: It is the ant and all of his friends.(学生读)

T: Who likes to have a try?

S1: It is the ant and all of his friends.

T: Not bad. When we are reading. We should pay attention to our pronunciation and intonation. It is the ant and all of his friends.(教师示范，强调朗读的发音、语调以及朗读句子的节奏)

S: Repeat.

T: Much better. Try again.

S1: Read.

T: Very good.

T: They say…

S: One, two, pull! Hooray! They pull the ladybird out of the leaves.

T: Are they happy? Read happily.

S1: Hooray! They pull the ladybird out of the leaves.

T: Wonderful! Follow him.

S: Repeat.

【设计意图】 营造出一种童话的氛围，在故事的语境中感受新知，并带领学生慢慢地步入整个大故事情境中。

3. bee

T: Another day, it is raining. A bee is worried, too. Why?

S1: He can't find his baby.

S2: He's hungry.

S3: He has no umbrella…

T: Maybe. Oh! He's worried because he's stuck in the mud.

T+S: He cries, "help, help".

Don't worry. Let us help you.

One, two, pull. Hooray!

It is the ant and all of his friends.

They pull the bee out of the mud.

(1) T/S: 一起读故事

(2) 演一演

T: Help! Help!

SB: Don't worry. Let us help you.

One, two, pull. Hooray!

SG: It is the ant and all of his friends.

They pull the bee out of the mud.

【设计意图】通过师生之间互动，分角色表演，不仅能激发学生的阅读兴趣，而且还可以让学生能更扎实地学习语言重点。

4. T: The ant helps the ladybird, the bee, and he helps other animals too. Let's see. Please talk by yourself.

S: Talk by themselves then share with dsekmates.

S1: A rabbit is stuck in the trees. They pull the rabbit out of the trees.

S2: A squirrel is stuck in the door. They pull the squirrel out of the door.

S3: A spider is stuck in the icecream. They pull the spider out of the icecream.

5. T: The little ant helps so many animals. How is he?

S: He's helpful/ nice/ kind/ friendly.

【设计意图】从创设小蚂蚁救七星瓢虫的情境，让学生感受新知，到小蚂蚁救蜜蜂，让学生更扎实地学习语言重点。通过合作互动，层层深入，循序渐进，在帮助学生理解文本的同时更好地拓宽了学生的思维，同时也为小蚂蚁助人为乐做了情感铺垫。

(二) 围绕"Robin"的语境创设

T: Now everyone in the park is happy. Robin is happy, too. It is a sunny morning, he goes to the park.

He's going to sit by the river. "Hello, fish. "He says.

He's going to sit on the bench.

S: Hello, bird.

T: Now he's a little tired. He's going to sit on the grass. Suddenly he hears…

【设计意图】教师在创设整个故事情境时，重点是突出 ant 这个角色，因此在创设有关 Robin 情境时相对缩略了笔墨，只着眼于其与人为善的品质，一点点丰满这个人物的个性特点，从而使学生面对 what will Robin do to the ant 这个问题时，能据此做出正确而合理的选择。

(三) 围绕"Robin 与 ant 的矛盾冲突"的语境创设

1. T: Suddenly he hears…

S: Wait.

T: Who?

S: The ant.

T: How does he feel?

S: He's afraid. (师贴上单词卡 afraid)

T: He's afraid. He says: "P… P… P… please don't sit on me. W… W… W… One day I can help you. "(师示范)

(生模仿说)

T: Will Robin sit on the grass?

S: No.

T: What will he say?

(PPT 呈现两个选项)

S1: Haha! Little ant. I'm going to sit on you.

S2: Don't worry. Little ant. I won't sit on you.

(生读这两句句子,并根据自己的理解做出选择)

【设计意图】因为之前对 Robin 这个人物做了适当的铺垫,此处就水到渠成,检验学生是否读懂了故事。

T: Are you sure? OK! Let's listen.

S: Listen and repeat. (PPT 展示正确答案)

T: How is Robin?

S: He is very nice.

T: Yes, he's very nice to the little ant.

2. A: Listen and repeat paragraph 1~3

B: Role-reading

【设计意图】引领学生细读品味,通过分角色朗读,促进学生对文本内容的理解和感悟。通过模仿"Robin"和"ant"的语言,让学生把自己融入角色当中,让他们从中体验朗读的乐趣,在朗读中提高他们的口语表达能力。

3. T: The next day. It is raining. Robin is stuck in the mud. How does he feel?

S: He's worried.

T: Who will help Robin? Why?

S1: I think the little ant will help Robin. Because he's very helpful. He helps the ladybird, the bee and other animals.

S2: I think the little ant will help Robin. He said: " One day I can help you."

T: Do you agree with him? Listen.

You're all right. Excellent. Now let's do together.

S: Fill in the blanks together.

T: Listen and repeat paragraph 4～6.

S: Read together.

【设计意图】因为之前有了小蚂蚁帮助小动物的语境预设，因此此处就水到渠成，进一步检验学生是否读懂、读通了故事，同时在语境中进行富有生活经验的有效的语言输出。

4. T: So Robin is nice to the little ant. And what about the little ant?

S: The little ant is nice to Robin too.

T: So they're nice to each other.（板书）

T: Do you like this story? Why?

S1: I like the story. Because Robin is very nice.

S2: I like the story. Because the little ant is cute and helpful.

S3: I like the story. Because the ants are strong. They pull Robin out of the mud.

S4: I like the story. Because everyone is happy.

S5: I like the story. Because the story is interesting.

T: I think so. And I like the story because it tell us we should always be nice to each other.

【设计意图】通过让学生自由表达对这个故事的喜好，提升学生的语用能力，同时也提高学生对本故事的后续思考能力，并揭示故事互帮互助的主题。

5. (1)T: Now can you number the pictures? Finish task 1.

(Ask students to rearrange the picture)

(2) T: Please read the story and fill in the blanks according to the pictures.

(Ask students to read the story, then fill in the blanks)

(3)Retell the story (PPT 展示图片)

T: You did a good job. Let's enjoy the whole story.

T: It's your turn, tell this story in your group.

（生小组合作讲故事并展示）

【设计意图】通过"沙画式"方式展示整个故事，把知识化为富有兴趣的过程和有趣的活动，采用小组合作、任务分解的方式来复述故事，让全班学生都参与到活动中来，找到学习的成就感。在最惬意的活动中，儿童变得心灵手巧，头脑被激活了，情绪被调动了，上课变成最美好的时光了。

六、教学反思

(一) 巧设情境，整体感知文本

“言语的发源地是具体的情境，在一定的情境中产生语言的动机，提供语言的材料，从而促进语言的发展”。幸运的是，现行的新教材内容大都是专家、学者精心编辑的，每篇文本或多或少提供了一定的情境，教师只要细细研读，找准教学切入点，适度挖掘，合理再构，一定能创设出适合学生、适合课堂的教学情境。恰当的教学情境创设是教师的智慧结晶，是课堂的主要环节，是教学展开和推进的重要策略。

情境一：小动物们在公园快乐地生活着及主人公小蚂蚁帮助小动物的情境。交代故事开始的时间、地点、第一主人公“ant”的形象。

情境二：第二主人公“Robin”来到公园和小动物们打招呼，故事推进，出现第二主人公“Robin”的形象。

情境三：故事的冲突、矛盾的焦点以及故事的结局。

教师创设一个又一个情境，将学生逐步带入故事情节中。每一个环节学生和教师都轻松地朗读着、表演着，在读和表演中用英语表达出想说的，在读和表演中理解着故事，用自己的语言再现故事。从课堂实录可以看到，学生的参与度很高，课堂投入热情高，学生不是故事的倾听者，而是化身为主人公，在情境中学习语言，运用语言，习得语言。

(二) 巧用情境，解读文本情感

教学目标分为三维目标：知识目标、技能目标和情感目标。从教多年以来，我对情感目标理解不多，总是觉得可有可无，一节课下来，知识目标、技能目标能达成就差不多了。然而在多年的小学高段教学中，常常发现高段学生不如低段学生在课堂上表现得活跃，他们似乎太“稳如泰山”了，细细反思，会发现是学生的情感成长了，有些情境的设计无法满足他们的情感发展，所以教学设计要从学生的情感出发，捕捉文本细节。

文本所提供的情境往往比较简单，这就给我们教师提供了很多填白的空间，这也是教学设计最大的空间。我认为，教师的填白除了使文本内容有始有终，情节发展更跌宕起伏，矛盾解决方案多种等，最重要的是赋予人物情感，使人物形象生动丰满，让学生了解这个人物，喜欢这个人物，从而身临其境体验情境，分享主人公的喜怒哀乐，在此过程中习得语言的知识和技能。所以让学生参与到情境中来是一个渐进的过程。

情境一：从创设小蚂蚁救小动物的情境，层层深入，循序渐进，帮助学生理解文本的同时更好地拓宽了学生的思维，同时也为小蚂蚁助人为乐做了情感铺垫。

情境二：通过设计“Robin”来到公园和小动物们打招呼并没有伤害小蚂蚁的情境，让学生体会他的友善的品质。

情境三：通过揭示故事的最终结局，即小蚂蚁帮助 Robin 脱离困境，体会互相帮助、助人为乐的道理。

在一个又一个的情境体验中，让学生与文本对话、与文中人物对话，使学生自然而然地深入文本，与文中人物进行“思想与思想的碰撞、情感与情感的交融、心灵与心灵的接纳”，引导学生设身处地考虑文中人物的处境，体会他们的心理，并以有感情地朗读表现他们的心理，从而走进人物的内心深处，感受他们美好、善良的心灵。

（三）巧拓情境，活用文本语言

英语新课程标准的一个重要理念就是英语教师应坚持以学生为本，英语教学应凸显英语语言的交际性和交际的真实性，培养学生“能用英语做事情”的能力，要求教师注重创设语境。作为教师，我们不仅要教会学生文本提供的语言，还要巧拓情境，让学生学会活用文本语言。

情境一：ladybird、bee 遇到困难，后边的省略号为学生提供广阔的空间，满足不同学生的不同想法。

情境二：Robin 被泥坑困住，非常着急。教师问：“Who can help him?”因为有了前面小蚂蚁救小动物情境的预设，这里学生能在语境中进行富有生活经验的有效的语言输出。

情境三：通过设置“Do you like stories? Why?”等开放性的问题，让学生自由表达对这个故事的喜好，提升学生的语用能力，同时也提高学生对本故事的后续思考能力。

教师拓展一个又一个情境，让学生运用所学语言和已有的生活经验，解决生活中出现的实际问题，这样不仅训练了学生的思维，培养了其想象力、创造力等多方面的能力，而且能更好地让学生走出文本，运用文本。

总之，在这堂课中，我让学生亲近文本，与文本碰撞，并超越文本，让学生与文本进行了“零距离”的心灵对话。用心灵去倾听心灵，达到心灵相通，情感共鸣，形成独特的阅读体验。

第五章　小学科学“做中学，做思结合”教学模式初探

生本教育是郭思乐教授所提出的教育思想和方式。生本教育既是一种方式，更是一种理念，它是为学生好学而设计的教育，它尊重了儿童的独立性，保护着他们最大发展的可能性。以这种理念为指导，直接指向了“学为中心”。

学为中心，已经取代了过去很长时间以教师的教为主导的学习方式。我们在不断地改变学与教的关系，教师服从于学生的，服务于学生学习，学生的学是中心，教师的教是为学生的学服务的。以学生为中心，是以学生的学习和发展为中心。必须强调三个着力于：①要着力于学生的发展。教育的根本问题是人的问题，是人的发展问题。教育是通过对人的成长的引导，从而促进人们发展。②着力于学生的学习。促进学生的发展，要通过学生的学习，在学习中发展，在学习中提高。③着力于学生的学习效果。教育要遵循人的发展规律、学生的学习规律，同时，教育又有自身的规律。

第一节　鉴于小学科学课程标准

学生科学素养的发展离不开科学的学习过程。科学的核心是探究，教育的重要目标是促进学生的发展，科学课程应当体现这两者的结合，突出科学探究的学习方式。应给学生提供充分的科学探究机会，让学生通过手脑并用的探究活动，体验探究过程的曲折和乐趣，学习科学方法，发展科学探究所需要的能力，增进对科学探究的理解。

科学探究是科学学习的中心环节。科学探究不仅可以使小学生体验到探究的乐趣，获得自信，形成正确的思维方式，而且可以使他们识别什么是科学，什么不是科学。

探究过程不仅涉及提出问题、猜想结果、制订计划、观察、实验、制作、搜集证据、进行解释、表达与交流等活动，还涉及对科学探究的认识，如科学探究的特征。学生的科学探究能力的形成依赖于学习和探究活动，必须通过紧密结合科学知识的学习，动手动脑，亲自实践，在感知、体验的基础上，内化而成，而不能简单地把知识通过讲授教给学生。在小学阶段，对科学探究能力的要求

不能过高，必须符合小学生的年龄特点，由扶到放，逐步培养。在具体的教学实施过程中，可以涉及科学探究的某一个或某几个环节，也可以涉及科学研究的全过程。

第二节　杜威“做中学”理论指导

杜威针对脱离儿童生活经验、纯知识灌输的美国传统教育，提出以儿童为中心、从做中学的主张。杜威认为，科学教育不仅仅是让学生记忆百科全书式的知识，也是一种过程和方法，他主张教学应当遵循以下步骤：真实情境—发现问题—提供资料—提出假设—检验想法。

一、真实情境

教师为学生提供一个真实的生活情境，它可以是校外出现的情境，也可以是日常生活中使人感兴趣的情境。总之，情境一定要尽量真实，要贴近生活，尽量模拟社会。

二、发现问题

在情境中促使学生主动提出疑难，并将学生置于欲解决疑难的境地。这是最重要的一个步骤。杜威认为，如果儿童不能主动发现一个他感兴趣的问题，那么其他的步骤就不具任何意义了。不论是“如何组织班级的自治团体”还是“观赏最喜爱的电视节目”，只要这个问题能吸引儿童，就会形成探究的欲望。

三、提供资料

教师提供学生要解决问题的必要资料。这里所谓的资料，绝非是解决问题的答案，而是进一步探究的资本，必不可少的资源。如果需要，还可利用直观教学，对问题开展直接的观察。

四、提出假设

儿童发现足以吸引自己的问题，并根据现有资料，提出自己的解决办法和想法，大胆推论、猜想，提出假设性的答案。

五、检验想法

按照确定的方案，验证解决问题的想法，看它是否有效，形成结论。

这种蕴涵探究思想的教学模式不仅对美国教育产生了深远影响，也为探究教学法的提出奠定了基础。

基于杜威“做中学”的教学思想,本章针对小学科学学科特点,对课堂教学模式进行进一步探索。

第三节 “做中学,做思结合”的教学思想

“做中学,做思结合”就是要自己动手,在实践中观察和思考,以悟得新知;同时将习得的知识与具体的生活实践相联系,学以致用,活学活用。

实际上这种强调学生“做中学,做思结合”的教学思想是认知理论在科学教学中的体现,小学生的思维发展正处于皮亚杰所描述的“具体运演阶段”,他们的抽象逻辑思维的发展一般要依据具体的现象及亲身的操作,否则他们对科学概念的理解就十分困难。讲得更具体些,小学生对科学知识的学习和理解过程与成人是有区别的。他们不能仅靠教师抽象的语言描绘,必须通过自己亲身的经历和具体操作,通过视、听、嗅、触等感觉器官才能理解科学概念中的内涵。这是小学生学习科学所用的内部思维语言的一部分,我们教师必须清醒地认识这一点。

回顾我国几十年来小学科学传统课堂教学,教师是知识的主宰者,是教学的权威者。随着课程改革的深入,我们的教育思想、教育理念、教学行为都在发生着变化。课堂教学中,突出了学生学习的“自主”性,忽视了教师的主导性。在具体的实践操作过程中存在着盲目性、追随性和形式性,注重了活动的外在性而忽视了内在的本质性,导致课堂教学的效率低下。

“做中学,做思结合”的精髓一方面在于把间接的经验和知识还原为活的、有实用价值的知识;另一方面在于动手。理论上行得通的东西,在实践中做起来可能远远比想象的复杂得多。“纸上得来终觉浅,绝知此事要躬行”,动手做一做,比单纯的“纸上谈兵”要来得更具体、更全面,也更直观。

第四节 “做中学,做思结合”的教学模式

小学科学“做中学,做思结合”教学模式是指以“做中学”理念为指导,以发展学生科学素养为核心的课堂教学模式。“做”是指让学生参与教学的全过程,包括问题情境的创设、观察与实验的设计、实验材料的准备与搜集、实验的操作与实验现象的观察记录、证据搜集及实验结果的分析、科学结论的归纳与概括、科学现象的解释与科学知识的应用等实践性学习的活动。“学”泛指广义的学习与发展,具体指探究奥秘、获取新知、亲历过程、体验情感、发展思维、培养能力,使学生的科学素养全面提高。它共分六个环节,即创设情境、聚焦

问题、猜想假设、实证探究、交流评价、拓展延伸。

一、课堂模式遵循原则

该模式适用于小学三至六年级的所有探究类科学课。为保证模式的科学运行，避免出现模式化的弊端，在使用中应该遵循以下原则：

（一）主体性原则

在充分发挥教师的主导作用的前提下，引导学生主动探索周围的社会环境和自然环境，学会根据环境要求自主选择目标、自我调控、自我发展，教师要积极创设给学生以主动选择的空间，使他们的主体性能得到发挥，以便学会选择，学会负责任。任何一种成功的教学都是充分地发挥了学生的主体性的教学。“做中学，做思结合”这种模式尤为突出学生的学习过程，即学生自己收集信息，处理信息，解决问题，进行再创造，研究过程的独立性越强，研究价值就越大，教学效果就越明显。

（二）科学性原则

培养有科学素养的公民是小学科学课程的基本理念之一，发展思维能力，学习科学方法，逐步养成实事求是、崇尚真知的科学态度，是科学课堂的任务之一。因此，必须正确引导学生认识自然规律的客观性，尊重事实，尊重客观规律；自然界是在不断发展变化的，人类认识自然有其局限性，要知道科学真理的相对性；科学提倡民主、平等、自由、合作的精神，提倡人文精神、独立精神、探索精神、创新精神和献身精神。

（三）探究性原则

探究是学生获得关于这个世界的知识的重要途径，探究过程本身可以使儿童的思维受到最好的锻炼，不仅有利于学生问题解决能力的培养，而且是科学精神、科学态度、科学方法培养的主要途径。由于科学课程要求以学生的探究活动为主要的教学形式，对探究的结果如何表述就显得十分重要。学习过程是学生在教师的指导下自主发现新知的过程，教师要设计并向学生提供探索和发现的真实情境，让学生经历探索过程，将科学发现的过程、学生认识过程与教学过程相融合，体现三个过程的统一。

（四）创造性原则

一方面表现为学生学的创造性，要鼓励学生进行多向思维，能从多角度更全面地认识同一事物，并善于把这些认识综合为整体性认识，能创造性地运用所学知识去发现和解决新问题；另一方面表现为教师教的创造性，课堂教学不再为预先设计的教案所左右，要关注课堂的生成和学生的状态，给学生广阔的思考、实践的时间和空间，让他们大胆去想，放手去做。

二、模式流程操作说明

“做中学，做思结合”课堂教学模式基本流程如图5.1所示。

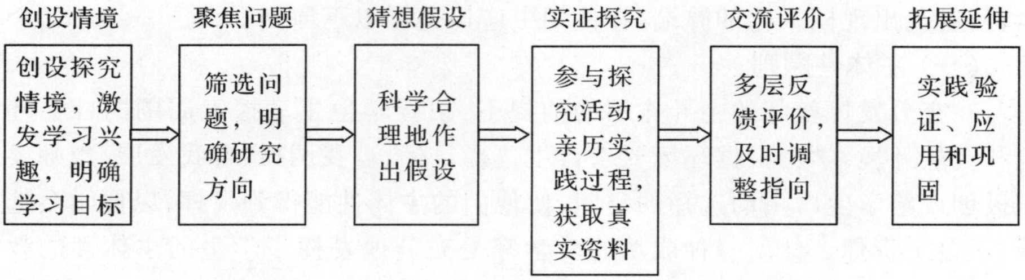

图5.1 “做中学，做思结合”课堂教学模式基本流程

(一) 第一步，创设情境

创设探究的情境是一种手段，目的是激发学生学习科学的兴趣，同时明确本课的学习目标。这是课堂教学的起始阶段。就是科学探究程序中的“提出问题”。问题的产生，应源于学生对某一些事实的观察，当学生对所观察的事物的某一方面或某一现象产生怀疑时，问题就产生了。一个适合探究的问题至少具有两个特征：这一问题必须是一个需要学生进行解释并且能够被学生解释的问题；这个问题必须能激发学生的好奇心和探究的欲望。

情境的创设要注意三点：

1. 简单明了，指向明确；
2. 情理之中，预料之外；
3. 时间要短，易于收放。

(二) 第二步，聚焦问题

提出一系列的问题是探究发现的第一步，也是探究得以继续进行的基础。在这个阶段中，首先要对在创设情境中学生提出的问题进行筛选。学生在参与教师创设的情境中，通过观察、思考、比较、讨论等，发现和提出了很多问题，教师可能都写在了黑板上，对这些问题，不能都研究，要进行筛选和取舍。因而，聚焦问题是“做中学，做思结合”教学中的一个重要环节，它具有教学活动的导向作用和激发学生研究兴趣的作用。

(三) 第三步，猜想假设

当学生对某一事物产生兴趣并为之认真观察时，探究活动就开始了。在学生细致地观察、科学地提问后，学生就会以上一环节所观察到的事实为依据，借助他们所积累的生活经验和已有知识，经过模拟想象再加工，创造性地提出新的说明方式，形成他们的猜想假设。猜想假设时，教师应要求学生合理解释，做到解释与观察、问题及证据相一致，避免脱离实际的“胡思乱想”。

（四）第四步，实证探究

科学是一门讲究实证的学科，它的独特价值在于崇尚事实，强调证据，科学课的魅力在于能让学生动手实验、在玩中学习。实证探究是小学科学“做中学，做思结合”教学模式的中心环节。如果只让学生猜想，学生最终只能是一无所知，或者一知半解。这时最好给学生足够的时间，让学生带着疑问，按自己的想法去选择材料做实验，验证自己的想法和假设是否正确，我们没有必要急于在学生动手之前就把答案告诉他们，也没有权力在学生操作之前和操作过程中左右学生的思想，暗示实验的结果，而是放手让学生大胆地动手做，鼓励学生把看到的都记（画）下来。我们只是随机地指导，适时地参与，与学生共同探究。

（五）第五步，交流评价

这个环节不是孤立进行的，它是随着探究活动时间的推移与教学的方向和速度贯穿于整个教学活动过程中的。交流就是将自己探究的结果以口头、书面表达或派代表陈述等多种形式告诉别人，当学生在动手探究中有了发现之后，无论他们探究的结果与设想是否一致，我们都尽可能地为学生间的交流创造条件，让每个学生都能在集体面前汇报自己的动手探究过程，鼓励有不同看法的学生大胆地提出质疑，把自己的观点提出来与大家一起分享、讨论。具体的评价目标主要包括提出科学问题，猜想和假设，制订计划，设计实验，获取事实与证据，解释、检验与评价，合作与交流等几个方面。对于每一个具体的科学探究活动，可以全部或有重点地选择其中几项，有针对性地制定具体的评价标准。

（六）第六步，拓展延伸

拓展延伸是以学生为中心的知识应用和扩展阶段，也就是学生用前一阶段获得的科学概念在新的环境和新的问题中实践、验证、应用和巩固，目的是让学生学以致用，培养其自主参与探究的能力。一节课的时间是有限的，一节课是没有办法解决所能探究的问题的。《全日制义务教育小学科学课程标准（修改稿）》指出：“我们不应把上课的铃声当作学习的开始，也不要把下课的铃声当作学习的结束。”因此，我们要把在课堂探究中没有解决的和产生的新的疑问与新的发展，延伸到课外，让学生在动手探究中不断地发现问题、解决问题。

第五节　教学实录

案例 1　《空气有重量吗》教学实践与反思①

一、教材分析

《空气有重量吗》一课是科教版《义务教育课程标准实验教科书·科学》三年级上册"水和空气"单元的最后一课，本课中的"重量"，是被当作一个可被学生接受的"质量"的前概念在使用。是让学生认识到空气和别的物质一样都具有重量（质量），从而认识空气是一种物质。本课教材分两个部分："空气有重量吗"和整理我们的观察结果。为了增加学生的活动体验时间，我把这节课的重点围绕着"空气有重量吗"这一活动展开，教材的思路是让学生猜测空气是否有重量，再想办法来证明自己的想法，从而去建构有关的科学概念。

二、教学目标

1. 科学概念

能够概括出"空气是有重量的且很轻"。

2. 过程与方法

借助简易小天平，在细心地调平衡中，思考重量的变化从而有所发现。

3. 情感、态度与价值观

养成细致实验的态度，学会与他人合作；产生继续研究空气的兴趣。

三、教学重点、难点

重点：借助简易小天平，发现空气有重量。

难点：建构空气有重量且很轻的科学概念。

四、课前准备

每位学生带一把尺子，每生一张记录纸。

小组材料：2 根细线、1 块橡皮泥、1 个皮球、1 根铁棒。

教师材料：打气筒、板书用的模型等。

---

① 本案例由浙江省舟山市普陀区六横中心小学王娟老师提供，毛华杰、刘海平老师点评。

五、教学过程

（一）提出问题——如何用天平来比较物体的轻重

师：同学们，在我们的实验室里有种科学仪器叫作天平，你知道它是干什么用的吗？

生：可以称物体的重量。

师：还有其他用处吗？

生：比较物体的轻重。

师：王老师这里有一个橘子，按照大家刚才的说法，这个天平可以告诉我们这个橘子有多重，但是这个是需要进一步学习天平的使用才能解决的问题。但是第二个同学说它可以帮我们比较重量，这个倒是可以试一试，我这还有一个橘子，我把它放在右边，哪个重？

生1：左边重。

生2：右边重。

师：刚才有的同学在说还没有停下来，说明我们在观察的时候一定要细心、耐心，现在你能判断出来哪边重了吗？（天平基本平稳）

生：一样重。

【点评】这个学生在教室的最右边，这个时候教师可以抓住这个契机，将天平轻轻地转移至该生所在的位子，然后再让他判断，同时也可以提醒学生在自己实验观察的过程中，一定要站在天平正前方的位子才能准确判断。

生：右边的重。

师：你在最前面看得最清楚，右边的要比左边的重。如果选择右边物体的不动，你有办法让这个天平回到平衡吗？

生：在左边再加一些东西。

师：在左边加适当重量的物体，使天平两边一样重。那如果天平左边的物体不能动呢？你又有什么方法让天平恢复平衡？

生：把右边这个橘子的橘子皮去掉一些。

【点评】这个时候教师应该表扬该生，因为她对于轻重的多少有了比较清晰的概念，不是盲目地减重量。

师：对，因为右边太重了，我们可以稍微去掉一些重量，天平就可以平衡了。

【点评】这一部分花了3分钟的时间让学生掌握什么样的情况下天平是平衡的，要天平保持平衡，如果左边不动该怎么办，右边不动又该怎么办，因为只有在这个阶段很好地强化学生的这种认识，才能在接下来的实验中减少不必要的问题。

（二）猜想假设——如何使天平恢复平衡

师：今天王老师自己也根据天平的这一原理制作了一个简易小天平，我们一起来玩一玩这个天平。（师出示天平）

师：我先在这个天平的左边放一根金属棒，天平出现了什么情况？

生：天平往左边倾斜了。

师：那如果现在我在右边放一个充满气的皮球呢？

（生自由猜测）

师：我们一起来看一看。

生：天平往右边倾斜了。

师：你能用简图来画一画我们这个天平现在的状况吗？我们可以用一条横线来表示这个天平的杆子，用一个圆来表示这个皮球，再用一根竖线来表示这根金属棒，每位同学在第一幅图中画画看吧。

（生开始画简图，师巡视）

师：大家要看清楚老师的皮球放在哪边，要按照事实情况来画。

师：老师请一个同学上来摆一摆，把你画的摆到黑板上来。

（生上台摆模型）

师：他摆的跟你画的一样吗？

生：一样。

师：但是刚才王老师看到有些同学的天平是按照王老师PPT上画的，可实际上我们的天平是斜着的，所以你们一定要按照真实的情况来画。

【点评】这一部分主要是培养学生观察及画图的能力，规范学生的习惯对于接下来的实验操作过程有很大的作用，学生可能不会画图，也可能不会观察，从他们的问题入手，在开始阶段就解决这个问题，避免在下阶段还产生这种错误。

师：现在我的挑战任务来了，现在这个天平斜了，你有办法让它平衡吗？不过我有个前提条件，皮球不能动。你有什么方法？

生：再加几根金属棒。

师：他说再加几根（重音）金属棒，你们同意吗？

生：不同意。

师：说说理由。

生：如果金属棒变成两根，那可能比皮球还要重了。

【点评】这个学生的回答非常好，其实这个时候教师只要顺着她的理由再追问一句，那你认为加什么合适呢？既可以增重量又可以减重量的物体你能想到吗？这样就省去了接下去很多不必要的绕圈。

师：我们其实可以基本判断出来现在两边重量差的并不是很多，所以如果我们选择加金属棒可能太重了，那可以怎么办？

生：把皮球的气放掉。

师：老师刚才可以有前提条件的，皮球的那边不能动。你没听清楚我的要求哦。

生：可以在把金属棒换成皮球。

师：那如果只在原来的基础上增加别的物体呢？

生：可以在左边加一些磁铁。

师：嗯，这个方法也不错，老师今天给大家准备的是橡皮泥，那我们就试试在金属棒的这端加些橡皮泥吧。（师演示加橡皮泥，使天平基本平衡又不是完全平衡，考验学生的观察能力。在生第一次回答一样重了的时候，提醒他们注意细心、耐心地观察）

师：平衡了吗？

生：还没有完全平衡。

师：往哪边倾斜了呢？

生：金属棒的那边还轻了一点。

师：那我可以再加一点橡皮泥。这下平衡了吗？（还有生提出没平衡，师再加一点点）

师：这下平衡了吧，从大家第一次说它平衡了，到我再加一点再加一点，现在才平衡。所以我们在实验的时候一定要仔细地观察，到底什么样是完全的平衡。接下来就是大家自己的挑战时间了。

【点评】因为在试教过程中学生出现了取下橡皮泥或者是加橡皮泥的方法不对的情况，所以在第一次挑战开始前先由教师作演示，这样避免实验过程中出现不必要的操作问题。

(三) 动手探究——第一次调平衡

（PPT 展示挑战任务：

1. 在金属管下端加适量的橡皮泥使小天平达到平衡。将剩余的橡皮泥装进袋子。

2. 挑战成功的小组在记录纸图 2 中画出此时小天平的状况。

3. 比一比哪一组最安静，且天平最平衡。

生取实验装置，并开始动手调节平衡。师巡视，指导）

师：成功的小组谁能来摆一摆现在你们的天平是什么样的？

（生上台摆模型）

师：大家看你们跟她摆的一样吗？

生：一样。

【点评】第一次的挑战活动难度不大，重在让学生体会成功的喜悦，也让学生知道改变一点点的重量就可以让天平改变平衡，培养学生认真、细致观察实验的品质。

（四）合作交流——发现空气是有重量的

师：每个小组都很棒，很快地完成了我们的第一次挑战活动。不过王老师在想现在如果我把这个皮球里的气放掉，会出现什么情况呢？

生：皮球的气放掉的话，皮球会变轻。

师：那天平会出现什么状况？

生：天平会往左垂下来。

师：为什么呀？

生：因为气放掉了。

师：气放掉了为什么就会倾斜呢？

生：因为球的重量都是气的重量。

师：还有谁的想法跟他一样，认为天平会往左倾斜的？谁帮他来说说理由？

生：我的理由是因为这个皮球气是充满的。

师：里面充满了空气，那也就是说大家也都认为空气是——

生：有重量的。

师：可是我认为空气是没有重量的，如果没有重量会出现什么情况呢？

生：如果没有重量会往左边倾斜。

师：大家同意吗？

生：不同意。

生：那万一另外一边没有东西的话呢？

师：另外一边的东西当然是不能动的。大家听清楚她刚才说的话，她说如果空气没有重量的话天平也会往左边倾斜。你同意吗？

生：如果皮球的重量大于铁棒的重量的话还是会往右边倾斜。

师：如果我现在放掉皮球里的空气，天平往左边倾斜了，说明了什么？

生：空气没有重量。

生反驳：是有重量的。

师：如果往左边倾斜说明它是有重量的，如果没有倾斜还是平衡的，说明它是——

生：没有重量的。

（师演示放气的方法，生动手放气，观察现象）

（生汇报所观察到的现象：天平往左边倾斜了）

师：你们现在能完成第三幅图吗？（请生上来摆一摆）

师：我发现你画的确实也和摆的一样，不过好像少了点什么？

生：橡皮泥。

师：还有问题吗？

生：应该是偏转一点点。

师：对，实际的情况没有偏转那么多，所以我们画图也应该实事求是。现在他摆的你们同意了吗？

生：同意。

（PPT展示问题：对于这个现象你能解释吗？小组讨论为什么会出现这种情况）

生：因为空气是有重量的。

（师板书）

【点评】这个环节的思维过程是这一节课的重点，可以说第一次的挑战活动就是在为这一次作铺垫，学生是否能根据放掉皮球中的气后天平又不平衡了的现象得出空气是有重量的这一结论，教师在引导的过程中一定要让学生清楚天平倾斜与不倾斜各自代表的意义，然后根据实验现象是倾斜的推导出实验结论。

（五）动手探究、合作交流——第二次调平衡，发现空气的重量很轻

师：可是新的问题又来了，这个天平因为皮球的气被放掉又不平衡了，你有办法让它再一次的平衡吗？

生：去掉一点橡皮泥。

（PPT出示挑战要求：

1. 这一次通过减去一些橡皮泥的方法使我们的小天平达到平衡。

2. 组长将从天平上拿下来的橡皮泥保管好，不要与桌上的橡皮泥混合。

3. 挑战成功的小组在记录纸图4中画出此时小天平的状况。

4. 比一比这一次又是哪一组最安静且天平最平衡吧。）

（生开始第二次的挑战任务——调节平衡，完成后画图，并请一个同学上来摆一摆模型）

师：刚才大家通过去掉一点橡皮泥的方法又让我们的天平回到了平衡，现在请组长将你们组取下来的橡皮泥让每个同学都掂一掂，感受一下它的重量，完成的组将橡皮泥拿到讲台上来。

（生轮流掂橡皮泥，并将自己组的橡皮泥交给老师）

师：每个同学都掂过了这个橡皮泥，你感觉这个橡皮泥的重量怎么样？

生：橡皮泥的重量很轻。

师：那这橡皮泥的重量就相当于我们放掉的空气的重量，说明空气的重量——

生：很轻。

【点评】设计第二次挑战活动就是为了让学生体会空气比较轻这一概念，因为取下来的橡皮泥的重量大约等于放掉的空气的重量，所以让学生感受摸得到的橡皮泥的质量来体会摸不到的空气的重量，转抽象为具象，便于学生形成思维概念。

（六）拓展与延伸——课堂小结

师：现在请大家看看上面的板书或者是你自己的图，整理一下我们这节课的活动过程。

（生整理，讨论，交流）

生：我们先是在天平两端分别加铁棒和皮球，这个时候天平往皮球一端倾斜，然后在铁棒一端加橡皮泥，天平第一次平衡了，然后我们将皮球那端的气放掉，从而我们发现空气是有重量的。然后去掉一点橡皮泥，天平又平衡，从而我们发现橡皮泥是有重量的，而且比较轻，所以空气的重量也比较轻。

师：总结得非常好，我们大家一起来把我们今天的发现说一说吧。

生：空气是有重量的，空气的重量比较轻。

师：对于空气你还有什么了解的吗？

生：空气由氧气、氮气、二氧化碳等组成。

师：空气的成分你都知道了，那么关于空气你还有什么想知道的吗？

生：为什么空气对我们这么重要？

生：为什么空气有重量？

生：空气是怎么来的？

师：看来大家对空气还是有很多问题，在课后大家可以通过查阅资料、做实验的方法继续去研究空气，在我们今后的课中也会再学习空气的。下课。

【点评】一节课教师的思路是否清晰，活动设计是否有条理，很大程度上体现在能否在学生头脑中形成属于他自己上课的思路，所以在最后这个环节选择让学生根据贯穿我们这节课的四幅图来整理这节课的活动过程，从学生的反馈来看，多数学生能够基本表述出概念一步步形成的过程，从抽象画的简图到具体的知识表述是训练学生思维表达很重要的一方面。

案例2　《比较水的多少》教学实践与反思①

一、教材分析

本课不仅要让学生解决“比较水的多少”这一问题，更重要的是通过这一

① 本案例由浙江省舟山市普陀区六横中心小学贺波老师提供。

活动，重新经历人类发明量筒这种测量液体体积工具的过程。学生在经历量筒的发明过程中，他们对量筒的单位即毫升产生的意义也会有所认识。这部分内容是希望学生能在之前学过的“水没有固定形状”这一概念的基础上，逐渐认识“水有一定体积”这个概念。设计的3个主要的活动是让学生通过解决“比较水的多少”这一实际问题，提出和解决“表述水的多少”这个问题，在学生运用测量工具进行测量的过程中得出“水没有固定形状，但有一定体积”的概念。

二、教学目标

1. 科学概念

会使用量筒测量液体的多少，能做简单的定量记录，知道用毫升作液体多少的单位，能大概估计常见容器的容量。

2. 过程与方法

能用简单的工具——量筒对水的多少进行定量观察，采集数据，并做简单记录。经历探究过程，体验人的感官有时会出现错觉，明白使用工具比感官更有效。

3. 情感、态度与价值观

在与他人合作学习和探究活动中，体验合作的愉快，提高对科学学习的兴趣。大胆想象，学以致用，关心日常生活中的相关问题。

三、教学重点、难点

重点：通过亲历“比较水的多少”的活动，认识到“水”是有一定体积，且体积是可以测量的，领悟到确立统一的标准才能正确测量液体的体积。

难点：自主探究表述“多少水”的科学方式。

四、课前准备

小、中、大3个透明杯子，各种容器(如可乐瓶、墨水、止咳糖浆瓶、牛奶盒、津威奶盒等)，不同大小量筒若干只，量杯。

分组实验准备：小、中、大3个透明瓶(标为1号、2号、3号，各装水60ml、80ml、70ml)，做刻度杯的透明玻璃杯1个，100ml量筒1个，刻度纸条1张，水彩记号笔1支，作业本，漏斗。

五、教学过程

(一) 提出问题，并揭示本课的课题

师：同学们，今天贺老师带来了两瓶水，你能比较出它们的多少吗？(出示

实物)1 号瓶和 2 号瓶,哪个水多?为什么?

生:2 号瓶的水多,因为瓶子相同,水位高的水多。

师:现在再增加一瓶水,那 2 号瓶的水与 3 号瓶比又是哪个多呢?

生:3 号瓶的水多,因为水位相同,瓶子大的水就比较多。

师:今天老师也给你们带来了三瓶水,你能比较出它们的多少吗?(揭题:比较水的多少)

【点评】这是“提出问题”环节。教师先出示实物让学生观察,知道“相同瓶看水位高低、相同水位看瓶大小”这一比较液体多少的方法。这一环节其实为下文比较水的多少打下基础,让学生明白:同样大小的瓶子、水位这两个重要的信息。接着拿出三只大小不同、水位不同的瓶子,提出问题:“你能比较出它们的多少吗?”对三年级学生来说让他们自己去实验探究是一件多么开心的事,这个问题一下子激发了学生的好奇心和探究的欲望。

(二)猜测不同大小、不同水位的瓶子中的水谁多谁少

生:无法比较,因为这三只瓶子的大小不同,水位也都不一样,所以无法比较。

师:是呀,这三只瓶子大小不一、水位又不一样,我们用肉眼无法判别出哪只瓶子的水多、哪只瓶中的水少,那你们用什么方法来比较水的多少呢?需要用到什么材料?让我们以小组为单位来讨论一下方法吧!

【点评】当学生对现在出现的三只不同大小、不同水位的瓶子中的水进行观察后,发现这三只瓶子跟教师之前出示的三只瓶子完全不同,他们就要借助所积累的生活经验和已有知识,经过模拟想象再加工,来形成他们的猜想。但猜想不一定是正确的,这时他们会想到用实验来验证自己的猜想是否正确。

(三)用自己的方法比较这三瓶水的多少

学生小组讨论用什么方法来比较水的多少,需要用到什么材料。

师:现在让我们来交流一下自己小组的方法。

生:我们小组想到将这三瓶水分别倒入同样大的杯子中,比较水位的高低。

师:这种方法可以比较吗?

生齐:可以。

师:那其他小组还有不同的方法吗?

生:倒入同一个杯子中,每杯做好记号比较。

生:也可以把它们用天平称一称,哪一杯重哪杯的水就多。

生:不可以,因为这三只瓶子不一样大,所以不能比较。

师:是呀,瓶子不一样大,瓶子的轻重也不同,所以这样无法比较它们的多少。除非把它们都倒入同样的杯子中。

生:倒入同样的杯子中那直接可以比了,不用去称也能知道谁多谁少。

师:同学们,刚才你们的想法都很好,但哪种方法能最简单又方便地比较出这三瓶水的多少呢?

生:第2种方法。

师:老师也跟你想到一块了,今天我就给你们准备了一只边上标有刻度的杯子。那做这个实验的时候应该注意什么呢?

生:水不要倒出外面,要全倒进刻度的杯子里。

生:我们应该蹲下去观察,并做好记号。

师:这位同学请你说说为什么人要蹲下去看呢?

生:因为这样看起来比较准确。

师:是的,我们在看的时候,人应该蹲下去,视线与水面相平。刚才同学们都说得很好,这里老师再来提醒大家。

(课件展示温馨提示:

1. 比较时瓶中的水应该倒干净,比好后要倒回原来的瓶中,并且不要把水洒出来。

2. 观察时人应该蹲下去与水位平视,并在自制的刻度杯中做好每一杯水的水位记号。

3. 把比较的结果记在作业本的活动记录中。

学生领取材料,并用自制的量杯比较水的多少,师巡回指导)

师:现在能比较出这三瓶水的多少了吗?请你把结果汇报一下。

生:通过比较,我们发现2号杯的水最多,1号杯的水次之,3号杯的水最少。

(师板书:多————少

2　　1　　3)

【点评】这是动手探究环节。以小组为单位让学生讨论比较方法非常重要,培养动手之前先动脑的习惯对三年级学生来说非常重要。虽然他们跃跃欲试,但怎么比,需要什么材料才是关键。为了接下来的实验,学生在讨论时肯定热情高涨,在讨论交流时会想出多种不同的方法是很正常的,但作为教师这时要引导学生选择最简单而方便的实验方法来做实验,这对他们今后的学习和生活是至关重要的。确定实验方案后,放手让学生大胆地动手做,鼓励学生把看到的都记(画)下来又是培养学生良好的科学素养的要求。而教师只是在这里随机地指导,提供适合的材料,适时地参与到学生的探究中。

(四)量一量这三杯水的体积

1. 设问引出量筒

师:刚才我们把这三瓶水倒入同一只杯子中,通过看水位的高低比较出了它们的多少，2号瓶的水最多，但是它比1号瓶的水多了多少？3号瓶最少，它又比1号瓶少了多少呢？你们能准确地说出来吗？

生：2号杯的水最多，比1号杯多了半格，1号杯的水最少，比2号杯少了大半格。

生：2号杯的水位比1号杯的水位高了0.5厘米。

师：这里的半格是多少？大半格又是多少？厘米是什么单位？

生：长度单位。

师：那它能用来描述水的多少吗？

【点评】当学生知道这三瓶水谁多谁少后，教师又提出了新的问题：那最多的比另两瓶多了多少呢？能不能精确地知道它们的数据？学生就用这自制的"量杯"的刻度来描述了。但教师后面的几个问题一下子又把学生给难倒了，于是他们又会展开思考：最好有一个仪器能精准地测量出每一瓶水的多少，这样才可以比较出来三瓶水到底相差多少。所以这时是教师出示量筒是最好的时机。

2. 观察量筒的结构

师：在我们的实验室里有一个标准的测量液体多少的仪器。认识它吗？（出示不同大小的量筒）

生：量筒。

师：这是专门用来测量液体多少的仪器，也就是用来测量液体的体积。想不想认识它？（各小组分发量筒，提出注意点，因为量筒是玻璃做的，要轻拿轻放，以免破碎。学生观察量筒的结构）

师：有发现吗？把自己的发现跟同学们一起来交流一下。

生：量筒上面有刻度。

生：上面有一个"ml"符号。

师：这代表单位"毫升"，补充另一常用的单位"升"。除了上面这几个还有什么发现吗？

生：这里最大的数字是100。

师：观察得真仔细，每个量筒都有自己的测量范围，这个量筒它最多可以测量100毫升的液体，那它的一大格代表多少，一小格又代表多少毫升呢？

生观察后交流：一大格是10毫升，一小格是1毫升。

【点评】让学生自由观察量筒并获取上面的信息既满足三年级学生的求知需求，还可以培养学生细心观察的好习惯。更重要的是学生自己得到的信息比教师传授给他们的记得更牢，发现得更多。

3. 学习看量筒上的刻度

师：那量筒怎么看刻度呢？老师拍了一张照片，我们一起来看看（出示量筒装水形成凹面的图片），当我们把水倒入量筒中，我们会发现水面看过去有两层，我们应该看上面一层，还是下面一层？

生：下面一层。

师：对，我们应该看液体中间的凹面处，你能读一读这水的体积吗？

生：89 毫升。

【点评】如何用量筒测量水？会看、会读是本课的重点、难点，特别是读数时应该看液体的凹面处，为了突破这个难点，教师采用出示一张量筒装水的照片，让学生通过观察感受到量筒量取水时，中间会形成一个凹面，然后让学生讨论正确的读法，这就学会了看刻度。

师：看真正的量筒时视线应该怎么样呢？

（课件展示视线与液体中间的凹面处平视、俯视、仰视的图片，让学生判断）

学生：平视是正确的。

师：就像刚才我们看自制的“量筒”一样，一定要平视与水面凹面处。

师：我们已经认识了量筒而且学会了看刻度，那量筒怎么使用呢？

师边演示边介绍量筒使用时要注意的地方。（展示：水倒干净、视线要与液体中间的凹面处相平；量筒口比较小，倒水时用漏斗引入，小心操作，不要洒到量筒外面，实验结束后把瓶中的水直接倒入水槽等）

【点评】当学生学会了看凹面后，教师又在这里强调了视线，把两个环节紧密地结合起来。使学生对量筒使用方法的印象更深，让学生初步掌握量筒的使用方法。

4. 测量这三瓶水的体积

师：知道怎么使用量筒了吗？现在测一测这三瓶水的多少。

（学生每人测量一次，并把结果记录在作业本中的表格中。师巡回指导并用相机拍下学生正确测量及错误测量的照片）

师：现在让我们各组来汇报交流自己测量的数据。（师板书）

生：1 号杯 58 毫升，2 号杯 79 毫升，3 号杯 68 毫升。

生：1 号杯 59 毫升，2 号杯 78 毫升，3 号杯 69 毫升。

生：1 号杯 60 毫升，2 号杯 79 毫升，3 号杯 68 毫升。

师：刚才老师在你们测量时拍下了几张照片，让我们一起来看看你们是如何操作的。

（正确的：①一位同学在倒水时倒得很干净的照片；②学生小组一起合作的照片。不正确的：①小组同学中有的站着读数，有的虽然蹲下去了，但没有一个人是平视凹面的照片；②同时这组同学用量筒测量的其中一杯水的照片）

师：你们先评价一下这组同学的读数方法是否正确，为什么？

生：不正确，这组的同学都没有把视线与凹面处相平。

师：刚才第一组测量的数据，他们认为1号杯的水是58毫升，你们看看应该是多少呢？

生：59毫升。

师：是呀，错误的读数方法会导致数据也是错误的，其实像他们小组一样没有平视的还有其他几个小组，今后你们知道怎么操作了吗？

师：为什么老师给你们准备的水是一样的，但你们测出的数据却有些不一样呢？

生：因为我们没有平视。

生：我们没有看下面的凹面处。

教师小结：所以我们进行科学实验研究时，一定要严谨、细致，使误差减到最小。

【点评】实验、交流是每节科学课的精髓。当学生亲身经历实验后，教师把各组学生在测量水时正确的、不正确的方法的照片当堂拍下来，然后抽取一组学生交流数据并展示这一组学生在读数时的姿势，让全班同学评价他们读的是否正确(如果正确，教师予以表扬；如果错误，让学生说说他们错在哪里？让他们意识到自己在读数时存在什么问题，今后避免出现类似的情况)。这其实又是一次对学生如何正确地看、读、用的方法的指导。这整个环节都以小组合作交流为主，让学生知道动手探究中有了发现之后，要把自己的探究结果与同学交流，让每个学生都能在集体面前汇报自己的动手探究过程，鼓励学生大胆地对他人的探究过程进行评价，让学生真正成为学习上的主人。

(五) 拓展

1. 了解生活中常见容器的容量

师：今天我们学会了用量筒测量水的体积，并且知道了液体的体积单位可以用毫升、升等来描述，老师还带来了一些液体，你能猜测它们的容量吗？

(师出示胶水)

师：你能说出它的容量吗？

生猜测：50毫升。

师：正确。

(师出示墨水)

师：这又是多少毫升呢？

生：100毫升。

师：多了。

生：80毫升。

师：又多了。

生:60 毫升。

师:正确。

(师出示津威奶)

生:100 毫升。

师:真不错,说明你平时很善于观察,老师把它奖励给你。

(学生一下子兴奋起来)

师:那纯牛奶呢?

生:250 毫升。

师:真棒,奖给你。(又引起学生的兴奋,更多的同学举手想猜测)

(师出示可乐)

生:500 毫升。

师:不对。

生:600 毫升。

师:不对。前面的学生看我手里的包装。

生:550 毫升。

师:对,原来我们还可以从包装上获得信息,所以平时我们要善于观察。

【点评】拓展与延伸是为了让学生学以致用,培养其自主参与探究的能力。当学生实验完成、交流结束后,他们的学习热情慢慢降低,学习需求慢慢减少,而且一节课的时间是有限的,学生对其他容器的容量还相当的模糊,甚至是一无所知。这里借助学生生活中熟悉的一些液体的容器让其猜测,这是再次激发他们学习需求的方法,当教师把一瓶瓶可以喝的饮料发到猜对的学生手里,课堂气氛热烈是可想而知的。其实,这样的安排帮助学生再次建立了升、毫升的概念,也让他们知道有时可以通过观察包装知道一些信息。

2. 没有量筒时,可以采用身边的材料“瓶盖”来量取少量的液体

师:前几天老师感冒咳嗽了,医生配给我一瓶止咳糖浆,他让我每天喝 3 次,每次喝 15 毫升,但却没配给我小量杯,我怎么办呢?

生:自己制作量筒。

师:对,我可以用身边最常见的瓶盖来测量,因为一瓶盖大约可以装 5 毫升的液体。

【点评】学以致用是学习的目的,教给学生用身边的材料来解决问题的意识正是我们学习科学的一个最终目的。所以让学生知道一瓶盖 5 毫升液体是挺重要的。

3. 课堂小结

师:同学们,今天你们的收获多吗?学会了什么?

生:我知道了量筒可以用来测量液体的体积。

生：我知道了液体的体积单位有毫升、升。

生：我知道了我们测量液体体积时，视线应该与液体凹面处相平。

4. 课外继续探究

师：同学们，今天这节课的收获真多！老师希望你回到家去找找家里的厨房、卫生间中有没有单位是毫升的容器，他们分别是多少容量呢？同学们收集到信息后下节课再来交流。

【点评】把课堂探究的知识延伸到课外，让学生在生活中不断发现问题、解决问题，让学生知道科学就在我们身边，科学并不神秘。

第六章 初中语文“读辩合一”的教学实践

语文课堂教学改革有一些众所周知的要求。比如说，语文课必须有广阔的学生发展视野，不能仅仅关注语言文字这一亩三分地，要做到工具性与人文性的统一；语文教学的主要任务是学生自主学习、合作学习、探究学习，而非教师传授，是培养学生听、说、读、写能力，而非积累知识等。然而，十多年来，环顾我们的课堂，这些要求一直很难落到实处。自上而下的课堂教学改革往往如“你是风儿我是沙”——风儿卷起漫天尘埃，沙儿翻了个身，依旧原地不动。

语文课堂教学改革之所以举步维艰，有其深刻的社会和历史原因。回顾教育史，人们不难感受到伴随班级授课制而来的现代学校教育普遍存在以“教师为中心”、“知识为中心”等弊端，这实际上是工业化时代大生产“效率优先”思想在教育中的反映。目前我国尚处于工业化时期，要摆脱这一束缚其难度可想而知。如果回工业化之前，我们会忽然发现，如今的语文课堂教学改革从某种意义上讲只是对过去语文教学方法的一种矫正，只是对人们一直倡导的“博学之，慎思之，审问之，明辨之，笃行之”学习态度的一种回归。

但回归不等于今天的我们可以堂而皇之地走先人的老路，正如古希腊唯物主义哲学家赫拉克利特所说的“人不能两次跳进同一条河流”。网络时代、创新时代、个性化时代容不得因循守旧，它需要有别于以往任何时代的生动活泼的语文课堂教学形式。

基于以上思考，我们借鉴了古代书院的“精思善疑”教育思想和西藏色拉寺辩经活动的一些做法，结合现代语文阅读教学的特点，构建了初中语文“读辩”教学方式。经过一段时间的实施，这种教学方式已基本成熟，具有一定的推广应用价值。现用文字形式呈现出来，以进一步求教于大方之家。

第一节 “读辩”教学的基本含义与理论依据

一、基本含义

“读辩”教学是指将辩论方式引入语文阅读教学过程中，将语言训练和思维训练有机结合在一起，围绕相关论题，学生分组各抒己见，使学生在辩论中主动获取知识、提高能力的一种课堂教学方式。

二、理论依据

(一)“课程标准”依据

《义务教育语文课程标准(2011 年版)》在第四学段阅读“教学建议”中提出：“提倡多角度、有创意的阅读，利用阅读期待、阅读反思和批判等环节，拓展思维空间，提高阅读质量。”

《义务教育语文课程标准(2011 年版)》在第四学段“口语交际”部分要求：“讨论问题，能积极发表自己的看法，有中心、有根据、有条理。能听出讨论的焦点，并能有针对性地发表意见。”

(二)苏格拉底教育法

著名思想家苏格拉底在与学生谈话过程中，并不是直接把知识传授给学生，而是通过讨论或辩论方式来揭露对方认识中的矛盾，逐步引导学生自己得出正确的答案，这有助于学生积极思考问题，并推动学生主动探索问题。

第二节 “读辩”教学的主要目标与流程

一、主要目标

1. 改变目前初中语文阅读教学中普遍存在的“教”多“学”少或有“教”无“学”现象，体现“以生为本，学为中心，能力为重”的课堂教学改革理念。

2. 用“辩论”手段促使学生自主阅读课文，深入思考文本所蕴含的丰富内涵，提高学生分析问题和解决问题的能力，提升学生的自主学习能力，提高阅读教学效率和学生的思维品质。

3. 创设一种平等民主的学习氛围，搭建一个生生、师生平等对话的平台。并促使学生积极主动参与学习，提高学生收集、分析和利用信息的能力。

4. 培养学生的团队合作意识和合作能力，在学习活动中“学会做人”、“学会做事”、“学会共处”。

二、基本流程

“读辩”教学基本流程如图6.1所示。

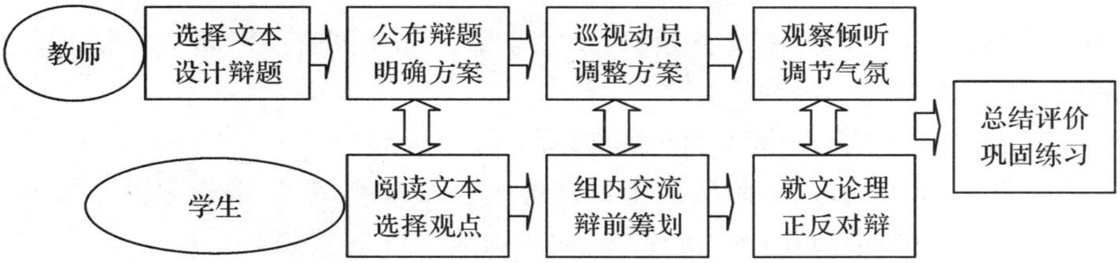

图6.1　“读辩”教学基本流程

三、“读辩”教学流程解说

（一）选择文本，设计辩题

现行人教版初中语文教材中有一部分课文，尤其是文学作品，作者对人生、社会、自然的认识和情感往往隐含在鲜活的人物、琐碎的事件、生动的景物中，某些作品甚至作者本身就处在矛盾和纠结之中，是一种内心复杂情绪的宣泄。对于初中生来说，学习这些课文的过程主要是一个鉴赏过程。作品本身的复杂性决定了鉴赏的复杂性。“横看成岭侧成峰，远近高低各不同”，“一千个读者就有一千个哈姆莱特”，文学鉴赏过程就是一个读者发现和探究的过程，一个见仁见智的过程，一个享受与愉悦的过程。所以，“读辩”教学所选择的文本主要是这类作品，如莫泊桑的《我的叔叔于勒》、《三国演义》片段《杨修之死》、鲁迅的《故乡》、契诃夫的《变色龙》、张之路的散文《羚羊木雕》、赵师秀的诗《约客》等。

“读辩”教学对于辩题设计要求十分苛刻，它必须符合以下五个条件：

1. 观点多元或截然对立。

2. 与文本内容紧密相连。

3. 有辩论空间。辩论内容往往具有“公说公有理，婆说婆有理”的特点。在文中能找到许多“骑墙”甚至相互对立的论据。辩论中预计持对立观点的人数基本相同。

4. 有学科价值。通过辩前预读，辩中品读，辩后回读，能提高学生语言的感受和理解能力；通过攻防对辩，能提高学生的语言运用能力和思维的敏捷性、批判性、深刻性，树立正确的价值观。

5. 难度适中。辩题太易，激发不起学生的学习热情，辩论没有思维深度，不利于学生语文能力的提高；辩题太难，学生容易产生畏难情绪，甚至出现“冷场”现象。

例如，有人认为菲利浦夫妇真是太可恶了，但也有人持相反的观点，你认为呢？(《我的叔叔于勒》)

又如，观点一：此诗表达了诗人愉悦欣喜、悠闲快乐的心情。观点二：此诗表达了诗人寂寞无聊、失落孤独、烦躁的心情。你认同哪一种观点？请找一找根据，说一说理由。(《约客》)

(二) 公布辩题，明确方案(阅读文本，选择观点)

对于教师来说，这个阶段的主要任务是公布辩题，宣布辩论方案。

与一般的辩论会相比，“读辩”教学特别强调以下三条：

1. 发言要简短，一般每人每次发言不超过一分钟。为的是让更多的人有参与辩论的机会，参与率的高低是评判辩论成功与否的一项重要指标。

2. 要尽量从文本中找论据，以读懂文本为主要目标。

3. 要有针对性，或加强己方观点，或反驳对方观点，一般不要求引申拓展，为的是追求阅读的深度。

这三条应该作为方案内容提前公布。

当然辩论形式要根据辩论内容来确立。一般来说，内容较复杂、学科价值较高、需要较长时间辩论的辩题，辩论形式可以正规些。比如可设主持人和若干评判人员，可制定一些辩论规则。例如，课例《约客》，不但设有主持人、评判员，还制定了六条《自由辩论规则》，对辩论方法、辩论过程以及注意事项作了明确的规范。至于一些内容相对简单、花时不多的辩题，则可以简化辩论程序，放低辩论要求。如课例《我的叔叔于勒》，教师自己担任主持人，只设“紧扣辩题，有理有据，注重对辩正面交锋”，“具有团队精神，队员间互相支持，参与度高”两条辩论要求。

这个阶段，对于学生来说，主要是自主阅读。其与一般自主学习不同的地方在于：

1. 学生的阅读任务更直接。辩题一般是阅读材料的核心问题。牵扯的面比较广，蕴含的思想情感比较复杂，往往与主题相关。在一般的阅读教学中，人们往往遵循先简单后复杂、先次要后主要的逻辑思。“读辩”教学则不然，它直接将核心问题抛给学生，让学生去阅读、去发现、去探究。它不在乎学生发现的信息是否完整，是否正确。只要学生愿意阅读，愿意思考，愿意讨论，目的就达到了。

2. 学生的思维活动更深刻。辩题要么是对立的，要么是多元的，具有明确的方向。学生在读完文本后，必须在两者之间做出“认同”选择，并找到相应的依据。有些内容并不支持自己的观点，还必须进行仔细分析，指出“破绽”，以便为反驳对方观点作准备。所以，这种阅读不可能浏览了事，必须带有批判性。

3. 学生的阅读兴趣更浓厚。孔子云，“知之者不如好之者，好之者不如乐之者”，要想让学生学好语文，首先得激发学生学习语文的兴趣，可要真正激发学生学习语文的兴趣并不是件容易的事。心理学告诉我们，激活好奇心，让学生在“探索与发现”中学习，能培养学生的学习兴趣。“读辩”教学，教师的初衷是为读设辩，以辩促读，可学生未必明确意识到这一点，他们更多的是为辩而读，也就是说教师给学生的学习任务很可能是在无意识中完成的。从需要一定意志力的有意识的学习活动向以“取胜”为目的的带有游戏性质的无意识学习活动的转变，正是“读辩”教学的奥妙之所在。教学实践证明，这样的教学方式使学生的学习兴趣更加浓厚，学习动力更加强劲。

需要说明的是，这个阶段可以放在课外进行，也可以放在课内进行。教师可根据学生课业负担的情况灵活掌握。

(三) 巡视动员，调整方案(组内交流，辩前筹划)

先说学生，组内交流，辩前筹划，这是合作学习、辩前准备阶段。

一般情况下，可分两步走。

第一步，小组合作学习。让观点一致的小组成员走到一起，充分交流分享自主学习成果，形成小组意见。它与一般小组合作学习没有什么两样，只不过任务更明确、目标更一致，只要按一般小组合作学习程序学习即可。

第二步，大组整合。将持同一观点的各小组成员召集到一起，进行组间交流，就辩论内容达成大组共识。与此同时，作辩论一方，大组成员还需根据辩论规则和相关要求作必要分工。如确定谁开篇立论，谁总结陈词，哪些人作为主辩人员，哪些人作助辩人员等。必要时还可以做一次“沙盘推演”。

再说教师，这个阶段需要做好两件事。

第一件事，巡视动员。看一看，听一听，做一些动员工作。要注意做好两类学生的工作：一类是特别喜欢发言的学生，要鼓励他们带好自己的团队，多做幕后工作，多给同伴发言机会。第二类是平时不大喜欢发言的学生，教师可以“拍拍肩膀”，鼓励他们积极参与。这样可以避免少数人作表演、多数人作观众现象的出现。

第二件事，调整方案。在观察学生小组学习、大组交流以及辩前筹划情况后，教师有必要反思和调整自己原先公布的辩论方案，类似二次备课，看看哪些环节需要更加规范，哪些环节可以更加开放。

(四) 观察倾听，调节气氛(就文论理，正反对辩)

就文论理，正反对辩。这是学生展示的时刻，也是一个收获时刻，过往所有的付出都是为了这一刻的精彩。

这个阶段教师做什么？根据不同的辩论内容和辩论方案，教师角色会有所不同。但只能是一个配角，是一个指导者，是一个服务者。即使教师担任主持人，也不能够过多干涉，不能出现带有倾向性的言语，避免影响学生思维。这个阶段教师主要是起连缀润滑和调节气氛的作用。

在大多数情况下，教师的任务是观察倾听，为总结评价作准备。

(五) 总结评价，巩固练习

总结评价，由教师来完成，通常包括两部分内容。一是就辩论内容给学生一个“说法”，哪怕结论依旧是不确定的。这是教师对学生辩论内容的最后“交底”，虽然简短，但浓缩的是精华。二是就学生的表现，包括辩前准备阶段的表现做必要的评价。这是对学生学习过程的评价。正面的、积极的评价能进一步激发学生的学习热情，建立自信，增进师生感情。

经过一番大脑风暴，学生应该有所沉淀，这时候“笔头总结”性质的巩固练习就成了一种水到渠成的选择。如，写一篇微作文：______——《约客》之我见(课例《约客》)；请以“菲利普夫妇，我想对你说……”为题写一篇200字左右的短文(课例《我的叔叔于勒》)。

“读辩”教学之所以特别强调“笔头总结”，不但因为它是学生“自主学习—合作学习—辩论交流”这个学习过程的自然延续，更因为“读辩”教学本质上属于语文教学活动，语言实践是它的核心价值之所在。

第三节　人教版初中语文教材“读辩”教学参考辩题

(一) 我把羚羊木雕送给了好朋友后，该不该再要回来？(七年级上册《羚羊木雕》)

(二)“友人惭，下车引之，元方入门不顾。”你认为元方是否失礼？(七年级上册《陈太丘与友期》)

(三) 文中的“皇帝”和“骗子”，你更厌恶谁？(七年级上册《皇帝的新装》)

(四)“我”的读书生活快乐不快乐？(七年级下册《从百草园到三味书屋》)

(五) 你更欣赏家马还是野马？(七年级下册《马》)

(六) 观点一：此诗表达了诗人愉悦欣喜、悠闲快乐的心情。观点二：此诗表达了诗人寂寞无聊、失落孤独、烦躁的心情。你认同哪一种观点？(七年级下册《约客》)

(七) 父亲为了一幢房子付出了毕生的努力，身体也垮了，值得还是不值得？(八年级上册《台阶》)

(八)“陋室”到底陋还是不陋？(八年级上册《陋室铭》)

(九) 作者张岱究竟“痴”还是“不痴”？(八年级上册《湖心亭看雪》)

（十）这篇小说写得比较通俗，但内涵深刻。有关它的主题，有下边几种意见，你同意哪一种？说说理由。①阐释了人对大自然的破坏总要遭到大自然的惩罚这一道理。②提示了人性的多面性和复杂性。（八年级下册《喂——出来》）

（十一）有人欣赏陶渊明不慕荣利的隐士生活，但有人说陶渊明逃避了现实，你支持哪种说法？（八年级下册《五柳先生传》）

（十二）柳宗元在游小石潭时，有人认为他的心情是快乐的，也有人认为是含着淡淡忧伤的，你认为作者怀着哪种情感？（八年级下册《小石潭记》）

（十三）文中说“我信得过我当木匠的做成一张好桌子，和你们当政治家的建设成一个共和国家同一价值。”你觉得是不是同一价值？（九年级上册《敬业与乐业》）

（十四）对于菲利普夫妇的行为，有人认为太可恶，也有人认为可以理解，你认为呢？（九年级上册《我的叔叔于勒》）

（十五）夏侯惇曰：“公真知魏王肺腑也！”杨修真了解魏王吗？（九年级上册《杨修之死》）

（十六）范进中举，喜极而疯，是喜剧，还是悲剧？（九年级上册《范进中举》）

（十七）孔乙己的悲剧命运，有人主要归罪于封建科举制度的罪恶，也有人主要归罪于孔乙己自身的性格弱点，你赞成哪一种观点？（九年级下册《孔乙己》）

（十八）赫留金可怜还是不可怜？（九年级下册《变色龙》）

（十九）对夏洛克，有人鄙夷他的贪婪，憎恨他的残酷，有人同情他所受的种族压迫和屈辱。你同意哪种说法？（九年级下册《威尼斯商人》）

（二十）庄子与惠子到底是谁赢了这场辩论？说出你的理由。（九年级下册《庄子与惠子游于濠梁》）

（二十一）李白在月下喝酒到底是孤独还是不孤独呢？（九年级下册《月下独酌》）

第四节　教学实录

案例1　《约客》教学实践与反思①

（课前滚动播放学生在平常上课时的合作表演照片，激发学生课堂参与的

① 本案例由浙江省舟山市普陀区第二中学李叶艳老师提供，冯小平老师总评，普陀区教研室吴汉荣老师插评。

积极性）

师：子曰："有朋自远方来，不亦乐乎？"今天，我带来了我们全区的语文老师朋友，大家表示表示。（鼓掌）

师：子曰："学而时习之，不亦说乎？"今天我们来重温一首古诗，这首古诗的作者叫赵师秀，下面，我们一起读他的简介表示对他的欢迎！

（出示PPT：赵师秀，宋代诗人，字紫芝，号灵秀，永嘉人。他向往田园生活，喜欢游山玩水，同徐照、徐玑和翁卷并称"永嘉四灵"，开创了"江湖派"一代诗风，人称"鬼才"）

（全班齐读）

师：他是怀着怎样的心情迎接他的朋友呢？让我们一起走进他的《约客》。

（教师板书课题，PPT展示整首诗，请同学们大声、自由地朗读诗歌两遍）

师：读诗要注意什么？

生：要读准读音和停顿。

师：该怎么读？

生：223。（生示范两句）

（全体学生自读一遍，推荐班级中朗读最好的同学示范，全班齐读）

师：读诗最好还能读出诗中的画面感。

（出示PPT：诗人描绘了怎样的画面？你能用自己的语言描述吗？请任选一句与你同桌交流。）

师：请几位同学到黑板上写。

（三位同学在黑板上写，下面同学交流）

师：请三位写好的同学自己读。

生1：黄梅时节，阴雨连绵，家家户户下起了淅淅沥沥的小雨。

生2：生动形象地写出了碧绿的青草池塘边一片蛙鸣蛙跳的景象。

生3：约请的客人到半夜还未到，敲着棋子，灯花烧残，落下来时就像一朵闪亮的小花。

师：有雨、蛙、棋、灯的景象。（板书：雨、蛙、棋、灯）

师：集体描述第三句。

生齐：约请客人到半夜还没有来。

师：这简简单单的四句话，同学们却读出了丰富的画面！真好！

师：这些丰富的画面，这所约客人未来的夜晚，更有情味了！你能把这种感觉送到《约客》里去，有滋有味儿地读一读吗？

（全班齐读）

师：如此有情味的夜晚，我想请男女生竞赛读，听听谁读得更有情味。

（男女生竞读）

师：读诗最高的境界要读出心情。我们一起问问赵师秀：久候友人不至，究竟是一种什么心情？根据预习情况，老师发现同学们大致呈两种意见。

（出示如图 6.2 所示的 PPT）

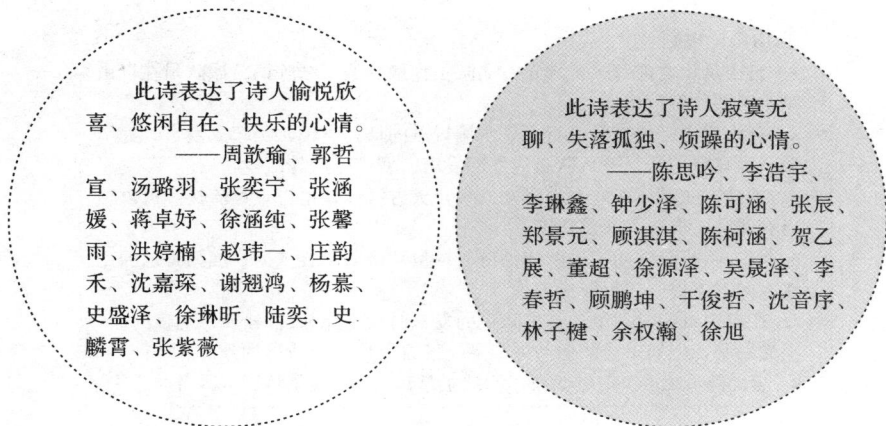

此诗表达了诗人愉悦欣喜、悠闲自在、快乐的心情。
——周歆瑜、郭哲宣、汤璐羽、张奕宁、张涵媛、蒋卓好、徐涵纯、张馨雨、洪婷楠、赵玮一、庄韵禾、沈嘉琛、谢翘鸿、杨慕、史盛泽、徐琳昕、陆奕、史麟霄、张紫薇

此诗表达了诗人寂寞无聊、失落孤独、烦躁的心情。
——陈思吟、李浩宇、李琳鑫、钟少泽、陈可涵、张辰、郑景元、顾淇淇、陈柯涵、贺乙展、董超、徐源泽、吴晟泽、李春哲、顾鹏坤、干俊哲、沈音序、林子楗、余权瀚、徐旭

图 6.2　对辩方阵

师：周歆瑜等同学认为此诗表达了诗人愉悦欣喜、悠闲自在、快乐的心情。老师且把此称为愉悦派；陈思吟等同学认为此诗表达了诗人寂寞无聊、失落孤独、烦躁的心情。老师且把此称为寂寞派。（板书：愉悦 寂寞）

师：究竟是“愉悦”还是“寂寞”呢？王国维先生说：一切景语皆情语也！就是说，写景，往往就是在写心情。你能从这些景里，从诗的字里行间推敲诗人的心情吗？你又能说出你的依据吗？

师：自己大声地说一说，自己立论陈词。（1 分钟）

（四人小组攻辩，出示如图 6.3 所示的 PPT，师读）

小组攻辩要求：
在小组内阐述你的观点和理由。
如果小组里观点不同，互相提问，直到说服对方；
如果观点相同，共同找更多的依据以备全班自由辩论。

图 6.3　小组攻辩规则

【插评】从“景语”看“情语”，辩题有很大的发挥空间。学生看到 PPT 上有自己的名字，热情高涨，表明课前学生已充分完成自主阅读，对辩论充满期待。“小组攻辩”既是对自主学习成果的检验，又为全班自由辩论作准备，可谓一举两得。

师：一番激战之后，有的同学士气高昂，有的同学已经"缴械投降"。接下来，根据现在你的观点和理由，带上笔和纸，重新坐座位。全班自由辩论。（将生按照观点分成两大阵营，点击 PPT，展示如图 6.4 所示的自由辩论规则）

自由辩论规则：
1. 自由辩论之前每队先选定一名队员作最后的总结陈词，该队员在自由辩论时要作好摘记。
2. 自由辩论必须交替进行，先由愉悦派的任何一位队员起立发言，完毕后，寂寞派的任何一位队员应立即发言，双方依次轮流发言。
3. 辩论时队员应面向对方辩友，举止大方得体，语言表达流畅。可以适当看课文，但切忌通篇宣读。
4. 双方队员简洁明了地就诗论诗，尽量从诗歌中找依据，加强自己的论点，向对方提问，反驳对方论点。
5. 在自由辩论时间里，每位队员的发言时间不能超过1分钟，发言次数不受限制，但如果该队参与人数多，发言面广，可适当加分。
6. 全体队员配合，能够给自己的队员掌声鼓励，气氛热烈，适当加分。

图 6.4　自由辩论规则

【插评】6 条规则简洁明了，体现了"读辩"教学的精髓。"可以适当看课文"，"就诗论诗，尽量从诗歌中找依据"反映了"为读设辩"的初衷；"轮流发言"，"发言时间不能超过 1 分钟"，"参与人数多，发言面广，可适当加分"为的是"避免少数人作表演、多数人作观众现象的出现"；"举止大方得体"，"给自己的队员掌声鼓励"意在让学生"学会做人"、"学会做事"、"学会共处"。

师：下面有请自告奋勇的主持兼评委团三人上台，大家欢迎。

（开始自由辩论）

师：老师把讲台交给你们了。

主持人：老师，请放心，交给我们。

主持人：请各派先选定一代表作总结陈词，欢迎毛遂自荐。自由辩论现在开始。由愉悦派队员先发言。

愉悦派生 1：我方认为诗人是愉悦的。梅雨纷纷，蛙鸣蛙跳，这样的景象中怎会不愉悦呢？

寂寞派生 1：在这样一个无人陪伴的夜晚，只有蛙声萦绕耳畔，有多少人能怡然自适呢？请对方辩友看最后一句的"闲敲棋子"，难道表现诗人愉悦的心情吗？（掌声）

愉悦派生 2：对方辩友说的是大多数人在这种情况下的心情，可我们说的是赵师秀。作为"四灵"之一，他当然不像对方辩友因友人失约就焦躁吧？所以我方认为赵师秀在那时候的心情是愉悦的。（掌声）

寂寞派生2：请对方辩友看最后一句“闲敲棋子落灯花”，我们可以看出赵师秀那时候一个人在敲着棋子，棋子是用来下的，可是他那时候却用来敲，所以我方认为“闲敲棋子”可以看出他寂寞孤独。（掌声）

愉悦派生3：“闲敲棋子”中的“棋”应是作者等客人不至，百无聊赖，适见局中棋子，于是信手拈起，随随便便，漫不经心，所以说没有忧愁之感，而是闲适的感觉。（掌声）

寂寞派生3：对方辩友刚才说了他是在百无聊赖的时候这样做的，你的说法不正是验证了我方的观点吗？（掌声）

愉悦派生4：诗人久候友人不至，却有灯花陪伴，诗人的心在一刹那间脱离了等待，陶醉于窗外之景，此时窗外梅雨纷纷，蛙声齐鸣，夜景如此富有诗情画意，诗人融入其中，难道会无聊吗？（掌声）

寂寞派生4：正是因为面对这样一派美丽景象，诗人因为没有友人陪伴来欣赏这么美丽的景象，才会觉得无聊寂寞，而不是闲适，对方辩友你认为呢？

愉悦派生5：如果正如你所说的，诗人是寂寞的话，那他为何要用如此优美的词语去描写这番景象呢？请对方辩友正面回答。

愉悦派生6：我有补充，家家都是雨表现江南多雨的气候特征，营造了一种烟雨弥漫悠闲清静的诗境，“处处”修饰“蛙声”写农村景象生机盎然，又写出了诗人的悠然。

愉悦派生7：大家请看作者简介，赵师秀向往的是田园生活，喜欢游山玩水，可这么美丽的景象，他如果不抓住，又怎么能体现出他向往田园生活呢？所以我觉得他是向往田园生活的，喜欢闲适愉悦的情境。（掌声）

寂寞派生5：正是这连绵的阴雨挡住了友人的脚步，所以作者更应该感到忧愁，“闲敲棋子落灯花”，人在孤独寂寞的时候总是会做机械而单调的动作，所以这更显出了诗人焦虑的心情。

寂寞派生6：我来补充，“黄梅时节家家雨”，黄梅时节是下雨天，我们每个人的心情都是忧愁的，但是对方辩友说下雨天我们内心闲适，有点不符合当时的情境，然后这里的情境更反衬出诗人内心的无奈。（掌声）

寂寞派生7：我也要补充，作者开头为何要写江南景象，难道仅仅是为了表达快乐的心情吗？友人没有赴约，作者因为什么感到快乐？（掌声）

愉悦派生8：对方辩友刚才说第一句中确实诗人交代了当时梅雨的困扰，虽然他看不到友人那边是否下雨，但从推想可以知道友人饱受淋雨之苦，诗人其实是在含蓄地告诉我们，友人不能来赴约的原因，所以就有了原谅友人的味道，既然已经原谅了友人，又何来的焦虑呢？

愉悦派生9：赵师秀是“永嘉四灵”之一，号天乐，他的内心一定是旷达的，难道会为这点阴雨而忧愁吗？（掌声）

愉悦派生10:对方辩友一直说的是“我们”,但诗人是赵师秀,是“永嘉四灵”之一,他是不会因为这种情境而焦躁不安的,所以说感到闲适愉悦的人是赵师秀,不是“我们”。

寂寞派生8:既然对方辩友说到赵师秀不会因友人未至而感到焦躁,那请问赵师秀为何要写“闲敲棋子落灯花”这句话呢?

愉悦派生11:请对方辩友看这一句,你们一直强调“闲敲棋子”,我们要看的是“落灯花”,请看书下面的注释,“旧时以油灯照明,灯芯烧残,落下来时好像一朵闪亮的小花,旧时以为吉兆”,你们看“吉兆”,为什么友人不在、孤独寂寞的时候会以为是吉兆?

寂寞派生9:你们说“吉兆”是对的,可是“落灯花”表明了“灯花”已经消失了。

寂寞派生10:“落灯花”三个字中有个“落”字,“落”字就是掉落的意思,而且还暗含了作者内心的失落,本来围棋就需要两个人来对弈,现在少了棋友,文人雅士的兴致如何提得起来?难道这不是因为焦躁与不安,所以他才写下了这首诗吗?

寂寞派生11:我来补充,“灯花”是因为油灯燃了很久才会出现的景象,所以我们看出诗人已经等了很久了,既然已经等了很久了,每个人都有等待的时候,在这个过程中,难免会焦躁不安吧!有谁在等待中感到愉悦呢?请对方辩友正面回答!

愉悦派生12:你说的是大部分人,可不排除其他人会有闲适愉悦的心情。“闲敲棋子落灯花”中一个“敲”一个“落”,与“兴之所至”有异曲同工之妙,朋友来与不来和我乐与不乐其实没有因果关系!

愉悦派生13:大家请看第三句,对方辩友一直说是“急躁”,可只是如此又怎会过夜半呢?对方辩友一直在强调“闲敲棋子落灯花”,这速度是缓慢的,如果真是心急如焚,又何来如此诗意?若真是急躁,为何不将“闲敲”改为“狂敲”?

愉悦派生14:正如刚才我方辩友所说的,这里所有词语都是积极向上的。赵师秀是个旷达的人,因为棋友没来,他就急躁不安,这样就愧对“永嘉四灵”之称了。(掌声)

寂寞派生12:对方辩友一直抓住赵师秀人物的特点来与我们辩论,但是,每个人都有发火的经历,你说谁在自己的人生中没有急躁呢?(掌声)

愉悦派生15:对方辩友刚说是“发火”,发火是不可能发到半夜的,如果发火发到半夜的话那为何还要“闲敲棋子”呢?老早就把棋子给摔碎了。(掌声)

寂寞派生13:对方辩友刚刚说赵师秀是一个文人雅士,他会做出这种行为吗?你们这不是在自相矛盾吗?(掌声)

寂寞派生14：对方辩友刚才提到为什么是“闲敲棋子”而不是把棋子丢掉，这是因为作者在这漫长的等待过程中早已感到孤独寂寞，所以才会以敲棋子来作为消遣，对方辩友认为怎么样呢？

主持人：自由辩论时间到。下面由双方总结陈词，愉悦派先开始。

愉悦派学生代表总结陈词：谢谢主持人，各位老师、辩友，大家好！感谢对方辩友，为我们带来那么精彩的辩论。但我方依旧认为《约客》表达了诗人闲适恬淡的心情。诗中四句的意思，我方辩友已经分析得很清楚了，在此我也不浪费时间了。我只想说伴着雨声、蛙鸣，敲着棋子、看着灯花直至夜半。这份等待，饱含了诗人闲适的心情。也许等待的开始，诗人寂寞过、失望过，但夜已深沉，久坐已不是等待的理由。友人来是一境，不来也是一境，诗人已经悠然地享受这江南的雨夜。感谢有友人的失约，让诗人能享受到这美丽的夜。赵师秀的心情到底如何，我们无法确定。但如果真的是焦躁寂寞的话，又怎会有如此诗意的诗句？最后让我再一次陈述我方观点：《约客》表达了诗人闲适恬淡的心情。

主持人：愉悦派总结陈词非常有气势。接下来请听寂寞派总结陈词。

寂寞派学生代表总结陈词：各位老师、辩友，尽管对方今天表现非常出色，但我方坚持认为，全诗通过对撩人思绪的环境及“闲敲棋子”这一细节动作的描写，表达了诗人寂寞无聊、失落孤独、烦躁的心情。与人约会而久候不至，既写了诗人雨夜候客来访的情境，也写出约客未至的一种怅惘和稍有些失落的心情。诗人约客久候不到，灯芯很长，诗人在百般无聊之际，下意识地将黑白棋子在棋盘上轻轻敲打，反映出诗人内心的焦躁和淡淡的孤独与惆怅。人在孤寂焦虑的时候往往会下意识地做一种单调机械的动作，像是有意要弄出一点声响去打破沉寂、冲淡焦虑，诗人这里的“闲敲棋子”不正是为了摆脱内心的孤寂焦虑吗？

【插评】辩论双方都是有论有据，言之凿凿，气势逼人。这里没有精明的挖坑算计，也没有无厘头的纠缠，有的是探究与发现的精彩。

主持人：接下来请老师点评，我们评委进行打分。

师：刚才这段辩论可谓非常精彩，双方辩手唇枪舌剑，紧紧围绕己方观点展开激烈的辩论。如愉悦派能抓住诗人的兴趣、性格分析诗人的闲适心情，这在古诗鉴赏中称作知人论世，我们学生会运用，了不起。我们的寂寞派同样精彩，能抓住诗中的细节，真棒。当然，在短暂而又激烈的交锋中，难免出现瑕疵，如几处辩论脱离了辩题，总结陈词的时候没有结合同学的辩论。这没关系，假以时日，同学们肯定能做得更好。感谢大家带来精彩的辩论。

主持人：感谢老师的精彩点评。下面我宣布：我们三个评委从语言表达、发言人数、气势气氛、总结陈词等环节综合考虑，一致认为愉悦派更胜一筹，我们以热烈的掌声祝贺他们。

师：其实输赢并不重要，重要的是同学们在辩论过程中碰撞出思维的火花，学会从诗歌的景语中找到表达情感的依据，现在，请你们把自己对于诗歌的理解带到朗读中去，读出愉悦或寂寞的悄语。

（组内交流，设计朗读方式，然后分两大组齐读。师适当点评）

师：雨还是那场雨，蛙还是那只蛙，灯还是那盏灯，棋还是那盘棋，我们却从同样的“景语”读出了不同的“情语”，奇怪吗？不奇怪！看，这是几百年来大学问家们对《约客》的不同评述，请两组同学分别读一读。（出示如图6.5所示的PPT）

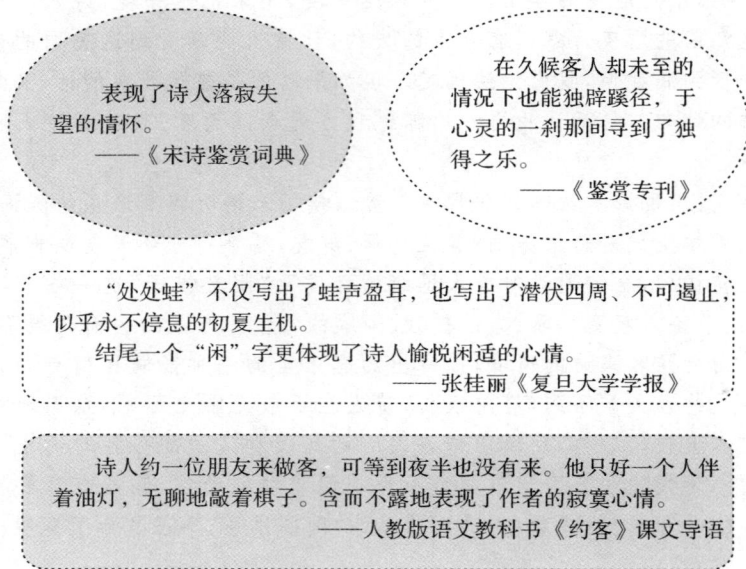

表现了诗人落寂失望的情怀。
——《宋诗鉴赏词典》

在久候客人却未至的情况下也能独辟蹊径，于心灵的一刹那间寻到了独得之乐。
——《鉴赏专刊》

“处处蛙”不仅写出了蛙声盈耳，也写出了潜伏四周、不可遏止，似乎永不停息的初夏生机。
结尾一个“闲”字更体现了诗人愉悦闲适的心情。
——张桂丽《复旦大学学报》

诗人约一位朋友来做客，可等到夜半也没有来。他只好一个人伴着油灯，无聊地敲着棋子。含而不露地表现了作者的寂寞心情。
——人教版语文教科书《约客》课文导语

图6.5 《约客》评价资料

师：原来，《约客》中诗人的心情，是一个未解之谜！原来，有些诗，同样的“景语”，也能读出不同的“情语”。也许是在愉悦闲适的江南夏夜中诗人久候客人不到百无聊赖之际，敲棋声将灯花都震落了，貌似闲逸，其实是寂寞和焦躁。也许是寂寞的等待中诗人放弃外求，回到自我，一个灯花便可以照亮内心，成为闲暇中的伴侣，寂寞中隐约透露出独处的悠闲与愉悦。

【插评】一方“知人论世”，一方“抓住诗中的细节”，教师的评价切中肯綮。“原来，有些诗，同样的‘景语’，也能读出不同的‘情语’。”对于习惯非此即彼思维习惯的学生来说，如果不是通过辩论，要懂得这个道理还真不容易。

师：我们能不能学以致用，展开想象，让自己的“景语”也变成“情语”。（出示PPT。例：“黄梅时节家家雨”。黄梅时节，家家户户都被裹在蒙蒙雨雾中。江南的雨，绵绵密密；听雨的心，潮湿冰凉……）（请学生对前面的黑板上的三句描述做修改，突出“心情”）

生1：清澈的池塘边，长满了青青的绿草，到处都是蛙鸣声，一派生机勃勃的样子。

师：非常好，用“生机勃勃”凸显愉悦。

生2：看似闲适地敲打着棋子，连灯芯也烧残了，友人却还没有来，等友人的心怎一个愁字了得？我用最后一句话表现寂寞之心。

师：老师今天高兴地看到，每个人都用自己的方式解读了自己心目中的赵师秀，正如宋代大文豪苏轼所说：“横看成岭侧成峰，远近高低各不同”。

师：今天的作业是：写一篇微作文。题目是：________——《约客》之我见。

【总评】《约客》的精彩之处在于“目中有人，心中有书”。

“目中有人”，就是以生为本，尊重学生的主体权，把学习权还给学生。在《约客》这堂课里，教师自始至终只是一个组织者、服务者。在辩论环节，教师将自己的“地盘”让出来，让学生主持，让学生调控，让学生做评委，让学生裁定，给学生营造了一种自由、民主的课堂氛围，学生的才智几乎表现到了一种极致。

《约客》这堂课的精彩之处还在于“心中有书”。整节课教师始终引导学生以诗歌方式读诗：一读读出诗歌的节奏，二读读出诗歌的画面，三读读出诗人的情感，四读读出自己的个性化理解。这样反复吟诵，使学生不断关注诗人的内心，也不断逼近诗人的内心世界，让学生读出了自己心中的那个“哈姆莱特”。语文课，需要一种对话，而这种对话要属于语文课。教师引导学生从诗的字里行间揣摩诗人的心情，从而引出“愉悦”与“寂寞”的对话。这个话题寻找得非常精准，抓住了诗人的情感，点燃了学生的智慧火花，从而演绎了课堂的精彩。

或许再完美的课也有缺憾，正如李老师自己评价学生时的感触，仍然有一些同学处于“看戏”状态。怎样在课堂里实现差异性的教学和个性化的学习，让每一个学生都能够真正学习，这是我们每一个教师应该关注的问题。缺憾本身就是一种美，这更激励了我们追求完美。

案例2 《我的叔叔于勒》教学实践与反思①

师：同学们，农村有句俗话叫“爹亲有叔，娘亲有舅”，说的是人人都有一份割不断的亲情。高尔基也曾说过：“时间可以让人丢失一切，可是亲情是割舍不去的。即使有一天，亲人离去，但他们的爱却永远留在我们灵魂的最深处。”亲情是否真如他们说的那么美好？今天我们就来看看发生在法国一个普通家庭的故事，体会一下人情冷暖。（板书课题：我的叔叔于勒——莫泊桑）

师：课题中的“我”是谁？

生：若瑟夫。

（板书：若瑟夫）

师：“我”不是作者，而是小说中的人物。那“我”和于勒什么关系？

生：叔侄关系。

师：“我”的父母菲利普夫妇是如何对待于勒的？课前我们已经预习了这篇文章，老师再给大家几分钟时间，快速阅读课文，找出相关语句，说说菲利普夫妇对于勒的态度前后有哪些变化，然后用三个字或词语概括。

（屏幕显示：快速阅读课文，找出相关语句，说说菲利普夫妇对于勒的态度前后有哪些变化，然后用三个字或词语概括。学生看课文，思考2分钟）

师：菲利普夫妇刚开始是怎样对待于勒的？

（板书：菲利普夫妇）

生：刚开始他们认为于勒是花花公子，是坏蛋，是流氓，是无赖，他们讨厌于勒。

师：讨厌于勒的时候他们是怎样做的？有同学补充吗？

生：我找到的句子是：“人们按照当时的惯例，把他送上从哈佛尔到纽约的商船，打发他到美洲去。”因为以前的于勒是个流氓，无赖，而且大大占用了菲利普的遗产，所以他们非常厌恶他，就把他送到美洲去了。

师：那你用哪个字或者词来概括？

生：赶。

（板书：赶）

师：哦，一开始菲利普夫妇是赶于勒。接着呢？态度有变化吗？

生齐：有。

师：那谁来说一下？

---

① 本案例由浙江省舟山市普陀区东港中学王珊老师提供，郑静老师总评，普陀区教研室吴汉荣老师插评。

生：我找到的句子在第13自然段：“于是每星期日，一看见大轮船喷着黑烟从天边驶过来，父亲总是重复他那句永不变更的话：‘唉！如果于勒竟在这只船上，那会叫人多么惊喜呀！’”这是在盼于勒。

（板书：盼）

师：你从这句话中读出来菲利普夫妇对于勒的盼望。还有补充吗？你觉得菲利普夫妇对于勒的盼望还从哪里体现出来？

生：我找到的句子在第11自然段：“这封信成了我们家里的福音书，有机会就要拿出来念，见人就拿出来给他看。”这里也体现出了菲利普夫妇收到于勒来信后，非常盼望能快点见到于勒。

师：为什么这么盼望见到他？

生：我从这里可以看出：“有一位船长又告诉我们，说于勒已经租了一所大店铺，做着一桩很大的买卖。”他们想象于勒已经成功了，如果于勒回来，他们家的状况就可以改变很多。

师：所以他们特别盼望于勒回来，可以说是日思夜盼。在这样的盼望中，他们见到于勒了吗？

生齐：见到了。

师：他们又是怎样对待于勒的？是不是亲人相聚的感人场面啊？

生齐：不是。

生：他们是“逃”于勒。我从第38自然段中看出：“母亲突然暴怒起来，说：‘我就知道这个贼是不会有出息的，早晚会回来重新拖累我们的。现在把钱交给若瑟夫，叫他去把牡蛎钱付清。已经够倒霉的了，要是被那个讨饭的认出来，这船上可就热闹了。咱们到那头去，注意别叫那人挨近我们！’她说完就站起来，给了我一个五法郎的银币，就走开了。”母亲说这话的时候她已经知道于勒没有赚到钱，现在只是一个乞丐，一个卖牡蛎的，所以她很讨厌于勒，怕他回来再拖累他们，再去占用他们的遗产，让他们的处境变得更糟。所以他们“逃”于勒。

师：你认为是“逃”于勒。

生：我认为他们是“躲于勒”，我从最后一段可以看出“我们回来的时候改乘圣玛洛船，以免再遇见他。”

（板书：躲）

师：其实刚才那位女生讲的“逃”于勒，意思也是一样的，可能这位男生补充的“躲”字更恰当些。大家看一下，菲利普夫妇对于勒的态度变化是随着什么而改变的？

生：于勒的地位和经济变化。

师：于勒开始没钱，他们就把于勒赶到美洲去了，当于勒来信说赚到钱的时候他们就盼望于勒快点回来改善他们的生活，而在十多年后，当穷困潦倒的亲弟弟于勒突然出现在菲利普夫妇面前，他们又像躲瘟神一样躲开了。有人认为菲利普夫妇这样对待自己的亲弟弟真是太可恶了，但是也有人持相反的观点，你赞同哪种看法？同学们先独立思考一下，在文中找找依据来证明自己的观点。等一下我们来进行一场小小的辩论。

（PPT显示：小小辩论台：有人认为菲利普夫妇真是太可恶了，但是也有人持相反的观点，你认为呢？说说你的看法。辩论要求：①紧扣辩题，有理有据，注重针对辩题正面交锋。②具有团队精神，队员间相互支持配合，参与度高。）

【插评】在师生共同回顾了人物关系与事件的来龙去脉后，教师顺势抛出辩题，课堂结构十分严密。虽然只设两条辩论要求，但每条都直击"读辩"教学的核心价值。

（学生看书思考，大约2分钟）

师：认为菲利普夫妇是可恶的举手。（一部分学生举手）其他是认为菲利普夫妇不可恶的吗？好的，为了等会儿辩论时立场显得更清楚点，我们交换一下位置，认为可恶的同学作为正方坐到讲台的右边，认为不可恶的同学作为反方坐到左边。坐好后，先互相交流一下观点。

（学生互换位置、交流讨论，5分钟）

师：准备得差不多了吧。虽然从现在坐的位置看，认为菲利普夫妇可恶的人数多了点，没有关系，等下在辩论过程中，你的观点如果变化了，也可以改变自己的立场。我们先请认为菲利普夫妇是可恶的正方代表发言。

【插评】自主学习与合作学习连续完成，辩论准备与辩论活动一气呵成。"看书思考，大约2分钟"不可理解为学生只有"2分钟"自主学习时间。这显然是由于公开教学的需要而采用的权变措施，相信学生课前有足够的准备时间。

正方：我方认为菲利普夫妇是很可恶的。因为在于勒贫穷的时候，他们认为他是个无赖，是大逆不道的人。然而在于勒最富有的时候，却每天盼望于勒回来，又说他正直有良心。而在于勒最落魄穷困、最需要帮助的时候，他们却不顾亲情，像躲避灾祸一样躲开了。菲利普夫妇非常势利、自私、贪婪、虚伪，所以我方认为他们是可恶的人。

反方：我方认为菲利普夫妇是不可恶的。菲利普夫妇有这种赶于勒、盼于勒、躲于勒的行为是为什么呢？因为他们穷，穷人养不起于勒。他们曾受到过于勒的祸害，他们为了保全自己的家庭，才做出了这样的选择，这是一种自保的行为。文章第1自然段就介绍了他们在社会上的地位，他们是穷人，而且从第6自然段中可以看出，于勒叔叔把自己应得的部分遗产吃得一干二净之后，还大大占用了“我”父亲应得的那一部分，这说明他们受到过于勒的祸害。菲利普夫妇是不可恶的，谈可恶，那些剥削人民的人才更可恶，那在船上妖媚地吃着牡蛎的太太更可恶，那欠了菲利普夫妇的钱而不还的于勒是更可恶的。于勒不来打扰他们的生活，是因为他欠了他们的钱，而不是出于好心。相比他们，难道你们还是觉得菲利普夫妇可恶吗？这是可怜不是可恶。

师：下面是正反双方自由辩论时间。

正方：请大家看第16自然段，在这一段中，菲利普夫妇想要用于勒的钱置办别墅，却全无一份对于勒安危的担忧，尽管钱对他们这样贫困的家庭很重要，但也不可以用钱来衡量于勒，做人要有良心，亲情怎么可以被金钱给割断。所以我觉得菲利普夫妇是很可恶的。

反方：我认为他们当初已经受过于勒的祸害，他们这样做是为自己家庭着想，是不可恶的，他们只是想把以前被于勒“吃”去的那部分财产给要回来。

反方：我对我方观点还有补充，从前面第6自然段来看，于勒叔叔把自己应得的那部分吃得一干二净后，还大大占用了“我”父亲的一部分，使他们家庭如此贫困，他们在商讨用叔叔于勒的钱来购置一栋别墅，这是他们应该得到的。

正方：长兄如父，如果于勒不学好的话，他的哥哥是有一定责任的，他在弟弟还没有把钱花光前为什么不好好管管他，还放任他去用他们的钱，所以说他们家的穷困有一部分是他们自己造成的，不能全归结在于勒身上。他们在这时候还要去用于勒的钱，所以说他们是可恶的。

反方：对方辩友认为于勒的错不在于勒夫妇身上，那么菲利普夫妇的错也不在菲利普夫妇身上。你看，菲利普夫妇的种种行为是由整个资本主义社会人与人之间的关系导致的，他们只是资本主义社会的牺牲品，这种行为不是他们个人的过错。在那样的社会中，他们是无法选择的，我们不应该用现代社会人文精神去看待那个时代中的可怜人。你们说对不对？

正方：我认为他们处于贫困的家庭中，虚荣心很难得到满足。从第22自然段就可以看出来，他们的父亲被高贵的吃法所打动，就邀请母亲和两个姐姐吃牡蛎，可他们本来就没有钱，从中可以看出他们是虚伪的人。

师：正方能够从文本中找依据，非常好。

反方：好，那么我们就来看第22自然段，对方辩友难道没有觉得这是一个普通的父亲想为自己的妻子、孩子做一点力所能及的事情，所以才自己掏钱买牡蛎给他们吃吗？他并不是出于虚荣心。

正方：你说父亲只是个普通的父亲，但是从第23自然段可以看出，他为什么对自己的儿子却没有一点的关爱，甚至连牡蛎都不让他吃，只让女儿和女婿吃？

反方：对方辩友有没有听说过一句话：女儿要富养，儿子要穷养。父亲这样做是为了培养儿子坚强独立的性格，才不娇生惯养，让他吃牡蛎。而对自己的女儿，毕竟她们已经二十六岁、二十八岁，即将离开父母的怀抱，所以必须多给她们一点关爱。

反方：我有补充，请大家看第17、18自然段："我大姐那时二十八岁，二姐二十六岁。她们老找不着对象，这是全家都十分发愁的事。"终于有一个人看上二姐，可能是因为他看了于勒叔叔的信，婚后可以去哲尔赛岛度假。如果当时父亲认下穷困潦倒的于勒，就会给家庭带来负担，更会扼杀女儿好不容易得来的婚姻。请问他值得吗？而且当时他们生活窘迫，自顾不暇，只能对于勒避而远之，又怎么能够认他呢？

（学生沉默）

师：正方同学没有要反驳的吗？还是已经认同他们的观点了。

正方：我不认同，即使他们是出于对女儿的关爱，但他们也不应该对女婿隐瞒实情，不让他知道于勒其实是贫穷的。他们担心他知道后解除婚约啊！

反方：你们应该听说过善意的谎言。他们对女婿隐瞒是为了保住女儿美满的婚姻，他们已经穷困潦倒了，如果不认于勒，女儿还能好过一点。如果把于勒接来，包括女儿在内，这么多人全不好过了，你认为选择哪个好呢？

正方：请大家看第45自然段："我给了他十个铜子的小费。但是母亲却说：'你简直是疯了！拿十个铜子给这个人，给这个流氓！'"如果母亲只是为了家庭幸福而不认于勒，我给叔叔十个铜子的小费，她也不会特别介意。她会觉得我是出于好心而给他，但她这时却批评了我，这说明母亲非常势利。

师：你说的有一定道理。

反方：我不同意。请大家看一下第2自然段："姐姐的长袍是自己做的，买十五个铜子一米的花边，常常要在价钱上计较半天。"这里可以跟第46自然段拿了十个铜子给于勒进行比较，当时对母亲来说她要为家庭通盘考虑，如果十个铜子给卖牡蛎的于勒，那么这一天或接下来几天就不可能有比较好的氛围去享受哲尔赛岛的游玩了，因为对他们这样的家庭来说，十个铜子也是比较重要的一笔钱，所以母亲才会这样做。

反方：我还有补充，你看他们回来改乘圣玛洛船，以免再遇见他。这就是相当于已经跟于勒断绝关系了，相当于就没有这个叔叔了，你说再给他钱有什么用，施舍他又有什么用？

正方：可是如果于勒还在美洲，没有回来，他们还是没有这个叔叔，对他只是一种精神上的寄托。而且刚刚他们说这样的谎言能够满足他们女儿幸福的婚姻，可是如果有一天他们的女婿知道了这个谎言，他反而会更加生气，还不如提早地告诉他，所以说菲利普夫妇是可恶的。

正方：我对我方的观点有补充，对方说断绝关系，但是血浓于水，不是想要断绝就能断绝的，亲情之间有种血缘关系在那里，不是你说我想要没关系就没关系，我想要找个有钱人跟我有关系就有关系。

反方：对方辩友刚才的观点都是因为现在的教育，现在宣传人文精神，这与当时的资本主义社会不可相比的。当时人们生活在那样的制度下，人与人之间只有金钱关系，血浓于水在当时是行不通的。

反方：而且我们可以看一下，文中说：“据说他在哈佛尔还有亲属，不过他不愿回到他们身边，因为他欠了他们的钱。”所以不一定是菲利普夫妇在逃避于勒，而是于勒在逃避他们。

师：正方，你们怎样看呢？

正方：请大家看一下第38自然段：母亲的态度，突然暴怒起来。如果他们能原谅于勒，不逼于勒归还财产，于勒肯定愿意回来。可是他们这样对待于勒，于勒要是回去的话，不但要被追债，被恶名声所缠，还要天天被哥嫂怒骂，他一定过不下去，还不如当个水手养活自己，就当他一直在美洲好了。

正方：我对我方的观点有补充，从第42自然段“我心里默念道：‘这是我的叔叔，父亲的弟弟，我的亲叔叔。’”这句话可以看出，若瑟夫对父亲不认兄弟是十分困惑和不满的，他对于勒是充满了叔侄亲情的，而且他十分同情于勒。相比之下菲利普夫妇不是更加可恶吗？

反方：对方辩友请注意，你们跑题了，我们讲的是菲利普夫妇，不是若瑟夫。

正方：但是从若瑟夫重视和于勒的叔侄亲情与菲利普夫妇和于勒的金钱关系对比中也可以看出菲利普夫妇是十分可恶的。

反方：若瑟夫只是个孩子啊，他是用孩子天真无邪的眼光去看待这件事情的，而菲利普夫妇是经过了多年的磨砺、饱经风霜、受过于勒的伤害之后才做出这样的决定的，你觉得这两个有可比性吗？

正方：即使他们饱经风霜也不应该突破自己的良心和道德啊？

反方：我想问一下，对方辩友有没有想过于勒回来还会占用他们的家产，对于那个无赖，他们的选择无疑是艰难的。

正方：从于勒的行为中已经可以看出他已经有愧疚之情了，而且于勒在后来干起了卖牡蛎的事情，他已经改邪归正了，认于勒也并不一定是坏事。请对方辩友深思熟虑。

反方：请对方辩友再仔细读读这句话：“据说他在哈佛尔还有亲属，不过他不愿回到他们身边，因为他欠了他们的钱。”于勒是因为欠钱才不回去，不是因为出于好心、不想打扰他们才不回去。

正方：对方辩友跑题了，我们讨论的是菲利普夫妇。请大家看全文中菲利普夫妇对于勒的称呼，一开始他们称他为“全家的恐怖”、“分文不值的于勒”，后来又说他是“全家的唯一的希望”、“正直的人有良心的人”、“好心的于勒”、“有办法的人”，但发现于勒贫穷时，他们又说“这个小子”、“这个贼”、“那个讨饭的”，从中可以看出他们有着一副可鄙的拜金相，他们和于勒之前根本就没有什么亲情可言。

反方：对方辩友难道不认为，如果一个人对另一个人真正的冷漠是不去关心他，这才是最大的伤害，而至少菲利普夫妇对于勒还有一个态度转变，说明他们还是在乎于勒这个人。

正方：他们在意的是于勒的钱，文章说：“十年之久，于勒叔叔没再来信。可是父亲的希望却与日俱增。母亲也常常说：‘只要这个好心的于勒一回来，我们的境况就不同了。他可真算得一个有办法的人。’”十年可以改变很多，他们为什么不努力工作来改变自己的生活，而把于勒当作全家的希望。还有第11自然段：“这封信成了我们家里的福音书，有机会就要拿出来念，见人就拿出来给他看。”他们是多么的虚荣，多么的虚伪啊！

反方：对方辩友是从哪里看出来菲利普一家没有努力呢？我们来看第1自然段：“我父亲做着事，很晚才从办公室回来，挣的钱不多。”

师：同学们的辩论非常精彩，因为时间关系，自由辩论到此结束。双方各自推选一个代表来做总结陈词，先从反方开始。

反方：综上所述，我方认为菲利普夫妇并不可恶。首先从他们自身的角度来看，在当时那样一个资本主义社会的大背景下，他们同样是底层、受到压迫、生活拮据困苦的人，他们有着自己的难处与痛处。出于自己和家庭的考虑，若真的认下于勒，必然会加重生活的负担，甚至会扼杀女儿好不容易得来的婚姻，所以这样做并不值得。而且不妨让我们换位思考一下，若是你们生活在当时那样一个黑暗、动荡、艰难的环境下，你们难道不愿意多一事不如少一事吗？你们难道不会为自己的家庭、孩子做出正确的抉择吗？我们不能以现在的眼光去看待生活在当时社会的菲利普夫妇的行为，我们更应该从人性的角度来看待菲利普夫妇，他们其实并不可恶。

正方：我方认为菲利普夫妇是可恶的。这一点从对于勒的态度骤变就可见一斑，于勒年轻时十分贫穷，他们认为他是坏蛋、无赖、大逆不道，打发他到美洲去了，当于勒富有时，他们说于勒正直、有良心、有本领，称他是全家唯一的希望，十年来一直衣冠楚楚地在海边等候。而当发现贫穷的于勒时，他们骂他贼、乞丐、讨饭的，并想方设法躲避他。他们对待于勒没有实质的亲人之爱，只贪图他的金钱，他们面对比他们更贫穷的人，非但没有同情心，而且是能躲即躲。况且你们站在于勒的角度想一想，被亲人抛弃是多么的可怜啊。而且他们对待儿子也是关心甚少，认为他用不着吃牡蛎。他们也十分不诚实，对他们的女婿隐瞒实情，担心他因了解于勒贫穷而解除婚姻。他们的虚荣心似乎也永远得不到满足，于勒未归就已经拟定了上千种计划，甚至想买一座别墅，他们没钱却要像有钱人一样用高雅的吃法吃牡蛎。菲利普夫妇有着典型的小市民形象，他们虚荣、自私、贪婪、冷酷，一副可怜而又可鄙的拜金相，菲利普太太更是刻薄、泼辣。所以我方认为菲利普夫妇是十分可恶的。

【插评】先双方立论，再自由辩论，最后总结陈词，虽然是随堂辩论，但过程有模有样。教师担任辩论主持人，话语不多，但在关键时刻发挥了重要作用。“正方能够从文本中找依据非常好。”这既是对正方的鼓励，又是对反方的提醒。“正方同学没有要反驳的吗？还是已经认同他们的观点了？”“正方，你们怎样看呢？”这些话刺激正方学生打破沉默。更有意思的是，一句“你说的有一定道理”，看似表扬，但细究起来，教师仍不持立场。

师：正方同学认为菲利普夫妇对于勒态度的骤变暴露出他们虚荣、看重金钱、忽视亲情的丑陋嘴脸，然而反方同学则从人性的角度读出了他们作为小人物生活的辛酸，还有一小部分同学没有发表自己的观点，可能你们觉得菲利普夫妇不是什么大奸大恶之徒，他们是被生活的社会所腐蚀，既可鄙又可怜，很难作出抉择。的确，老师也认为我们应该辩证地看待小说中的人物，正如作家莫泊桑在小说《人生》中写道：“生活永远不可能像你想象得那么美好，但也不会像你想象得那么糟糕。”

（屏幕显示：生活永远不可能像你想象得那么美好，但也不会像你想象得那么糟糕。

——莫泊桑《人生》）

师：在这篇小说中莫泊桑有没有给人留下一缕阳光，一丝温暖？你是从哪里感受到的？

生：“我”——若瑟夫。

师：找出若瑟夫最具同情心的一句话。

生：这是我的叔叔，父亲的弟弟，我的亲叔叔。

（屏幕显示：这是我的叔叔，父亲的弟弟，我的亲叔叔。）

师：这里针对同一对象，运用了三个不同的称谓，老师觉得啰嗦，你认为呢？

生：“父亲的弟弟”这句强调了于勒和“父亲”的关系，暗含着对“父亲”漠视兄弟情谊的不满。

师：你认为这里有“我”对父亲的批判？请同学们来看原文删减的一段话，再体会。

（屏幕显示：我母亲对我们的拮据生活感到非常痛苦。她常常找出一些不满的话发泄在我的父亲身上。这个可怜人这时候总做出一个手势，叫我看了心里十分难过。他总是张开了手摸一下额头，好像要抹去根本不存在的汗珠，并且总是一句话也不答。我体会到他那种无可奈何的痛苦。）

生：其实“我”有些时候虽然对自己父母的做法不赞同，但是“我”也知道父母是非常无奈的。因为他们的家庭状况不好，所以在对待于勒的亲情和对全家生活的幸福选择中无法两全，“我”觉得他们是非常痛苦的。

师：是的，从这里我们读出了“我”对自己的父母同情和理解，“我”不可能站在一个旁观者的立场上嘲笑自己的父母。这是生活的无奈，也是他们的悲哀，而面对穷困潦倒的于勒，“我”依然称其为“我的叔叔”，我对亲情的珍视让人感觉温暖！选文中作者对“我”运用的笔墨不多，却在“我”的身上寄托着作家对一个充满爱与关怀的社会的美好向往。他用“我”来提醒读者，要葆有一颗爱的心，不要因为现实的严酷就使自己也走上恶的道路。

（板书：爱）

师：莫泊桑是一位批判现实主义作家，同时也是一位人道主义者，他在用一只眼睛批判社会现实的同时，也在用另一只眼关注人间的苦难与人性的弱点，这是作家的责任，也是他的良知，更是他的使命。希望同学们把自己对人的自然、朴素、真诚的爱和同情保留在灵魂深处，不要被现实的金钱关系所异化，因为只有这样的心灵，才是人类最健全、最美好的心灵。课后，请同学们拿起笔写一篇短文《菲利普夫妇，我想对你说……》。

（屏幕显示：请以《菲利普夫妇，我想对你说……》为题写一篇200字左右的短文）

师：今天的课就到此结束，同学们再见！

生：老师再见！

【总评】“读辩”教学把辩论引入语文课堂，以学生为主体，以自主、探究、合作的活动为载体，在辩论中训练思维、提高语文素养。王珊老师执教的《我的叔叔于勒》在导入、整体了解文本之后，王老师把课堂的辩论环节都交给了学生。40分钟下来，课堂开放而有活力，真正是学生的课堂，是学生充分施展和表现才能的阵地。华东师范大学教授叶澜认为一堂好课没有绝对的标准，但有一些基本的要求，比如有意义、扎实。何谓有意义？即学生的学习是有意义的。从这个标准看，王老师的课是一节好课。当然王老师在举手投足、一言一语中体现的对学生发自肺腑的尊重和呵护也值得我们学习。课堂上真学、真思，学生的主体地位切实落实，教师的主导作用恰如其分，师生互动，交往自然、和谐、融洽。这是我对本节课最真切、直观的感受。“课堂教学总是留有遗憾的”。在课堂结束环节，王老师还是预设过强，临近下课又专门分析若瑟夫人物形象，这令人稍感拖沓。

第七章　初中数学“三环·二线”复习课堂构建

复习是学生对学习对象的再认识，是一种特殊的学习活动。数学复习的主要任务是对先前学习过的知识进行更高层次的概括、更大范围的系统化，对数学思想方法与解决问题的策略进行集中的提炼与总结，从而使学生发展数学思维和数学意识，进一步感悟数学的魅力。

第一节　数学复习课的目标与意义

一、数学复习课的必要性

心理学告诉我们，学生学过的知识必须在头脑中保持和再现，以便以后的学习和应用。若学习后不复习，则所学知识将逐渐向原有的观念还原而被遗忘，记忆就不再保持，最终导致永久性遗忘。复习即通过再学习，把遗忘的东西重新建立，把没有掌握牢固的知识补上，防止还原过程的出现。因此，数学复习课是数学教学不可或缺的重要组成部分。

二、数学复习课的目标定位

面向全体学生，巩固所学知识，建立有效的知识系统，形成良好的认知结构，提高发现、提出、分析、综合运用知识解决问题的能力和科学素养，培养交流合作、应用意识，创新精神和实践能力，发展思维能力和个性品质，激发学习兴趣，树立学习自信心，掌握科学的学习方法，养成良好的学习习惯。

三、数学复习课存在的主要问题

目前，数学复习课存在的主要问题包括以下几个方面：课前编印复习提纲和练习题，课堂讲解类型题或练习题，课后模仿性练习。用大量模仿性练习予以强化，强调机械的记忆与模仿，淡化对解决问题思路策略的成因分析，知识得不到深化、综合，无法提高学生的数学素养和能力，大部分时间在“炒冷饭”。这样既没有对知识进行系统整合，无法形成知识网络，也没有方法的提炼和思想的渗透。那么，怎样提升复习课的功效，有效地进行复习，让学生轻松、愉悦地对知识进行整理，使之系统化、条理化，同时掌握解决问题的思维方式或方法？本章通过对数学复习整体观的策略研究，构建“三环·二线”数学复习课堂教学模式，简述各教学环节的设计意图及教学流程，与同行研讨。

第二节　数学复习课的基本特征①

一、重复性

由于复习课中研究对象是先前学习活动中已经讨论过的，从研究的对象上说是重复的，这种重复性一方面为复习活动的开展提供了坚实的数学现实基础，另一方面却容易对学生学习动机的激发与维持产生负面作用，还可能造成复习活动中不求深究、浅尝辄止的现象。这就需要教师在复习课的设计中把握知识的本质属性和内在联系，以创新的策略组织复习活动。

二、概括性

在新课学习中重现数学知识的形成过程，引领学生通过探究获得对知识的理解，这时对知识的把握带有丰富的过程性表征。而在复习课中，重点是系统地回顾和应用，这时的重点是知识的对象性，从知识的过程性认识上升到对象性认识是数学按层次的发展。另一方面，由于教材是按螺旋式发展的顺序安排学习内容的，数学思想方法也贯穿于知识的学习和问题的解决过程中，是分散分布的。但从数学教育的总体目标上讲，要求学生形成数学思想方法体系，并在此基础上形成和发展数学观念，这个任务就落到了数学复习课上，因此，数学复习课需要对所复习的内容中蕴含的数学思想方法进行从内隐到外显的总结、概括和提炼。

三、系统性

复习课要求在知识的对象化认识基础上建构知识之间的关系网络，使本单元的知识之间以及与其他单元知识、不同的学科知识或与现实生活之间建立具有简约性、多触点、结构化特征的知识体系。通过与先前学习经验以及生活经验之间的联系与作用，把本单元知识结构纳入自己的认知结构中。

---

① 吴越，周元锋. 新课程数学复习课的设计[J]. 中学数学教学参考(下半月·初中)，2007(1～2)：29—32.

四、综合性

数学复习课一方面需要把知识进行综合组织，形成认知结构；另一方面，需要进行数学知识的综合应用的体验，在此基础上提炼数学思想方法和解决问题的策略。

五、反思性

数学复习课需要引导学生通过知识回顾与系统化，初步形成自己的知识体系。通过与同伴的交流和教师的指导，学生改进对知识体系的认识，在自我评价和接受评价中反思自己对知识体系的理解，把知识纳入自己的认知结构中。学生在应用知识解决问题的过程中需要对解决问题的过程进行实时评价与反思，发展数学思维和解决问题的能力。

第三节　数学复习课的几种课型

数学复习课一般可分为知识系统复习课、方法指导课、习题训练分析课等。

一、知识系统复习课

对一章或一个知识系统内容进行回顾性复习，其核心是帮助学生建立知识之间的关联，优化知识结构，巩固知识应用。

二、方法指导课

对一类题型或一个专题进行解题方法的指导提炼和概括，其核心是深化知识理解，总结规律方法，体验数学思想方法的概括和应用。

三、习题训练分析课

通过对一组或几组习题、试卷的训练与分析，帮助学生内化和巩固知识的应用。

在数学教学活动中，知识系统复习课、方法指导课、习题训练分析课的一般顺序如下(图 7.1)：

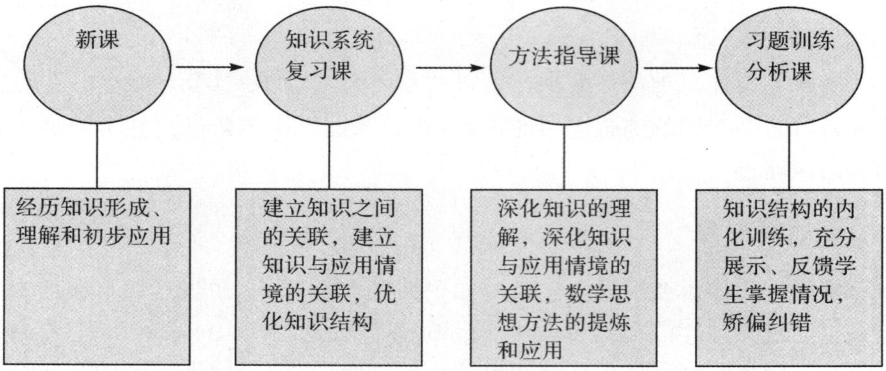

图 7.1　教学复习课的几种课型

第四节　构建“三环・二线”数学复习课堂

本节通过对数学复习整体观的策略研究，构建“三环・二线”数学课堂教学模式，简述各教学环节的设计意图及教学流程。

一、三环节

（一）第一环节：知识梳理

数学复习课的目的是通过知识的梳理，让学生学会主动地建构知识体系，并学会从系统的角度理清知识间的逻辑关系，让它们彼此间互通、共同发展，让学生对知识有个整体感知，也就是把知识变薄，使知识成为一个树状的网，使学生对知识既有提纲挈领的理解，又有横向联系的理解。只有当学生对知识达到了这种程度的理解后，他解决问题的能力才会更强。

做法：教师设置问题情境，让学生通过问题的解答，将零碎的知识系统梳理、综合，从而上升为可感受的规律和学习方法。教师在学生解答问题过程中，适当地引导学生对已学过的知识主动地进行整理，理清知识脉络，架构知识网络。在解决问题的基础上引导学生采用表格、提纲或图等形式把有关的知识、规律和方法整理出来。教学过程中应有相应的留白，让学生有独立阅读、思考的时间；开展真正的合作学习，让学生有充分的时间进行交流。

知识梳理的流程如下（图 7.2）：

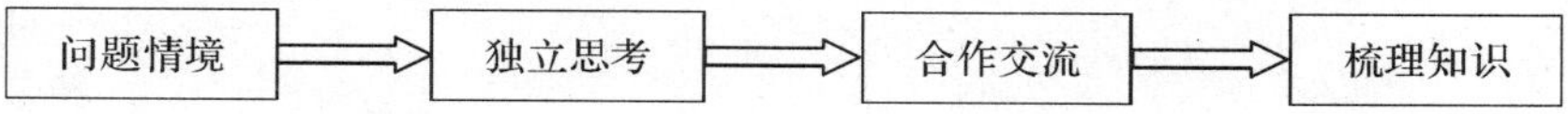

图 7.2　知识梳理流程

问题情境必须具备的特点包括：

1. 趣味性。激发学生的求知欲，提高学生的参与度。

2. 指向性。问题解答过程中用到的知识能覆盖所要复习的知识点。

（二）第二环节：方法提炼

通过对例题的教学活动，进行解题方法的提炼和概括，深化知识的理解，深化知识与应用情境之间的关联，总结规律方法（找方法、悟方法）。

做法：一题多解。从不同的方向、不同的侧面、不同的层次解决问题，让学生体验不同的数学方法，提高解决问题的应变能力。

多题一解。透过问题现象看清问题的本质，体会问题中所蕴含的数学思想和数学方法，即找到问题的“宗”，发展学生的抽象概括能力。

一题多变。改变原题中的条件或结论，形成新的问题，在题型的不断变化过程中，使学生关注前后联系，抓住问题本质，这有利于发展学生的创造性思维能力。

方法提炼的流程如下（图 7.3）：

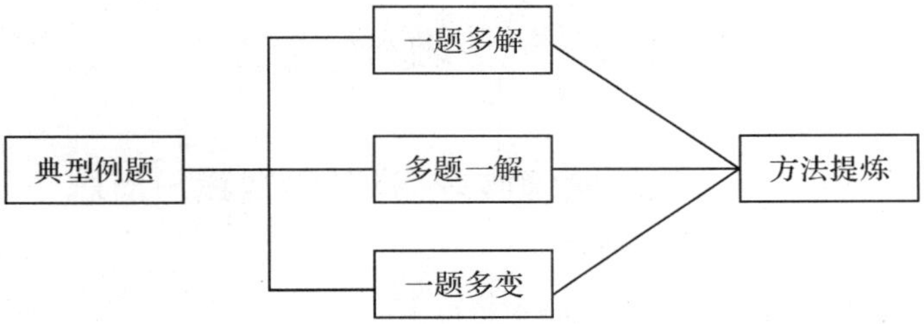

图 7.3　方法提炼流程

例题的选择必须具备的特征包括：①典型性；②针对性；③易错性；④科学性；⑤新颖性；⑥拓展性。

（三）第三环节：思想升华

从学生的角度、层次和学习目标出发，对习题进行适当的改编、拓展或延伸。通过方法的渗透和体验，让学生学会运用数学思想方法解决问题。从做题到归纳思想方法，这是一个自然的、合理的、科学的提升过程。重点在于如何做？用什么方法做？为什么这样做？这一类问题怎么做？如何去发现题目深层次的本质，化归成规？这样有利于学生今后学习过程中的总结提炼，从而提高学生的数学思维品质。

二、二主线

我们认为复习课要有两条主线（图 7.4）：知识线（明线）、方法线（暗线）。

明线是知识归纳，如例题、习题、试题。

暗线是通过例题找方法，通过习题悟方法，再通过试题用方法。

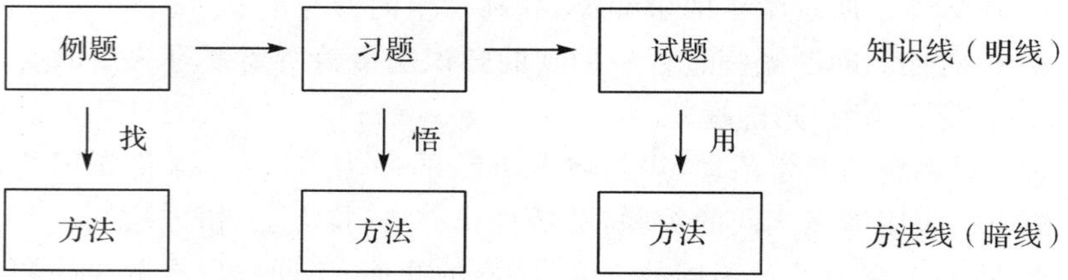

图 7.4　复习课两条主线

数学复习课教学中，教学内容为“知识线”，是“明线”；而学习某一类知识或解决某一类问题的思维方式为“方法线”，是“暗线”，在整个教学过程中教师始终用“暗线”控制“明线”。通过教师的引导，“知识线”使学生掌握基础知识，“方法线”让学生形成能力，教师的教法转化为学生的学法，学生在“学会”的过程中变得“会学”和“乐学”。

第五节　教学实录

案例 1　《反比例函数复习》教学实践与反思①

一、教学目标

1. 理解反比例函数的概念，会求反比例函数的解析式。

2. 理解并掌握反比例函数图像与性质，能运用反比例函数图像与性质解决有关函数值比较大小的问题。

3. 在解决问题过程中，体会数形结合的数学思想。

二、教学重点、难点

重点：反比例函数的图像、性质与数形结合思想。

难点：反比例函数增减性的理解。

三、教学过程

（一）函数概念梳理

引入：生活中我们要处理大量的数据。现在，通过实验获得两个变量

① 本案例由浙江省舟山市普陀区东港中学贺彦斌老师提供。

$x(x>0)$，$y(y>0)$的一组对应值，如表7.1所示。

表7.1　两个变量对应值数据

x	1	2	4	5	6
y	6	3	1.5	1.2	1

1. 根据表中数据，你能判定这是什么函数吗？说说你的判定方法。

师：同学们，生活中我们要处理大量的数据。现在，通过实验获得两个变量x，y的一组对应值。根据表中的数据，你能判定这是什么函数吗？并说说你的判定方法。

生1：是反比例函数。因为两个变量的乘积是一定的。

师：这位同学是从“数”的角度来判断函数的类型，且反比例函数具有变量乘积不变性这一主要特征。还有不同的判定该函数类型的方法吗？

生2：画图。

师：你能具体地描述一下吗？

生2：把表中对应的x，y的值利用描点法绘制到平面直角坐标系中，然后用一条光滑的曲线把点连接起来，根据图像的特点来判定是反比例函数。

师：非常好。两位同学分别从“数”的角度和“形”的角度判定函数关系，这也是我们在研究其他函数时常用的两种方法，体现了数学中的数形结合的思想。

2. 求出该函数表达式。

师：你能求出该函数的表达式吗？

生3：利用待定系数法，把其中一对变量代入函数关系式$y=\dfrac{k}{x}$中，即$y=\dfrac{6}{x}$。

3. 已知点$A(3,2)$，$B(0.5,8)$，判断A、B两点是否在所求函数的图像上？

师：判断A、B两点是否在所求函数的图像上？说说你的判断方法。

生3：把两个点的横坐标对应的值代入函数关系式中，求相应的y的值，再与点的纵坐标进行比较，当$x=3$时，求得$y=2$，当$x=0.5$时，求得$y=12$，所以A点在该函数的图像上，B点不在。

师：很好！还有不同的判断方法吗？

生3：利用图像来判断，把点描到平面直角坐标系上，观察点是否在图像上。

生4：还可以利用反比例函数的乘积不变性来解决问题，A点的横纵坐标的乘积是6，B点的横纵坐标的乘积是4，所以点A在图像上，点B不在。

【设计意图】进一步让学生掌握反比例函数的本质，利用反比例函数的乘积不变性来解决问题，或者利用数形结合的思想解决问题。方法指导：判断函数关系的两种方法。数——数据乘积不变性；形——画图，根据图像形状判定。求函数表达式的方法——待定系数法。

（二）函数图像的位置

对于一般的反比例函数 $y=\frac{k}{x}(k\neq 0)$，其图像上任一点的横、纵坐标的乘积一定，即 $xy=k$。

思考：(1)当 $k>0$ 时，图像位于第几象限？你是如何判断的？

(2)若平面上任一点 $A(x,y)$ 的横纵坐标满足 $xy=k$，从图像上你还能得出什么不变性？能说明这个结论吗？（面积不变性）

引导：从代数的角度看，当 $k>0$ 时，x 与 y 的乘积也大于 0，此时 x,y 的符号有何关系？那么点 (x,y) 位于第几象限？

师：刚才三位同学把反比例函数的基本特点都抓住了。对于一般的反比例函数，其图像上任一点的横、纵坐标的乘积一定，即 $xy=k$。那么，请问当 $k>0$ 时，图像位于第几象限？

生 5：图像位于第一、三象限。

师：你是如何判断的？

生 5：画图，确定函数的图像。

师：当 k 的值不确定的时候，图像也不能确定，这时候又应该如何判断？

生 5：（思考，找不到问题的突破口）

师：从代数的角度看，当 $k>0$ 时，x,y 的乘积怎样？此时 x,y 的符号有何关系？那么点 (x,y) 位于第几象限？

生 5：当 $k>0$ 时，x,y 的乘积大于 0，此时 x,y 同号，因此 (x,y) 的点的坐标位于第一、三象限，所以当 $k>0$ 时，函数的图像位于第一、三象限。

师：同样的方法我们可以确定，当 $k<0$ 时，图像位于第几象限？

生 6：第二、四象限。

师：若平面上任一点 $A(x,y)$ 的横纵坐标满足 $xy=k$，从图像上你还能得出什么不变性？

生 6：面积不变。

师：能说明这个结论吗？

生 6：如图 7.5 所示，B 点的横、纵坐标分别是 x,y。则 $OA=|x|$，$BA=|y|$，而 $xy=k$，所以四边形 $OABC$ 的面积为 $|k|$。

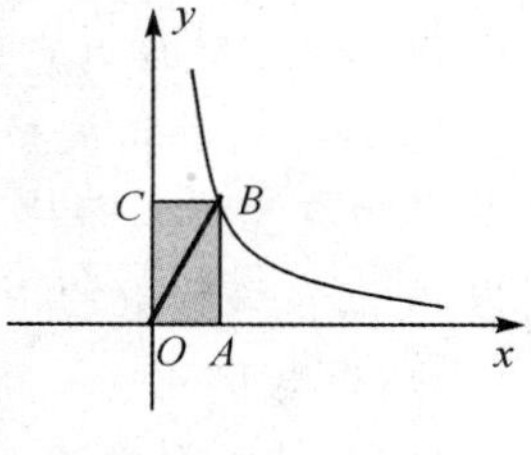

图 7.5　例题图

师：同样，我们可以得到三角形 OAB 的面积为 $\frac{|k|}{2}$，请同学们完成学习单

上的课堂反馈一。

【设计意图】通过代数的角度，让学生进一步理解函数图像的象限及比例系数 k 的几何意义，揭示函数图像的本质问题。

课堂反馈一

1. 下列四个点中，有三个点在同一反比例函数 $y=\frac{k}{x}$ 的图像上，则不在这个函数图像上的点是(　　)。

A. $(2,-3)$　　B. $(-1.5,4)$　　C. $(\frac{8}{5},-\frac{15}{4})$　　D. $(-0.5,10)$

2. 已知反比例函数的图像经过 $A(1,4)$，点 $B(-3,y)$ 是该函数图像上的另一点，则 $y=$______。

3. 如图 7.6 所示，已知点 A 在反比例函数的图像上，$AB\perp x$ 轴于点 B，若 $\triangle AOB$ 的面积是 4，则该反比例函数的解析式为__________。

4. 已知正方形 $OABC$ 与正方形 $ADEF$ 的位置如图 7.7 所示，顶点 B、E 在反比例函数 $y=\frac{1}{x}$ 的图像上，若 $AB=1$，求 EF 的长。

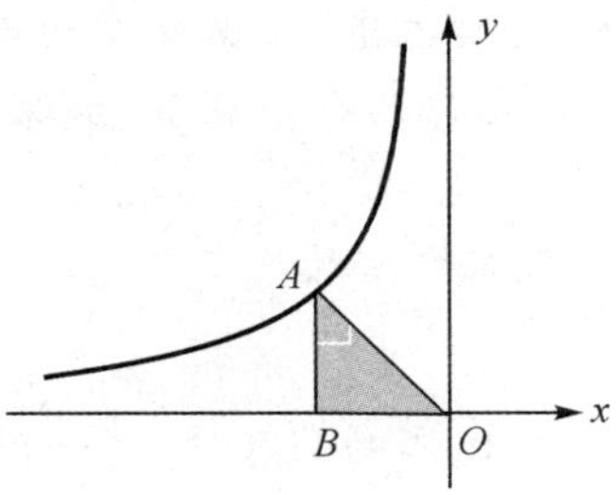

图 7.6　题 3 图

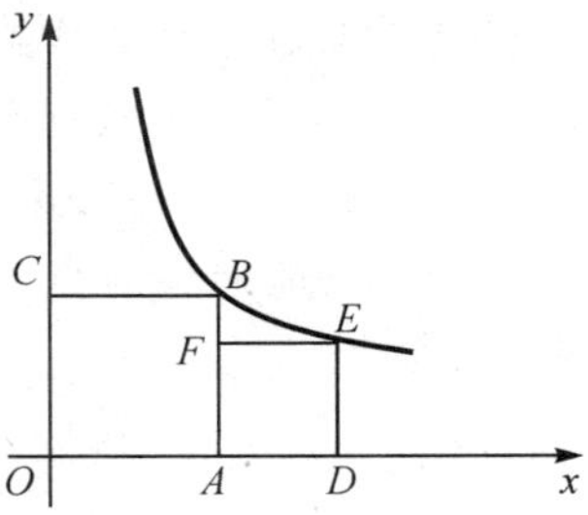

图 7.7　题 4 图

(学生独立完成学习单上的课堂反馈一，教师巡视学生答题情况，并给予部分学生帮助。完成后，同桌之间交流完成情况)

师：请同学们在组内交流你们的学习情况。

师：在解决课堂反馈一中第 4 题的时候，我们利用方程思想来求线段的长度，这是解决问题的基本方法。

(三) 函数图像的增减性

继续研究反比例函数 $y=\frac{6}{x}$ 的图像。

问题 1：若点 $(1,y_1)$，$(2,y_2)$ 在函数 $y=\frac{6}{x}$ 的图像上，请判定 y_1，y_2 的大小。

问题2：若点$C(x_1,y_1)$，$D(x_2,y_2)$都在这一函数图像上，且$x_1>x_2$，你能判断y_1，y_2的大小吗？

师：根据问题1，请判断y_1，y_2的大小。

生7：$y_1>y_2$，根据函数可以求得y_1，y_2的值，就可以比较大小了。

师：有不同的比较方法吗？

生8：因为$1<2$，那么根据反比例函数的性质，y随着x的增大而减小，所以$y_1>y_2$。

师：那么，现在点$C(x_1,y_1)$，$D(x_2,y_2)$都在这一反比例函数的图像上，且$x_1>x_2$，你还能判定y_1，y_2的大小吗？

（学生尝试，2分钟后组内讨论）

师：下面请同学来说明一下能否判定。

生9：我认为不能判定。若C，D两点都在第一象限，那么$y_1<y_2$，若C，D两点都在第三象限，那么$y_1<y_2$，但是当C在第一象限，D在第三象限时，$y_1>y_2$。

师：非常好！那么我们在描述反比例函数的增减性时，必须要注意什么？

生9：要注意“在图像的每个象限”！

【设计意图】通过对简单函数图像的研究，层层递进，让学生在初步理解函数增减性的基础上，通过问题2的设计，对“在图像的每一象限”加深理解，同时在解决问题过程中体会分类讨论的思想。

师：利用图像能很好地解决问题，请同学们完成课堂反馈二。

课堂反馈二

（1）已知点$(-2,y_1)$，$(-3,y_2)$，$(2,y_3)$在反比例函数$y=-\frac{0.8}{x}$的图像上，则（　　）。

A. $y_1<y_2<y_3$　　B. $y_2<y_1<y_3$　　C. $y_3<y_1<y_2$　　D. $y_3<y_2<y_1$

（2）已知反比例函数$y=\frac{6}{x}$，

① 当$x>2$时，y的取值范围是________。

② 当$y\leqslant 2$时，x的取值范围是________。

师：已知反比例函数$y=\frac{6}{x}$，当$x>2$时，y的取值范围如何确定？

生10：画图（生上台演示）。先确定当$x=2$的时候，$y=3$，找到对应点的坐标(2,3)，而$x>2$，所以可以确定函数的图像是这一段。这一段图像所对应y的取值范围是$0<y<3$。

师：当$y\leqslant 2$时，x的取值范围又如何确定？

生10：同样是画图，确定图像。

师：我们在确定相应变量取值范围的时候，应该首先确定对应函数的图像，再确定相应变量的取值范围。

（四）函数图像对称性

问题1：反比例函数 $y=\frac{6}{x}$ 与正比例函数 $y=kx$ 的图像交点为 A、B 两点。若 A 点的横坐标为1，求 B 点的坐标。

问题2：反比例函数 $y=\frac{6}{x}$ 与正比例函数 $y_1=k_1x$ 的图像交于 A、B 两点，与正比例函数 $y_2=k_2x$ 的图像交于 C、D 两点。

(1)判断四边形 $ADBC$ 的形状。

(2)若 $A(1,m)$，$C(n,1)$，求四边形 $ADBC$ 的面积。

师：根据问题1的条件，求 B 点的坐标。

生11：$B(-1,-6)$。

师：你是如何求得的？

生11：因为反比例函数是中心对称图形，根据 A 点的坐标求得 B 点的坐标。

师：如何说明 A、B 两点是关于原点成中心对称的？

生11：因为反比例函数是关于原点的中心对称图形，正比例函数也是关于原点的中心对称图形，故他们的交点也是关于原点成中心对称。

师：现在，老师在上图的基础上再添加一条直线，与反比例函数交于 C、D 两点，则四边形 $ADBC$ 的形状是什么？

生12：为平行四边形。

师：为什么？

生12：因为中心对称，所以 $AC/\!/BD$。

师：中心对称能得到边平行吗？中心对称有哪些性质？

生12：连线相等。

师：很好，具体地说是对应点到对称中心的距离相等，这样，判断这个四边形为平行四边形的依据又是什么？

生13：对角线互相平分。

师：很好，若 A 点的横坐标为1，C 点的纵坐标为1，能求出这个四边形的面积吗？请同学们独立思考，再小组进行交流，看看是否有多种解决问题的方法。

生14：根据两点的坐标，可以进一步确定该四边形是矩形，那么只要求出 AC、BC 的长度，就可以求出该四边形的面积。

生15：把它补成一个大的矩形，即过 A、B 两点作 x 轴的平行线，过 C、D 两点作 y 轴的平行线，这样再减去四个三角形的面积就好了。

生 16：既然这样，只要在第一象限补就好了，这样只要求出三角形 OAC 的面积就好了，那么四边形的 $ADBC$ 面积就是三角形 OAC 面积的 4 倍。

生 17：也可以求三角形 OBC 的面积，求经过 B、C 两点的一次函数解析式，求出该函数与 x 轴的交点，就可以求出面积了。

师：同学们，这节课我们对反比例函数的概念及性质进行了简单的梳理，那么在知识、方法和数学思想上你有何收获？

生 18：在知识上，我们进一步回顾了反比例函数的图像及性质，同时让我更加注重增减性中对“图形的每一象限”的描述。

生 19：在确定函数变量取值范围的问题上，我们应该先确定函数的图像。

生 20：函数的学习过程中，数形结合的思想非常重要。

师：这节课，我们在数学知识上，从反比例函数的表达式、图形、性质这三大方面入手，通过对判断函数类型的方法、求函数解析式的方法及确定变量取值范围的方法这三大方法的使用，对方程思想、数形结合思想、分类讨论思想进行了深入理解。

【设计意图】问题 1 的设计主要让学生回顾反比例函数重要性质——中心对称性。问题 2 的设计，需要学生对函数问题与简单几何的结合有深入地认识和理解，能利用多种方法在函数图像中求解面积问题。

(五) 课堂小结，作业布置

课堂小结从知识、方法和数学思想出发，主要让学生总结如下几点(图 7.8)：

1. 知识。函数表达式、函数的图像、函数的性质。

2. 方法。求函数解析式的方法——待定系数法；判断函数类型的方法——从“数”、“形”两方面理解；确定相应变量取值范围的方法——先确定函数图像，再确定变量的取值范围。

3. 数学思想。数形结合思想、分类讨论思想、方程思想。

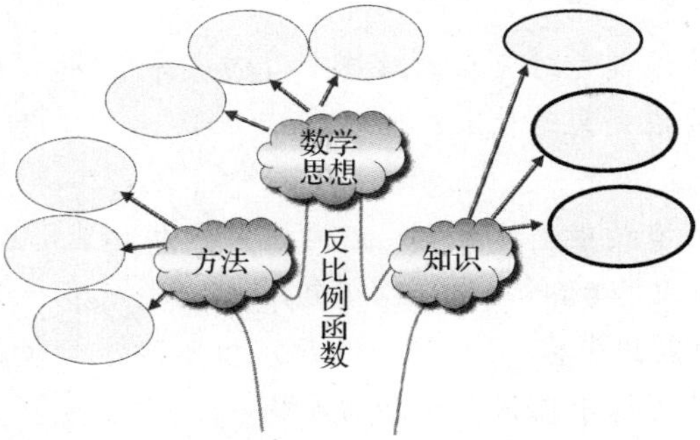

图 7.8　知识树状图

课后作业

1. 已知反比例函数 $y=\frac{12}{x}$，解答下列问题：

(1)当 $x=4$ 时，求 y 的值；

(2)当 $y=-2$ 时，求 x 的值；

(3)当 $y>2$ 时，求 x 的范围。

2. 如图 7.9 所示，点 A、B 是反比例函数图像 $y=\frac{3}{x}$ 上的点，分别经过 A、B 两点向 x 轴、y 轴作垂线段，若 $S_{阴影}=1$，则 $S_1+S_2=$________。

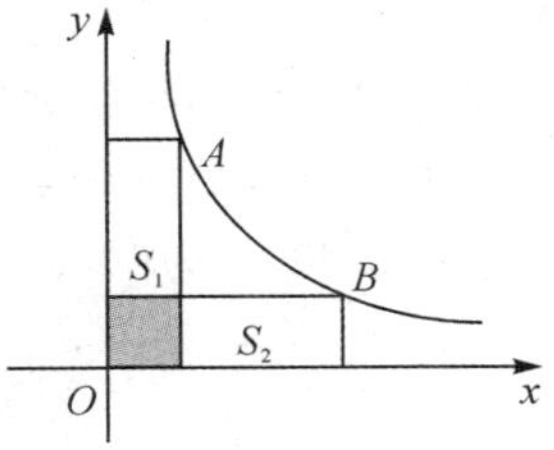

图 7.9　题 2 图

四、教学反思

1. 作为复习课的功能之一：知识的梳理

知识梳理不是简单的知识再现，而是在解决问题的过程中对知识进行系统的梳理，而且挖掘了知识的本质，让学生对所复习的知识在原有的基础上有了新的认识，使知识的脉络更清晰。如在复习常数 k 时，把图形经过的象限、函数增减性、横纵坐标乘积的不变性、面积的不变性等串联起来，使学生明白了本质。

2. 作为复习课的功能之二：方法的提炼

在教学过程中，不是就题论题，而是十分注意数学思想的渗透和数学方法的提炼。如在课重导入时根据表中数据判断是什么函数，教师总结了两种方法：①根据形来判断；②根据数对的特征来判断；同时渗透了数形结合思想。在整节课中通过一题多解、一题多变不断进行数学思想的渗透和数学方法的训练，效果明显。

3. 作为复习课的功能之三：思想的升华，能力的提升

注重多题一解，在练习题的选择中注意题型的归类，以便起到举一反三的作用，让学生把书读得越来越薄。在练习的设计中梯度明显、针对性强、题型新，面向全体学生，使每个学生都有所提高。

案例 2　《切线的判定与性质复习》教学实践与反思①

一、教学过程

(一) 问题情境，梳理知识

问题 1：老师给同学们布置了这样的一个任务：

---

① 本案例由浙江省舟山市普陀区第二中学孙安成老师提供。

已知等腰$\triangle ABC$，$AB=AC=5\text{cm}$，$BC=8\text{cm}$，以A为圆心作一个圆，使$\odot A$与直线BC相切。

聪明的小明和小红分别给出了两种作法。

方法1：取BC的中点D，以A为圆心，AD长为半径作圆(图7.10)。

方法2：以A为圆心，3cm长为半径作圆(图7.11)。

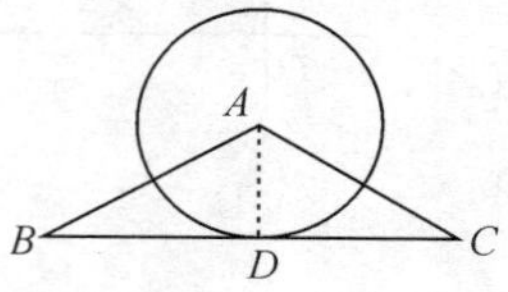

图7.10　方法1图

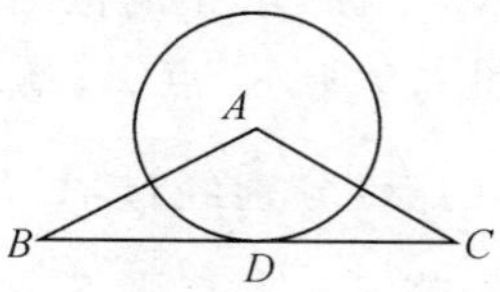

图7.11　方法2图

师：这两位同学的作法是否正确？请说明理由。

问题2：小静同学在解决上面问题时发现这样一个结论，若$\odot A$与BC相切于点D，则D为BC的中点，你能说明原因吗？

【设计意图】以问题情境为梳理知识做铺垫，通过问题1的解决，总结出切线的两种判定方法；通过问题2的解决，总结出切线的性质。

归纳方法如下(表7.2)：

表7.2　判定方法

	条件	辅助线	证明结论
切线判定	已知点	连半径	证垂直
	未知点	作垂直	证半径
切线性质	见切点	连半径	得垂直

(二)典型例题，提炼方法

在完成知识的梳理后，教师给出如下例题，并让学生独立解决该例题。

如图7.12所示，$\triangle ABC$中，$AB=AC$，D是BC的中点，以D为圆心的圆与AB相切于点E，求证：AC是$\odot D$的切线。

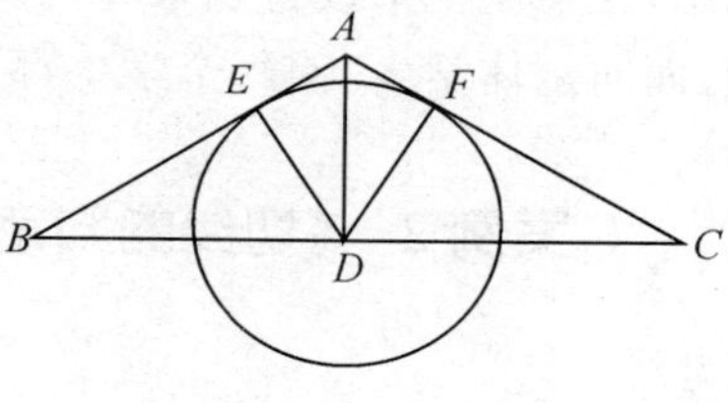

图7.12　例题图

超过一半的学生完成时，进入汇报交流环节。

生1：看到条件：以D为圆心的圆与AB相切于点E，想到切线的性质，连接DE，则$DE\perp AB$。

看到结论：AC是$\odot D$的切线，想到切线的判定，未知点，作$DF\perp AC$于F，只要证明$DF=DE$即可。连接AD，由$AB=AC$，D是BC的中点，得

$\angle EAD=\angle FAD$，$\angle AED=\angle AFD=90°$，$AD=AD$，则$\triangle EAD\cong\triangle FAD$，得$DF=DE$，则$AC$是$\odot D$的切线。

生2：要证明$DF=DE$，利用角平分线的性质更快，由$AB=AC$，D是BC的中点，得$\angle EAD=\angle FAD$，由$DE\perp AB$，$DF\perp AC$，得$DF=DE$，则AC是$\odot D$的切线。

生3：要证明$DF=DE$，可以用面积法，D是BC的中点，则$\triangle ABD$与$\triangle ACD$的面积相等，$DE\perp AB$，$DF\perp AC$，则$AB\cdot DE=AC\cdot DF$，由$AB=AC$，得$DF=DE$，则AC是$\odot D$的切线。

教师在学生展示三种方法后，请同学们进行方法提炼。

证明线段相等的常用方法：

1. 全等三角形的对应边相等；
2. 角平分线上的点到角的两边距离相等；
3. 利用等积式或比例式证相等。

【设计意图】此题不仅复习了切线的性质，而且复习了切线的判定，运用一题多解培养学生的发散性思维能力，让学生体验不同的数学方法，提高解决问题的应变能力。

(三) 寻求变式，提升思维

变式1：如图7.13所示，$\triangle ABC$中，$AB=AC$，以AB为直径的$\odot O$与BC交于点D，$DE\perp AC$于E，求证：DE是$\odot O$的切线。

变式2：如图7.14所示，$\triangle ABC$中，$AB=AC$，以AB为直径的$\odot O$与BC交于点D，过D点作直线DE，使$2\angle BDE=\angle BAC$，求证：DE是$\odot O$的切线。

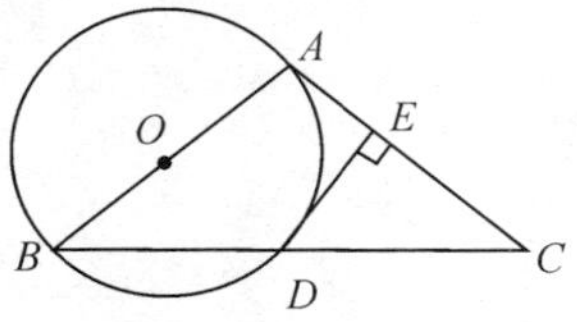

图7.13 变式1图

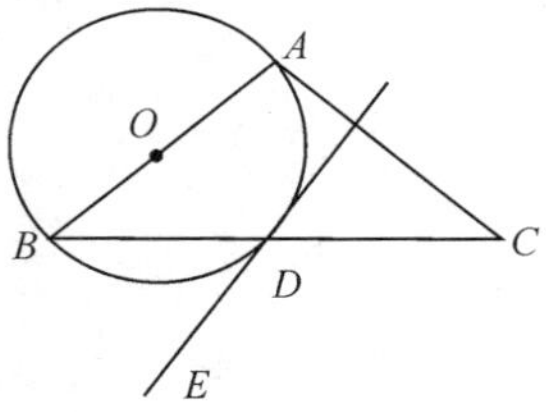

图7.14 变式2图

【设计意图】通过一题多变激发学生的学习积极性，强化切线判定的方法，拓展学生的思维，归纳证明直线垂直的方法，从而提高学生的数学思维品质。

二、教学反思

1. 以问题驱动教学，达到知识梳理的目的

知识梳理是复习课的重要目标。通过问题的驱动，学生就能理解知识间

纵横、因果、演变、异同等关系，从而建构知识体系。本复习课例中，通过创设问题1、问题2的教学情境，给出了两种证明方法，归纳总结出切线的性质，使学生原来孤立的知识系统化，达到对知识梳理的目的。

2. 挖掘知识内涵，提炼解决问题的方法

由于在复习阶段学生已具备丰富的知识，积累了数学活动经验。因此，学生可以有更多的途径来认识、挖掘知识的内涵，通过一题多解培养学生的思维能力。本复习课例中，通过对典型例题的不同方法的探索，归纳出解决问题的一般方法，加深学生对原知识内涵的深入理解。

3. 开拓问题变化，提升思维能力

复习课担负着知识结构的组织和数学知识应用、数学思想方法提炼的双重任务。前者为了建构知识的关系，后者为了巩固知识，培养知识的应用能力和解决问题的能力，发展数学思维。在复习活动中，教师需要提供蕴涵数学思想的问题（或问题系列），开拓问题变式，让学生在问题探究过程中，提升思维能力，领悟数学思想方法。

第八章　初中英语“学习共同体”教学模式初探

2013年下半年，浙江省舟山市普陀区教育局提出了推进“以生为本、学为中心、能力为重”课堂教学改革的顶层设计理念，要求“把课堂还给学生，回归学生主体地位”。一年多来，普陀区初中英语课堂教学改革已由最初的星星之火发展成如今的燎原之势，尤其是以生本小组合作为主要组织形式的初中英语“学习共同体”课堂教学模式的尝试给沉寂的课堂注入了一渠源头活水。

第一节　英语“学习共同体”教学模式的概述

一、模式的内涵

“学习共同体”(learning community)，是由学习者(学生)和助学者(教师)共同组成，以完成共同的学习任务为载体，以促进成员全面成长为目的，强调在学习过程中以相互作用式的学习观作指导，通过人际沟通、交流和分享各种学习资源而相互影响、相互促进的基层学习集体。

英语“学习共同体”课堂教学模式，以学生个性解放、素质优化为目标，以生本小组合作为主要载体，构建学生英语学习的认知共同体、管理共同体、成长共同体等三维共同体模式，充分发挥学生的主体作用与教师的帮扶引导作用，提高课堂单位时间内学生英语学习、交流、表达的频度、密度与效度，在教学中强调人际心理相容与沟通，依托集体智慧和群体动力作用，全面提升英语学习力。

二、模式的依据

(一)“课程标准”的理论依据

《义务教育英语课程标准(2011年版)》第四部分“实施建议”中指出：“教师应合理安排教学内容和步骤，组织多种形式课堂互动，鼓励学生通过观察、模仿、体验、探究、展示等方式学习和运用英语，引导他们学会自主学习和合作学习。"①

(二)"生本教育"理论依据

生本教育专家郭思乐教授在《教育走向生本》一书中提出:"生本教育模式强调对学生自我、自主、主动的尊重,对学生精神生命的独立性的肯定,强调教者职能与学生本性二者的统一,这导致了双方在教育过程中的相互合作的基本关系。"②

(三)"群体动力学"理论依据

群体动力学(group dynamics)创始人德裔美国心理学家库尔特·勒温认为:个体的行为是由个性特征和场(指环境的影响)相互作用的结果。人际交往基本形式之一是合作与竞争。群体的形成和发展取决于个体之间的互动(交往和相互作用)过程。群体的本质在于各成员之间的相互依赖,这种相互间的依赖关系决定着群体的特性。群体动力就是群体活动的方向,来自于群体的一致性。③

三、模式的主要目标

(一)激活英语教学中的生命意识

英语"学习共同体"课堂教学模式的目的在于激发生命意识与学生的潜能。学生从"客位"的学习状态转换成"主位"的学习状态,个体学习者的"我"与作为群体学习者的"我们"一起活动,形成平等、积极、互助、对话式的学习关系。这样的学习对学习者而言,就像呼吸一样自然,充满蓬勃的生命力。

(二)营建正能量英语学习氛围

在英语"学习共同体"建设中,各成员逐步养成学习共同体的团队意识。不同层次、不同水平的学生之间会有一种积极互帮的团队精神,也就是说在这个团队内,每个学生不仅要为自己的学习负责,而且要为其所在小组的其他同伴的学习负责,大家都能懂得分享和互补,互相把同伴看成可利用的学习资源,从而借力学习共同体,营建组内成员互助学习、组际之间竞争合作的正能量英语学习氛围。

四、"学习共同体"课堂教学模式与"传统小组合作"教学模式的区别

英语"学习共同体"课堂教学模式以生本小组合作为主要的课堂组织形

---

① 中华人民共和国教育部.义务教育英语课程标准(2011年版)[S].北京:北京师范大学出版社,2012.

② 郭思乐.教育走向生本[M].北京:人民教育出版社,2001.

③ 库尔特·勒温.人格的动力理论[M].王思明,叶鸣铉,译.北京:北京理工大学出版社,2014.

式。其实，小组合作模式对于大多数英语教师来说并不陌生，在过去的英语课堂教学中或多或少有呈现。但是，“学习共同体”课堂教学模式中的“生本小组合作”与“传统小组合作”教学模式有着本质的区别。

（一）传统小组合作教学犹如爬楼梯，常常只有一条路

“传统小组合作”教学模式，受着以往传统课堂教学模式的负迁移干扰，小组活动设置较随意，限于课堂随机分组“议论”，流于“合桌”学习形式，合作规则模糊，缺少科学全面的评价。其出发点和目标仅仅是为了完成教师的教学设计和课堂教学任务，“师本”课堂没有本质性地被解开桎梏。这种小组合作形式不是真正意义上的小组合作教学，只有其“形”，而无其“实”。传统的小组合作教学，学生的学习活动如爬楼梯，往往只有一条路。

（二）“学习共同体”课堂教学犹如登山，有多条路到峰顶

英语“学习共同体”课堂教学模式中的“生本小组合作”，是构建学生三维共同体学习模式（认知共同体、管理共同体、成长共同体）的载体。合作小组长期建章立制，组员间互相帮助、互相支援、互相促进、互相信任，积极地相互依赖。每个组员都有明确的分工职责，有良好的合作技能，并为实现共同目标不遗余力。在合作学习过程中，小组成员不仅要努力达到个人目标，而且要帮助同伴实现目标，着力团队的整体进步。在“学习共同体”英语课堂中，学生的合作学习活动犹如登山，总有多条道路到达峰顶。

第二节　英语“学习共同体”教学模式的排兵布阵

英语“学习共同体”课堂教学模式作为一种教学组织形式，它不是机械的联合和暂时的应景，更不是学习过程中的一个短暂插曲，而应成为学生学习的一种常态。

著名教育家佐藤学教授认为学习共同体的构建要具备三个基本特性。①公共性：共同体有共同学习的理念；②民主性：保障每个学生的利益；③卓越性：教师、学生都主动追求卓越。[①] 据此，英语“学习共同体”课堂，教师在排兵布阵时要重点关注以下三点：

一、关注学习共同体组员的差异性与发展性

教师在构建学习共同体合作小组时，应注意学习结构的合理性与发展性，要把学生的差异性看成宝贵的教学资源。排兵布阵时，按照“互补互助、协调发展，组内异质、组间同质”原则，灵活动态分组。常用的分组形式有：两人互

① 佐藤学.学校的挑战：创建学习共同体[M].钟启泉，译.上海：华东师范大学出版社，2014.

助式、四人合作式、大组竞争式、自由组合式等。各小组成员应是动态的，可以是组间男女生的互换或流动，也可以是组间某些角色的互换或轮换，还可以根据活动主题的需要让学生自由组合。这不仅使学生有合作学习的新鲜感，还可以改变学生在小组中一段时期内形成的固定地位，给每个学生提供不一样的发展机会。

二、关注学习共同体组员的归属感与责任感

学习者对共同体的归属感、认同感以及从其他成员身上所得到的尊重感有利于增强学习者对共同体的参与程度。因此，学习共同体合作小组的人数要合理，一般以4～6人为宜，包含A、B、C三种层次的组员，目标就是要努力“拓宽A层、激活B层、缩小C层”。A层“绩优股”（学优生），积分时股份较少，分值较小；B层“潜力股”（中等生），积分时股份稍多，分值稍大；C层“原始股”（学困生），积分时股份最多，分值最大。因为，小组竞赛时学困生的积分分值最大，所以学优生往往很乐意跟学困生组合，担任他们的学习小导师，帮助他们完成相应的学习任务。学习共同体成员对共同活动的价值认识一致，就会产生强烈的认同感、归属感，从而生生关系表现为责任依从关系、情谊关系的和谐统一。

当然，每个成员在小组中都要被赋予特定的职责，具备一定的责任感，如“主持人”要掌握小组学习的进程，安排发言的顺序；“记录员”要记录小组学习的过程和结果；“检查员”要检查小组成员的学习情况；“信息员”要利用网络收集整理必要的学习信息等。教师必须确认没有一位小组成员可以“搭便车”。教师应该尽量发挥每一个学生的长处与优势，按学生的学习水平、智能情况、性格特点、操作能力等具体情况将男女生混合编组或编排座位。

三、关注学习共同体小组合作常规的有序性与有效性

学习共同体小组合作使课堂气氛活跃了起来，但也给教师调控课堂秩序带来了困难，很容易使课堂教学产生看似热闹实则低效的局面，这就需要建立一套“活而有序”的合作常规，并通过训练使学生养成遵守规则的习惯。兴趣是火焰，习惯是溪流，培养习惯比兴趣更持久更重要。

（一）组员合作集体制定小组公约

组员确定后，就要集体制定小组公约。例如，组员必须服从组长的一切合理安排；每次讨论时不能偏离主题，并且由该科目基础最薄弱的同学先开始发言，其他组员再补充；当天的问题尽量当天解决等。让学生明晰自己在小组内的职责与责任，提升小组团队的执行力与合作力。

（二）定期更换、强化培训合作小组长

小组确立后，教师要选择能力强、成绩好、善于表达、有责任心的学生担任

小组长。平行相邻的两个小组还可作为竞合组，相互竞争合作。检查作业、口语测试、朗读背诵等任务都可以让竞合组组长相互监督执行，组长发现对方的问题及时向科代表汇报。英语教师要不断培训组长，在 Miniplay、Role play、Interview、Discussion、Game、Survey、Match、Brain storm、Mind map 等不同形式的合作学习活动中，要详尽示范给小组长不同的组织、引导、调控、管理的方法，树立组长的威信，促使小组合作学习的成功。

学习共同体中的小组长需要定期进行更换，以防止出现共同体内的“小导师”、“小权威”的“一言堂”现象。一学期结束，学习共同体内的每一位成员至少要做一次小组长，保证每位成员至少有一次“统筹安排、合理指挥”的机会。只有当学生轮流扮演过不同角色后，才能更理解与支持他人工作，自觉规范行为，耐心倾听他人意见，积极发表自我观点，为学习共同体献计献策，从而将共同体的合作水平提升到更高层次。

（三）培养良好的合作学习技能与习惯

合作技能与习惯是共同体合作学习能否由形式走向实质的基础，是小组合作学习顺利开展的重点。以下六点学生的合作技能与习惯需要教师在教学中有意识、有计划地进行培养：

1. 会独立思考的习惯，以避免小组交流人云亦云、盲目从众的现象。

2. 积极参与、踊跃发言、善于质疑的习惯，听不懂时，会请求对方做进一步的解释。

3. 认真倾听的习惯，努力掌握别人发言的要点，对别人的发言做出评价。

4. 勇于接受他人意见并及时修正自己想法的习惯。

5. 会用两种声音说话的技能，即组内声音（15cm 以内能听到的声音）和全班声音（全班都能听到的声音）。

6. 遵守课堂合作纪律和合作规则的习惯，学会组织、主持小组学习，避免不必要的争论。

第三节　英语“学习共同体”教学模式的课型流程与解说

英语“学习共同体”课堂教学模式的核心五要素为：语境创设、听说领先、语用推进、活动激活、小组积分。它旨在依托群体动力，为学生创设生活化、人文化的英语学习情境与语境，提升学生的英语学习力与课堂教学效益。然而，在该模式具体的实施中，根据实际的教学任务，不同的课型，“学习共同体”课堂教学模式实施的流程也是有所不同的。

一、新授课流程

新授课流程如图 8.1 所示。

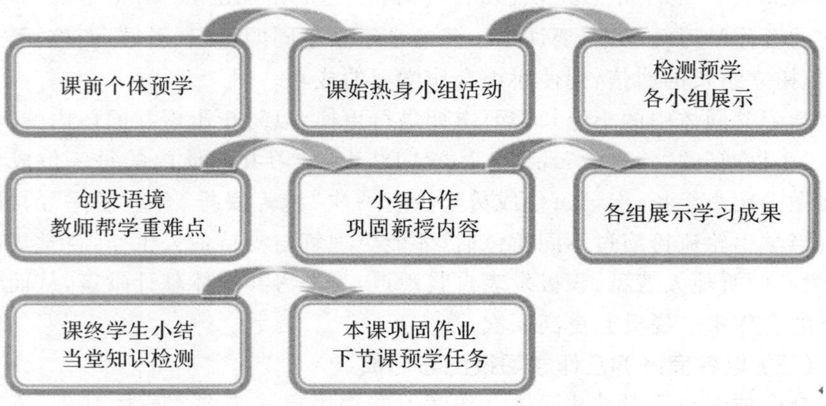

图 8.1　新授课流程

二、单元复习课流程

单元复习课流程如图 8.2 所示。

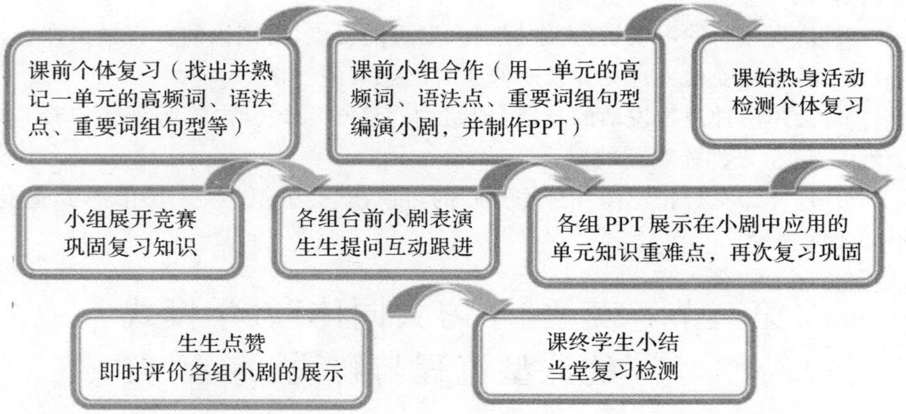

图 8.2　单元复习课流程

三、试卷评研课流程

试卷评研课流程如图 8.3 所示。

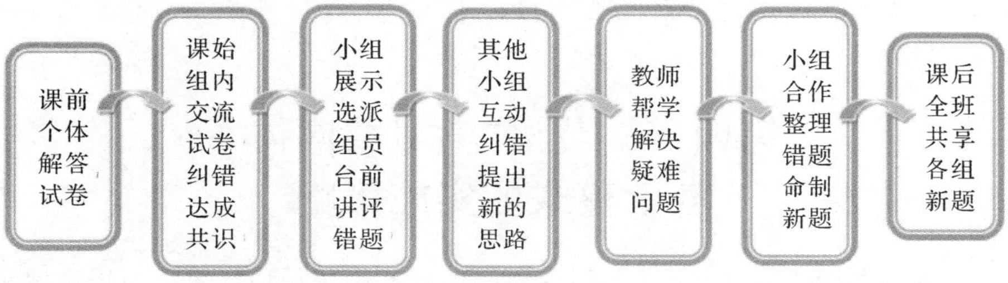

图 8.3　试卷评研课流程

四、流程的解说

1. 无论是哪一种课型的流程，都要遵循英语“学习共同体”课堂教学模式的核心五要素，即：语境创设、听说领先、语用推进、活动激活、小组积分。

2. 任何课型，展开小组合作活动前，一定要先给予学生足够的独立思考、独立学习的时间与空间。

3. 无论哪一种课型，英语教师都要放手把课堂还给学生，做一名积极的帮学者，以多元小组活动推动学生的语言认知，把教学所有活动转化成推动学生自己学习的内驱力，把“不求人人成功，但求人人进步”作为英语“学习共同体”课堂追求的理想境界。

4. 每一种课型都是以打分把握课堂节奏，给出预学分、参与分、展示分、点评分、互动分、反馈分等，可简单使用积分小卡片(图 8.4)。回答问题积极的、抢答正确的、表演得奖的都有加分，没完成作业的、有违纪的、小组合作不到位的都要扣分。教师把每组的原始分计算好后，打印成一份计分表，科代表每节课后把新的得分登记下来，一周总结一次，评出周优秀小组。但是积分要周周清零，周周要有新起点，学生学习才会更有动力。

图 8.4　积分小卡片

5. 每一种课型都要尽量地展示合作成果，轮流为每个合作组、每位学生提供表现的机会，这样就可以汇集多种思想，突破思维的局限，拓展学生的视野，激发学生的学习热情。

6. 各小组展示中,要充分发挥“任务单”及“小白板”在展示过程中的呈现与启思作用。

第四节 英语“学习共同体”教学模式的实施策略

“学习共同体”教学模式走进英语课堂,在实施中如何尽可能地提高课堂实际效益,需要英语教师的智慧与策略。

一、设计科学合理的学习共同体合作任务

教师对学习共同体合作任务设计的科学性、合理性影响着共同体学习的实效性。因此,在下达合作学习任务之前,教师应做好以下几点:

1. 课前预学作业应该是下一课时合作学习的导航针,内容不宜过多,起点要低,要求简单,形式开放,但要给学生留下足够的思考空间。

2. 设计合作活动任务时应考虑教学目的,既怎样把课本中的语言自然渗透到交际活动中,让学生在活动中学习和运用语言,通过活动消化语言知识。

3. 选择具有合作价值的学习内容是开展共同体合作学习的重要前提。下面的内容比较适合展开合作学习:①方法、结果容易出现意见分歧的内容;②方法不确定、答案不唯一的开放性的内容;③个人无法完成的复杂内容。教师要根据教学内容的特点,精心设计合作学习任务单,为学生提供适当的、带有一定挑战性的学习任务,把学生领入“最近发展区”。

4. 合作学习任务的难度设计要适当,教师要努力创设一个有信息差的语境,这样,学生才会产生交流沟通的需要和愿望。

5. 根据合作学习任务的主题,教师要给学生提供一些必要的与学习任务有关的背景知识或相关的资料,使学生的语言输出有一定的知识基础。

二、把握好合作学习恰当的时间、空间和时机

生本小组合作是学习共同体课堂教学的一种重要方式,但不是唯一的方式。小组合作虽有众多的优势,但并不是指每堂课、每一个教学内容都必须有小组合作,有合作学习的也不是说整堂课自始至终都要通过合作学习来完成,合作学习更不是只在课堂中使用,课前的预习、课后的阅读、课外的实践更离不开小组合作。当然,合作学习也不是越多越好。教师要根据教学内容、学生实际和教学环境条件等,选择有价值的任务、有利的时机和适当的次数让学生进行小组合作,要把宝贵的教学时间用在刀刃上,防止随意性和形式化。

小组合作讨论前,一定要让学生先进行独立思考。充足的独立学习时间,

才能让学生拥有对话与合作的资本。英语教师应该在情境创设中组织学生讨论，在开放型问题中、容易出错处、思维受阻时、巩固归纳时引导学生讨论，并提供充裕的合作讨论时间。每小组可准备一个小白板，方便在课堂上即时展示本组合作学习成果。教师还应有意识地把学生课堂小组合作延伸到课外合作，多创造合作的空间。

三、建立科学完善的学习共同体合作评价制度

在评价过程中，教师要特别注意不能用一把尺子来衡量每个学生。教师要对每个学生的实际水平与课堂合作中的表现作深入的了解，为他们定一根不同的基础线，只要他们超越了基础线，哪怕是一点点，也要给予表扬和激励，让他们充分体验到合作的乐趣，充分享受到成功的快乐。

1. 采用不同的评价定位标准。对不同知识基础、不同能力的学生要采用不同的评价标准。要正确处理好组内学优生与学困生的定位。

2. 评价主体多样化。可采用教师评、学生评、班级评、组间互评、组内互评等不同的评价方式。个人评价与集体评价相结合。

3. 评价方式多样化。把握好评价的内容与评价的契机。丰富而诚恳的评价语言，不同的奖励方式，会使合作学习更充满活力。对于合作中学生的不良行为，教师也应委婉地指出来。

4. 学习过程评价与学习结果评价相结合。教师除对小组学习结果进行恰如其分的评价外，更要注重对学习过程中学生的合作态度、合作方法、参与程度的评价。各组要安排学困生优先发言，尽量让学困生先说出最容易想到的解题方法。当教师想了解某个合作学习任务的进程时，可使用“红黄绿牌”评价（红色表示“完成”，黄色表示“疑问”，绿色表示“正在进行”），让各小组自主传递学情，增强学生合作时自我约束、自我管理的能力。

四、充分发挥教师在学习共同体中的帮扶引导作用

强调学生间的生本小组合作，并不是忽视教师的主导作用。要让学习共同体合作达到应有的深度，发挥其真正的作用，离不开教师的组织与引导。在合作学习过程中，教师要担当好以下几个角色：合作学习的调控者和促进者、合作学习的参与者和合作者。教师要深入合作学习小组，把自己当作学生主体中的普通一员，参与其中的学习、合作、交流，适时地点拨指导，做个平等的参与者。教师适时点拨可以从以下几方面入手：

1. 当学生在合作学习中偏离主题时，教师要及时引导；

2. 当学生争论不休时，教师要及时介入指导；

3. 当学生面面相觑、全组人都低头不语时，教师要及时帮扶；

4. 当学生思路不清时，教师要及时呈现清晰的思路进行引领。

虽然，在学习共同体合作中主张教师尽量不要干涉学生的活动，但适当的干预还是需要的。在自主学习、生成问题、合作讨论、小组展示等环节，教师要走下讲台，细心观察学生动态，始终加强对学生合作学习的指导与调控。

五、结语

“教以生为本，学以悟为根。”在英语“学习共同体”课堂中，学生的教师和教师的学生已不复存在，代之而起的是新的术语：教师式学生和学生式教师。在这个共同体课堂中，教师始终把学生置于主体地位，把英语学习的主动权与学习的大部分时间、空间都还给学生，积极构建学生英语学习的认知共同体、管理共同体和成长共同体，真正实现合作互助性学习，把英语课堂建设成为教师、学生合作双赢的共同的精神家园。这种英语课堂模式，正是新课程标准所需要的新格局。所以，英语教师应加强研究，努力探索，进一步挖掘学习共同体课堂小组合作的力度、深度与广度，有模式但不模式化，不断提升学习共同体的实效性与学习力。

第五节　教学实录

案例1　*If you go to the party, you'll have a great time!* 听说课教学实践与反思[①]

在新课程标准理念的指引下，英语教师不再仅仅是知识的传授者，更是学生学习的促进者、指导者、组织者、帮助者、参与者和合作者。授之以鱼，受益一时，而授之以渔，受益一生。因此，在日常教学中，英语教师要有意识地加强对学生学习策略与方法的指导，让他们在听说读写语用过程中逐步学会自主学习，在小组合作中逐步培养开放性思维能力和积极负责的学习态度。

基于这一理念，我们依托英语“学习共同体”课堂教学模式，以生本小组合作为载体，尝试了以下这节听说新授课的教学。

一、教学内容

人教版《新目标英语》八年级上册第十单元 *If you go to the party, you'll have a great time!* Section A 第一课时（听说课）。

① 本案例由浙江省舟山市普陀区芦花中学楼海红老师提供，郑英老师点评。

二、教材分析

本课以“Decision Making” 展开话题，通过情境创设来学习 If 引导的条件状语从句，掌握表示将来时态的主将从现的用法。本课从学生熟悉的话题 party 入手，探讨如何回应及解决遇到的问题，鼓励学生积极面对生活，提升学生积极生活的能力。本课中有两篇关于问题应对的听力材料是很好的教学和德育的素材。

三、教学目标

1. 学习并掌握 If 引导的条件状语从句，能用 If 引导的条件状语从句来做出假设，正确做出陈述(Statements)和应答(Responses)。

2. 熟练运用表示将来时态的句型，掌握主将从现的语法结构用法。

3. 围绕 party 话题展开对问题和烦恼的讨论并给出建议，帮助学生树立积极的生活观。

四、教学重点、难点

重点：1. Words: meeting, video, organize, chocolate, potato chips, taxi.

2. Target Language: I think I'll stay at home. If you do, you'll be sorry.

难点：Grammar: If Alison goes to the party by bus, she'll be late.

五、设计思路

以初中英语“学习共同体”教学模式新授课流程图(图 8.1)为依据，以“生本小组合作”为主要活动形式，以落实“以生为本”的教学理念为主旨，以开放学生思维、鼓励学生互助互学为目标，进行本节听说课的教学设计。通过对教学内容话题语境的创设，鼓励每个学生积极大胆地参与到英语听说活动中来，最大限度地发挥学生英语学习的潜能，从而达到认知和情感两个领域的完美结合。

六、教学过程

(一) 课前个体预学

每位学生独立自主完成预学任务单(图 8.5)。

课前预学作业

一、New words and phrases：(read and recite)

potato chips n.	薯片	chocolate n.	巧克力
video n.	录像	jeans n.	牛仔裤
meeting n.	会议	organize v.	组织
organizer n.	组织者	organized adj.	有组织的
organization n.	组织	a good time to	一个好的时间去
half the class	班里一半的同学		

二、Statements and response：(write)

If you are happy，what will you do?

If I am happy，I'll ________.

If you are sad，what will you do?

If I am sad，I'll ________.

图 8.5　预学任务单

【设计意图】在英语“学习共同体”教学中，“课前个体预学”是整个教学环节的开头一炮，通过课前预学，引导学生尝试自主学习新知识，以培养其独立思考、学习能力。

(二) 课始热身

课始，教师简要说明本课活动主线“小组大比拼”(图 8.6)，鼓励各合作小组为成为最佳小组而努力。

A Great Competition!
We will have a great competition （小组大比拼） during the whole class. At the end of the class, we'll choose the best group. Everyone should try your best. Come on !!!

图 8.6　小组大比拼活动说明

(三) 检测预学作业

1. Preview Checking 预学任务检查(图 8.7)

T：Let's enjoy a funny video.

(播放自制视频：Happy Zoo organizes a sports meeting)

T：What's the video about?

图 8.7　预学任务检查

S：The video is about a funny animal sports meeting.

T：Who organizes the meeting?

S：The King Lion organizes it.

S：He is a great organizer.

T：The sports meeting is well organized.

【设计意图】教师播放自制的 50 秒教学视频，不仅让学生对本堂新授课有了一个初步的感知，而且可以提高学生学习的积极性，活跃课堂气氛。

【点评】这段自制的 Video 对学生预学作业的检查做了良好的铺垫，也自然地引出了新授单词 meeting、organize 等的相关用法。

2. Group Task：a Picture about a Class Meeting. 小组抢答，巩固检测预学新词汇（图 8.8）

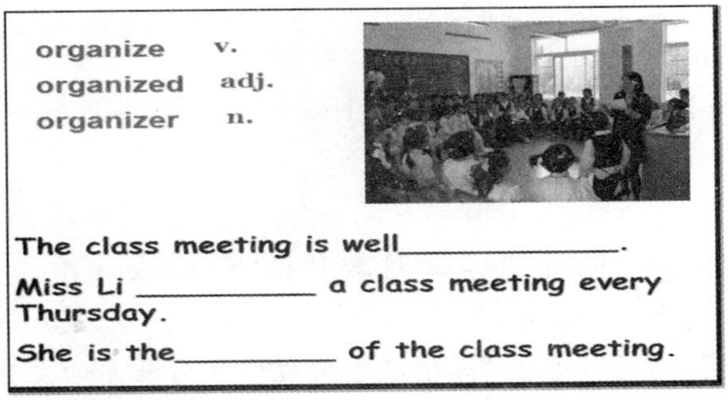

图 8.8　设置语境，巩固词汇

小组抢答，用所学新单词谈论图片，完成词汇运用。

抢答正确者，给予彩色积分卡奖励。

The class meeting is well ________.

Ms. Li ________ a class meeting every Thursday.

She is the ________ of the class meeting.

【设计意图】在课堂中，要充分利用有效的图片和听觉、视觉手段来丰富教学，以达到新知识不断复现、巩固的教学目的。

【点评】图 8.8 的应用，不仅进一步巩固了本单元的新授单词 organize 的相关用法，而且为引出 If you do 句型的语境的创设埋下了伏笔。

（四）语境创设，教师帮学重难点

1. Research 新知探究

T: Ms. Li is smiling happily. She feels very happy.

If I am happy, I'll smile like Ms. Li.

If you are happy, what will you do?

S1: If I'm happy, I'll be more friendly to my friends.

T: If you do, you'll make more friends.

S2: If I'm happy, I'll sing and dance.

T: If you do, you'll be more popular.

（教师对每个学生的 Statement 给予即时、恰当的 Response）

T: But sometimes we feel sad. If you are sad, what will you do?

S3: If I feel sad, I'll enjoy a piece of music.

T: If you do, you'll become happy.

S4: If I feel sad, I'll hang out in the closest park.

T: If you do, you'll feel relaxed.

（教师再次对每个学生的 Statement 给予即时、恰当的 Response）

T: If I am sad, I'll have lots of junk food like potato chips and chocolate.（新单词图片呈现，板书巩固）

T: As you know, if I am sad, I'll eat a lot of junk food. What do you think of it?

S5: ...

（角色转换，学生们开始尝试对教师的 Statement 给予即时、恰当的 Response）

【设计意图】"学习共同体"课堂教学要视学生为教学的主体，就要注重学生知识的自我内化。本环节通过学生自我情感 happy 和 sad 的体验，让学生在自由的氛围中去感知、领悟新知识。

【点评】通过师生互动活动，建起了师生间相互关爱、信任的情感桥梁，也为下一步的句型和听力内容的呈现做了铺垫。

2. Group Game: the Most Responses in 30 Seconds. 新知操练,“最多回应”小组大比拼

T: You all have good responses. Now let's see which group has the most responses in the limited time. Each group chooses one statement and gives the responses as many as possible in 30 seconds. I will say "stop" when time is up. The group that can give the most responses in 30 seconds will get the score card. (每组选择一个 Statement 陈述话题,组员轮流给出 Response 话题回应,30 秒计时,回应最多组获胜得积分卡)

Statement1: I think I'll have a house near the sea.

Responses: S1: If you do, you'll enjoy the seafood well.

S2: If you do, you'll be relaxed.

S3: If you do, you'll feel cool in summer.

...

Statement2: I think I'll keep a pet dog in my family.

Responses: S1: If you do, you'll spend much money.

S2: If you do, you'll have no time to play with your daughter.

S3: If you do, you'll feel happy.

...

Statement3: I think I'll have four children in my family.

Responses: S1: If you do, you'll have no free time.

S2: If you do, you'll be tired.

S3: If you do, you'll have a colorful life.

...

Statement4: I think I'll go to the Christmas Party next week.

Responses: S1: If you do, you'll play games.

S2: If you do, you'll get some gifts.

S3: If you do, you'll enjoy lots of delicious food there.

...

Statement5: I think I'll make a lot of money next year.

Responses: S1: If you do, you'll buy a big house near the sea.

S2: If you do, you'll travel all over the world.

S3: If you do, you'll give money to other people who need help.

...

教师根据各小组表现,现场评出回应最多优胜小组——Super Team 给予积分卡奖励。同时,还表扬了 the groups with the most creative responses (最有创意组——Sunny Team and Sunshine Team)。以下是这两组创意回答实录:

Statement: I think I'll make a lot of money next year.

Response from Sunny Team: If you do, you'll be able to buy a school for yourself and you can be a headmaster.

Statement: I think I'll have five children in my family.

Response from Sunshine Team: If you do, you'll say "God saves me" for many times.

3. Group Game: the Best Responses to the Statement. 新知巩固,"最佳回应"小组抢答赛(图 8.9)

T: New Year's Day is coming, I think I'll go to the party. Here are some students' statements about the party. Let's see which group can give the best response to the statement with the help of the pictures.

Super team: I think I'll take a taxi to the party.

Seagull team: I think I'll wear a T-shirt to the party.

Sunny team: I think I'll stay at home and watch TV.

Sunshine team: I think I'll go to the party with friends.

…

1a
Which group has the best response.
1. Alice: I think I'll take the bus to the party.
2. John: I think I'll wear jeans to the party.
3. Sam: I think I'll stay at home and watch a video.
4. Alison: I think I'll go to the party with Karen and Anna.
1
2
3
4

图 8.9 "最佳回应"小组比拼活动

【设计意图】小组比拼活动是开展"学习共同体"课堂教学的常用形式之一。在活动中,组员间互相帮助、互相支援、互相促进、互相信任,为实现共同目标不遗余力。各小组不仅能学会倾听他人发言,学会质疑他人观点,而且还可以分享他人的思维成果。

【点评】小组比拼活动设计能让学生产生主动学习的积极动力。此处,学生在语境中的体验,也为接下来的听力活动扫清了障碍。

T: Now listen for the responses. (1a)

After finishing listening, the group game continues. 1a 听力后，“最佳回应”小组比拼继续深入。

Sunny team: I think I'll wear jeans to the party.

If you do, the teachers won't ________ .

Super team: I think I'll stay at home.

If you do, you'll __________.

Sunny team: I think I'll go to the party with Karen and Anna.

If you do, you'll ________________ .

Seagull team: I think I'll take the bus to the party.

If you do, you'll ________.

【设计意图】小组比拼活动中，教师对回应合理的小组都给予彩色积分卡奖励。同时，教师还不断提醒学生注意倾听发言，记录下自己没有想到的回答，从而达成组间信息资源的共享。

4. Listening (1b): Focus on If-clause Structure. 借助 1b 听力，聚焦 If-clause 语法结构(图 8.10)

T: I think Alice will take the bus to the party.

(Use the statement of sentence 4 in 1b.)

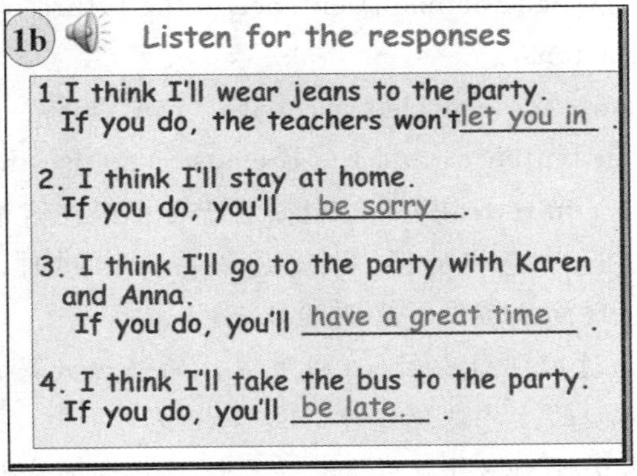
1b
Listen for the responses
1. I think I'll wear jeans to the party.
If you do, the teachers won't let you in .
2. I think I'll stay at home.
If you do, you'll be sorry .
3. I think I'll go to the party with Karen and Anna.
If you do, you'll have a great time .
4. I think I'll take the bus to the party.
If you do, you'll be late. .

图 8.10　听力呈现 If-clause 语法结构

接着，教师搭建语言支架，引导学生关注并模仿应用 If-clause 语法结构。

(1) If she takes the bus, she will be late.

If ________________ ,she won't be late.

(2) Sam won't go to the party. Sam will stay at home.

If Sam ____ to the party,he ____ ____ at home.

If Sam ______ at home, he'll ________.

(3) If Alice ____ to the party, her friends will go, too.

5. Group Discussion: Find out the Rules of If-clause Structure. 小组讨论,找出语法规则(图 8.11)

T: Read the sentences carefully, then make a conclusion of If-clause rules in groups. In the end, each group shows your ideas.

图 8.11 If-clause 语法小结

Super Team: (The teachers won't let him in.) This is the main sentence. (If John wears jeans to the party.) This is the If-clause.

Sunny Team: When the main sentence is the future tense, the If-clause will use the present tense.

Sunshine Team: We can also use with "can, may, might, must, and should" in the main sentence, and the If-clause also use the present tense.

T: Good job! You're really smart! (对于各小组在讨论归纳中的出色表现,教师给予充分的肯定和赞扬,并奖励积分卡。同时,教师对 If-clause structure 的主将从现语法点做了必要的补充)

【设计意图】通过旧词引出新知,利用图片的动画效果,借助于小组讨论完成对 If-clause 句型的主将从现规律的初步感知。

【点评】这一环节,教师放手把课堂交给学生,注重训练学生对句型 If you do, you'll …的实际语用,帮助学生学会如何运用更加丰富的语言对陈述做出回应。

(五) 小组合作互动,巩固新授,展示学习成果

1. Task 1: Group Challenge(Sentence-Making) 小组合作,造句挑战(图 8.12)

小组学习任务单:Make the sentences with If-clause.

(1)We, have a school trip

it, not rain, this afternoon.

(2) Nelly, go to the party with friends

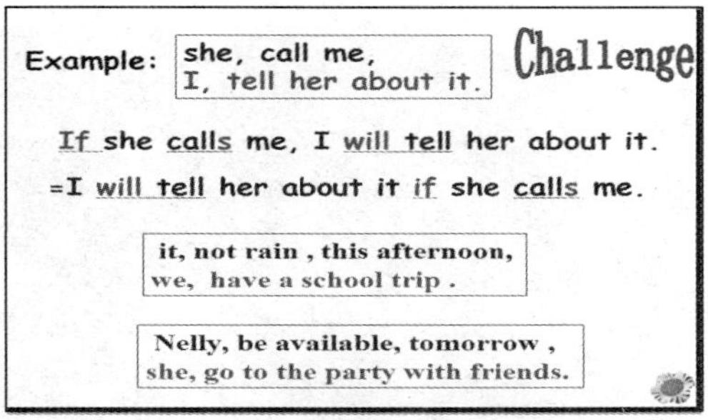

图 8.12　小组合作，造句挑战

she, be available, tomorrow… (各小组把完成的句子写在小展示板上)

Each group shares the sentences with the whole class.

例：Success Team 展示板：We will have a school trip if it **isn't** rain this afternoon.

Seagull Team 即时纠错：Our group thinks it isn't a right sentence. The correct sentence: We will have a school trip if it **doesn't** rain this afternoon. Because "rain" here is a "verb".

T: Perfect explanation. (给予 Seagull Team 积分卡奖励)

…

【设计意图】依托学习任务单，小组合作探究，积极发挥英语"学习共同体"课堂的群体智慧。小组展示，增强了学习信心。组际纠错点评，培养了学生的质疑能力，也更好地巩固了新授句型。

【点评】本教学环节，教师对各学习小组的表现进行即时、恰当的评价，再次强化了新知识的运用，激发了英语学习的群动力。

2. Task 2: Group Work (Story-Making) 小组合作展示，故事趣味接龙(图 8.13)

Students work in groups and make a story with the beginning "If we have a class party tomorrow, we will…". Each student adds one"If-clause" into the story. Finally, each group shares their story in front of the class.

小组合作，完成故事趣味接龙。每位组员依次在小组展示板上用 If-clause接龙续写故事。这样在小组里进行一个轮回，编写出一个较完整的故事，然后全班展示。生生评价同步跟进，评选出最佳故事奖和最有创意奖，教师给予积分卡奖励。

学生展示板部分故事如下：

最佳故事：the best story-making (Sunny Team)

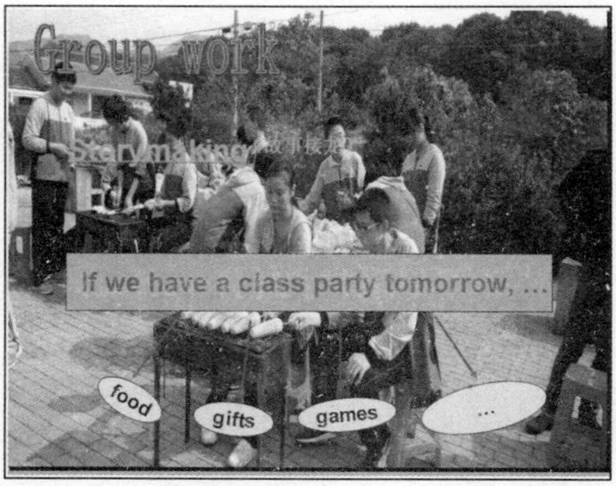

图 8.13 “班级聚会”故事趣味接龙

S1: If we have a class party tomorrow, we'll make some delicious food for the party.

S2: If we make some delicious food for the party, our friends will be very happy.

S3: If our friends are very happy, the party will be successful.

S4: If the party is successful, everybody at the party will have a good memory of it.

S5: If everybody has a good memory of the party, they will consider us as nice people.

S6: If they consider us as nice people, we will be more likely to live happily.

T: You give us such a fantastic story. If you think about others, you will be much happier.

最有创意故事:the most creative story-making (Seagull Team)

S1: If we have a class party tomorrow, I will come back home late.

S2: If I come back home late, I won't finish my homework.

S3: If I don't finish my homework, my parents will be angry with me.

S4 :If my parents are angry with me, I will run away from my home.

S5: If I run away from my home, I might meet a UFO on my way.

S6: If I meet the UFO, I'll go with them to the Mars.

T: Your story is really creative. However, if you stay at home and talk to your parents, you and your parents will understand each other better.

【设计意图】学习共同体的合作学习强调个人负责和小组集体负责两种

责任制。教师只有把学习任务落实到每个组员，使每个组员都有事干，唤起每个组员的责任感，才能确保小组合作的顺利进行。

【点评】本环节设计，以小组合作活动激发学生学习，在活动中学习语言、感受语言、体验语言、运用语言。任务的层次有明显递进，表达的语言逐步丰富，激活了学生的思维。

(六) 课终学生小结，当堂知识检测

1. Grammar Summary: If-clause 学生自主完成语法小结(图 8.14)

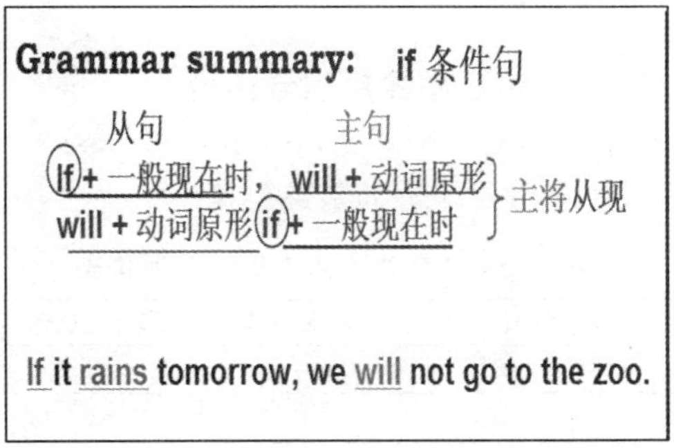

图 8.14　学生自主完成语法小结

2. Summary for New Words and Phrases (图 8.15)

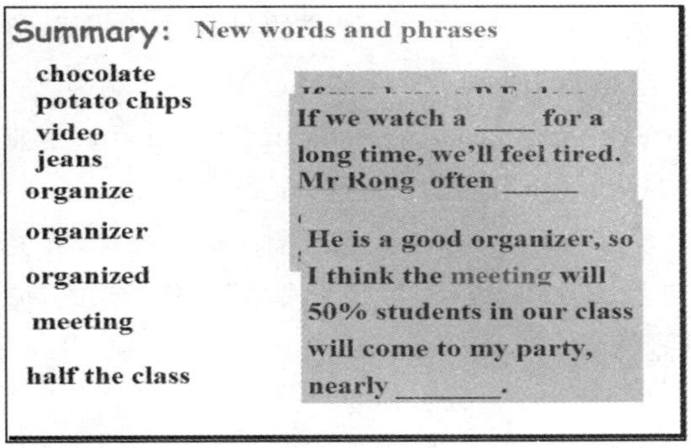

图 8.15　学生小结新单词与句子

本课新授词汇小结，当堂学生知识检测。可用笔试检测，也可采用小组抢答来完成检测。

检测词汇单题呈现如下(图 8.16)：

【设计意图】很多学生学习英语有个共同的特点，那就是记得快，忘得也快。所以，教师对于所教知识应勤回头、勤刷新，不断重复，反复记忆。课终知识小结、当堂知识检测既是对本课所学知识的再次巩固与提升，也为下一课时

organized	**He is a good organizer, so I think the meeting will be well ______.**

图 8.16 当堂词汇检测

的语言学习打下了扎实的基础。

【点评】课终学生小结、当堂知识检测，这一环节是每堂新授课的点睛之笔，必不可少。

(七)"学习共同体"小组活动课堂积分评价

Assessment：Which is the best group in this class?

表 8.1 给出了本堂课积分评价的最终结果。

表 8.1 学习共同体小组活动评价表

Teams	课堂参与	小组分工	交流意识	彩卡积分	组间赋分	总分
Super	4	5	4	12	8	33
Sunny	5	5	3	15	9	37★
Sunshine	4	3	3	11	5	26
Success	2	3	2	8	4	19
Seagull	3	4	4	12	9	32

Rewards for the best group：本堂课的最佳小组获得免做本周抄写作业的奖励。

Punishment to the group that needs improvement：本堂课有待提高的小组需要编写 10 题"If-clause"语法练习题，全班分享。

【设计意图】"学习共同体"小组活动课堂评价多样化，有奖有惩，过程评价与结果评价相结合，可操作性强，这让"学习共同体"合作活动充满了持久的活力。

(八)课后巩固作业

Homework：

1. Remember the new words and phrases by heart.

2. Make another story in groups with the following beginning：

I think I will go to the movies today. If I go to the movies, I won't finish my homework. If I don't finish my homework…

【设计意图】通过上述作业的布置，再次巩固新授知识，并把小组合作活动从课内拓展延续到课外。同时，也为下节课的预学任务做了必要的铺垫。

七、教学反思

反思本节英语"学习共同体"听说课的授课过程，有成功的喜悦，亦有不完善的遗憾。归纳起来，我们主要有以下四点感悟：

1. 要想深入推动“学习共同体”的英语课堂教学，必须深入挖掘教材，灵活整合教材，抓住主干，取舍得当，合理安排教学任务与步骤，为学生创设生动的、与其生活息息相关的话题，让学生有感可发，有话可说，鼓励他们通过观察、模仿、体验、探究、展示等方式学习和运用英语，引导学生学会自主学习和合作学习。

2. “学习共同体”课堂是探究与交流的课堂，要求学习具有开放性。这种开放性不仅包括课堂上的开放，而且包括课堂外的开放。这就要求学生在课内外既要独立探索学习问题，又要积极地与同伴协作交流。当然，教师也不可轻易将问题和任务的结果授给学生，必须让学生经过讨论、实践、思考等学习途径，并且与组员一起归纳、推理、总结后学会新知。在这个过程中，各成员间逐步培养学习共同体的团队精神，营建起组内合作、组际竞争的正能量英语学习氛围。

3. “学习共同体”课堂是让学生事先有准备的课堂。“教”只是实现“学”的一种服务手段，学生的“学”才是教学的出发点和归宿。因此，无论是“预学作业”还是“前置性思考任务”，如果没有教师对学生课前的要求和准备，没有学生课前的“准备性学习”，“学习共同体”课堂生本小组合作就无法处处焕发生命的活力。

4. “学习共同体”的英语课堂中，小组讨论是常规。但在小组讨论过程中，少数学生参与意识差。课堂合作活动，甚至课前预学任务的完成，常常会不知不觉地演变成学优生的施展空间。合作看似热闹，实际却可能时不时地出现一些浑水摸鱼的状况。部分学困生难以跟上“生本”的步伐。学困生内在的学习潜能无可限量，如何开发，真的需要教师的大智慧。

英语“学习共同体”课堂教学模式，看似简简单单，其实奥妙无穷；看似离我们很远，其实就在我们身边。教师把活动的空间交给了学生，把表现的机会还给了学生，这必然极大地增强了学生的自信心、表达能力、创造力以及合作学习能力，真正地培养了学生学习英语的良好习惯。“小立课程，大作功夫”。

案例 2　*Rethink*, *Reuse*, *Recycle*! 阅读课教学实践与反思[①]

英语新课程标准的核心理念是：“一切为了学生，高度尊重学生，全面依靠学生”。这就要求教师“为学生的好学”而设计课堂教学，实现学生积极、主动、活泼、健康地发展的目标。

---

① 本案例由浙江省舟山市普陀区芦花中学马燕虹老师提供，孙文艳老师点评。

初中阶段是学生思维技能发展的关键时期，教师在教学中应该创设出更多有利于促进学生高级思维技能发展的教学活动。思维导图作为一种思维工具，主要通过使用颜色、线条、符号、词汇和图像等方式来呈现思维的过程。思维导图与文字材料相比更为简洁、清晰、直观、形象，它使知识之间的关系更加清晰可见，从而为帮助学生整合新旧知识、建构新的知识网络提供了“脚手架”。在初中英语“学习共同体”阅读课堂中，教师如何把思维导图与阅读教学活动结合起来，通过形式多样的学习共同体合作活动，帮助学生掌握有效的学习方法，从而提高学生自主学习能力、创新能力和合作学习能力？基于这一思考，我们以初中英语“学习共同体”教学模式为依据，以多元思维导图为载体，以“学习共同体”小组合作为主要活动形式，尝试了本节阅读新授课的教学设计和实践。

一、教学内容

人教版《新目标英语》九年级第十三单元 *Rethink*, *Reuse*, *Recycle*! Section B 阅读课。

二、教材分析

本阅读课的话题是“如何利用废物保护环境”。学生不仅需要借助标题和插图对篇章内容进行合理的预测，还要在阅读中借助上下文语境和构词特征猜测部分词汇的含义。从基础知识与基本技能的角度分析，这节课的教学目标达成难度不大，关键在于如何整合文本、运用小组合作，最大限度地为学生创设“好学”的空间。因此，本课在教学设计上侧重于对学生兴趣与思维能力的培养，重点关注学生小组合作、利用思维导图多角度理解文本的能力。

三、教学目标

1. 利用思维导图，提升学生提炼关键句的能力，加强对阅读策略的掌握。

2. 通过学习，学生能灵活使用保护环境的英语表达，能阐述对环境保护和废物利用的看法。

3. 学生通过探讨生活中的不同环境问题，树立环保意识，掌握环保方法。

4. 通过“学习共同体”合作活动，增进学生间的信任度和合作学习的能力。

四、教学重点、难点

学生对于阅读文本的全面理解，对阅读策略的深度学习。

五、设计思路

以思维导图为依托，引导学生开启思维；以目标为导向，激发学生的阅读动机；以“学习共同体”合作学习为主要学习方式，强化学生整体阅读和提炼关键句的能力，让学生在互学中获取知识，提高阅读文本的能力。

六、教学过程

（一）预学单引导，学生课前自主预学

Unit 13　*Rethink, Reuse, Recycle!* 预学单

Ⅰ. List at least five things people won't use anymore.

Eg. used bottles ______________________________.

Ⅱ. Fill in the blanks with proper forms.

1. create.

(1) Amy Hyes is a ________.

(2) She ________ an unusual house.

(3) She has much ________.

(4) Nothing is a waste is you have a ________ mind.

2. use

Most people think the things are ________, but if you have a creative mind, you will find they are ________. If people can ________ them, they'll become very ________ again. So the ________ of the waste things depend on yourselves.

Ⅲ. Read paragraph 2, finish the mind map(图 8.17).

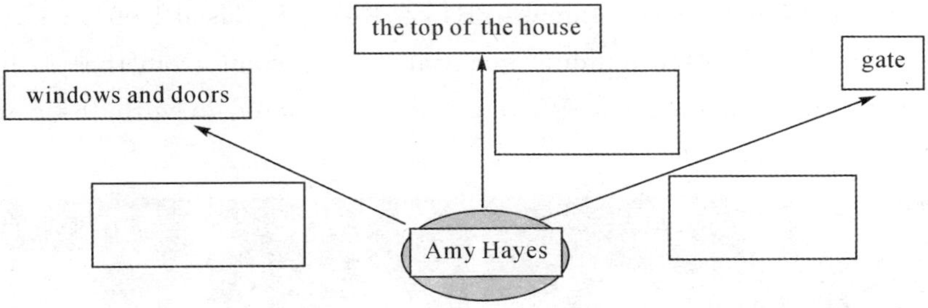

图 8.17　课前预习，完成思维导图

【设计意图】 预学作业是本课时内容的导航针。通过课前预学，扫清学生

本堂阅读课的学习障碍，搭建起新旧知识的桥梁，拉近学生对新知的认识距离，使学习变成主动，形成良性循环。

【点评】本节课预学作业的设计不仅培养学生独立思考的能力和良好的学习品质，而且从真正意义上实现自主、开放的学习。

（二）课始小组热身，检查预学情况

学生观看 3R(reuse, reduce, recycle)自制环保视频。

T: In the video, we saw something unpleasant happening to the earth. What is it?

S1: Our earth is badly polluted.

T: What harmful things do humans do to our earth?

S2: People throw rubbish everywhere.

S3: Factories pour waste water into the river.

S4: People cut down trees and cars produce heavy smoke into the air.

T: OK. Now we can see some bottles in public places.(PPT) Are they new?

Ss: No, they are old.

T: Right! They are used bottles. What other waste things do you know?(检测预学情况)

Group 1: Used iron, used cans, used building materials, used bags, old clothes.

Group 3: Used paper, old newspapers, old books, secondhand cars, used water.

Group 6: Old tables and chairs, old TV sets, used mobile phones, used cans, old bikes.

T: They are all waste things(PPT，见图 8.18), used iron (a kind of metal), used cans, used building materials. They come from the old buildings that were pulled down. What do people usually do with these waste things?

图 8.18　各种可回收的废弃品

S5：They will throw them away.（呈现图片、动作演示）

T：Will you throw away the things you don't need any more?

Ss：Maybe.

【设计意图】课前观看一段 3R 视频，不仅活跃了课堂气氛，拓展了学生的环保思路，而且激发了学生学习的兴趣。

【点评】通过合作小组小展示的形式完成对课前预学的检查，组员间互相帮助、互相支援、互相信任，为实现共同目标开了一个好头。

（三）教师帮学重难点，小组合作巩固新授

T：But creative people will put the waste things to good use.

Look at the wall.（PPT）It's built out of used bottles. The used bottles are put to good use.

T：What do you think of these things?

Ss：They are creative.

T：Yes.（PPT，见图 8.19）

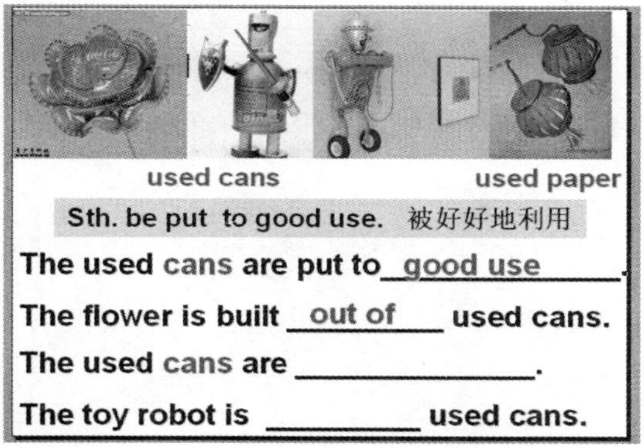

图 8.19　设置语境，激活新授词汇

S6：The used cans are put to good use. The flower is built out of used cans.

T：What about the toy robot?

S7：The used cans are put to good use.

The toy robot is built out of used cans.

T：And the lanterns?

S8：The used paper is put to good use.

The lanterns are built out of used paper.

【设计意图】英语“学习共同体”的核心理念是听说领先，语用推进，活动激活。教师设置语境,新授重难点,激活旧知识,帮助学生熟练掌握本课重点句型。

【点评】本教学环节,运用所学句型巩固新授词汇,并举一反三拓展学生思维,为下一步小组合作的顺利开展奠定了基础。

(四)借助思维导图,拓展应用词汇

T: Creative people use the waste things to create something new. Their ideas are…

S1: Creative.

T: The person who creates them is…

S2: Creator.

T: He has much…

S3: Creativity.

T: Please use the words to fill in the blanks.

[1. 学生认真完成练习(图 8.20)。

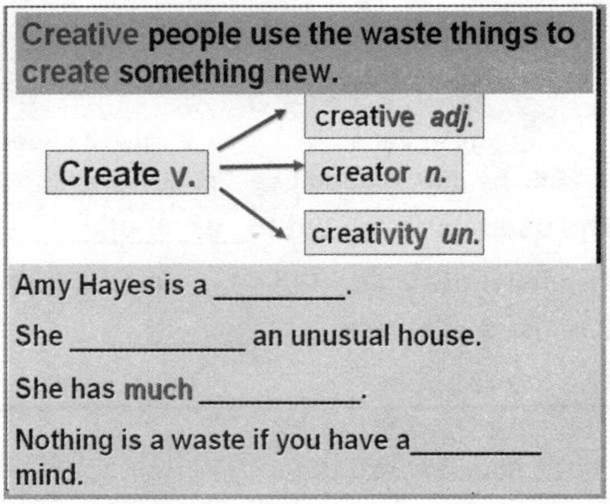

图 8.20　构词拓展,应用词汇

2. 拓展构词思考(图 8.21):以 use 为词根的单词有哪些,分别是什么词性?

3. 完成下面相应的练习并集体朗读。]

Most people think the things are ________, but if you have a creative mind, you will find they are ____________. If people can ________ them, they'll become very ____________ again. So the ____________ of the waste things depend on yourselves.

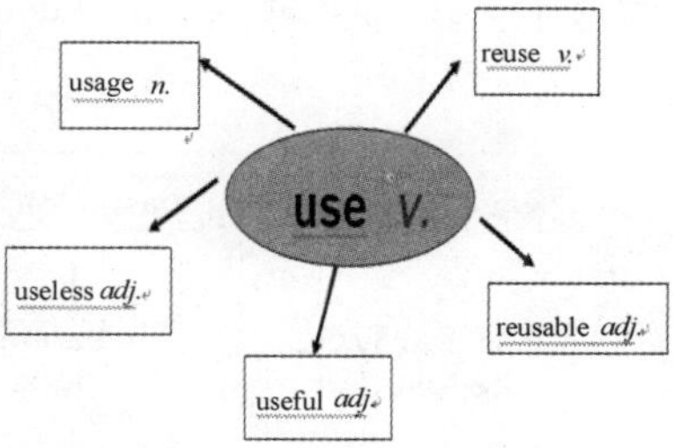

图 8.21　"use"为词根的构词图

【设计意图】多数英语单词的构成是有规律可循的，规律之一便是构词法(word formation)。利用构词法，借助思维导图，引导合作小组把以 create 和 use 为词根的单词进行补充和拓展。

【点评】该单词构成思维导图的设计，不仅起到复习的作用，还有利于学生构建系统的单词网络，实现有意义的学习。

（五）合作运用流程图，清晰明辨近义词

T: If we have a creative mind, a lot of waste things can be reused and recycled. Reuse and recycle both begin with…

S1: RE.

T: Creative! Do they have the same meaning?

Ss: No!

T: What does "reuse" mean?

Let's take "reuse water" as an example. (PPT)

Can you tell me how water is reused?

S2: After we wash our faces, the water can be reused to wash clothes.

S3: Then, the water can still be reused to clean the floor,

S4: After that, the water can be reused to wash the toilet.

Ss: In this way, water is reused.

T: How about recycle? (PPT)

S5: People use used cans to create a toy car and art works.

Ss: So recycle means use waste things to create something new.

T: Would you like to see some more creative ideas? Let's watch another video.

（学生观看一段关于废物循环再使用的微视频）

【设计意图】此环节选取的两个例子来源于日常生活，流程图(图 8.22)直观地展示了 Reuse 和 Recycle 的生成过程。依据流程图，学生能很快做出准确的辨析，并用英语表达两者的不同之处，描述 reuse water 和 recycle used cans 不同的流程。

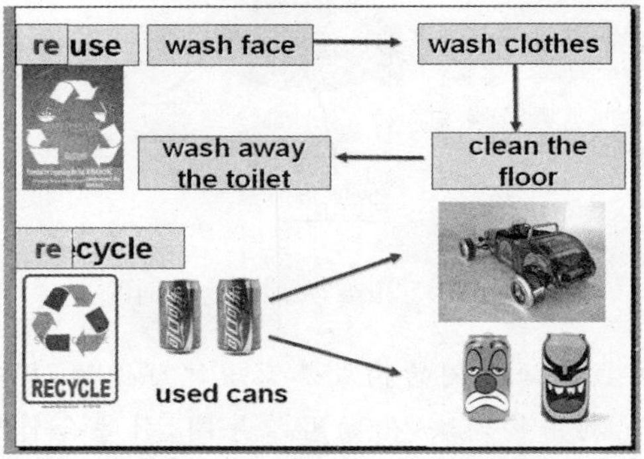

图 8.22　Reuse、Recycle 生成流程

【点评】本环节中，微视频拓宽了学生的视野，激发了学生的环保意识，为下一步学生利用思维导图进行阅读做好了铺垫。

(六) 利用思维导图，多角度理解文本

1. 看图读题，预测文本大意(图 8.23)

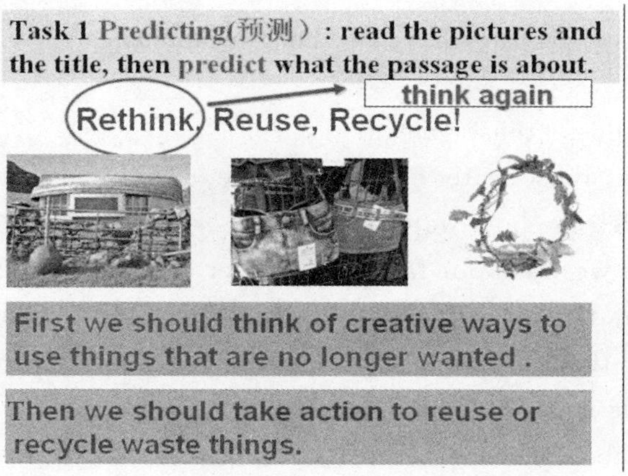

图 8.23　读标题、插图预测文本大意

T:(PPT) Will you still throw away the waste things after you watched the video?

S1: No, we'll put them to good use.

S2: We'll rethink, reuse and recycle the waste things.

T: Wonderful! Which do you think is the most important, rethink, reuse or recycle?

S3: I think rethink is the most important.

T: I agree with you. (Circle “rethink”)

What does rethink mean?

S4: Think again.

T: Clever! What to rethink?

S5: First we should think of creative ways to use things that are no longer wanted.

T: What to do next ?

S6: Then we should take action to reuse or recycle waste things.

T: (PPT)Look at these beautiful things. What are they made of?

S7: They are made of waste things.

T: Do you know what they are?

S8: A house, some bags and…

T: An art work made of iron and art works.(PPT)

【设计意图】从文本标题、插图预测文本的大致内容，可以激发学生搜寻已有的背景知识，有助于学生更好地从整体上理解阅读文本。

2. 自主扫读文章，初步了解文本大意

T: Do you know who created them? Scanning the passage and match the person with the picture.

（学生扫读文章，然后将人物和图片连线）

【设计意图】通过跳读，准确定位文本信息，提升阅读技巧。

3. 自主细读文章，小组互助深入理解文本大意（图 8.24）

T: (PPT: Amy Hayes 的照片) This is Amy Hayes. She looks usual, but she did something unusual. (PPT: usual-unusual) She is a most unusual woman. We can also say she is a very unusual woman. What unusual thing did she do?

S1: She built a house. (PPT)

T: Is it an usual house?

S2: No. The house was built out of rubbish.

T: What are the three parts of the house made of?

(PPT: windows and doors, the top of the house, gate)

Read paragraph 2 carefully and underline the useful information.

（学生细读课文第二段，边读边画关键的信息。然后，学生回答房子的三个部分分别是由什么材料组成的，教师根据他们的回答完成思维导图。先由

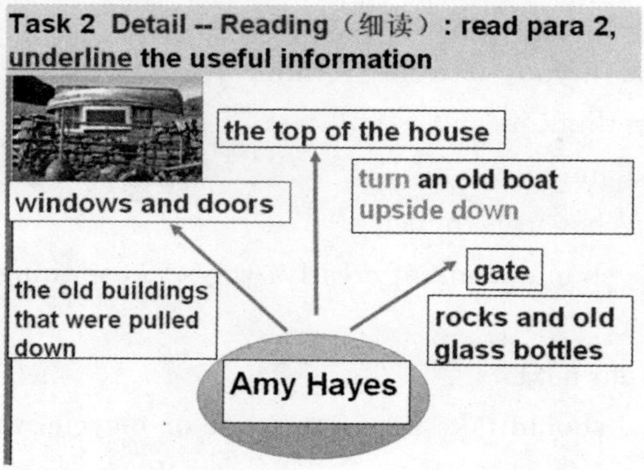

图 8.24 思维导图协助阅读

一个学生根据思维导图描述 Amy Hayes 神奇的房子，然后全班进行描述）

T: What Amy did encourage us to learn from her. No doubt the president of the USA praised her: Amy really inspires us to be creative. She is an inspiration to us all. (PPT)

Obama is the president of the USA. Do you know president?

Ss: It means 总统.

Teacher circles "inspire" (PPT:鼓励) What does "inspiration" mean?

S1: It also means 鼓励, but it is a noun.

T: In Putuo, there are also some unusual people who inspire us. Such as the most beautiful Putuonese Sun Jie and Zhang Linna.

(学生借助以上提示介绍孙杰和张玲娜两位最美普陀人的感人事迹，见图 8.25)

Sun Jie really i ________ us to protect people's lives. He is an i ________ to us all.	Zhang Lingna really ________ the teachers to care about the children from the bottom of heart. She is an ________ to us teachers.

图 8.25 设置"最差普陀"语境巩固新授

T: Jessica Wong and Wang Tao also did some unusual things, too.

Read paragraph 3 and 4 silently and underline the main information.

[学生安静地细读三、四两段，并画出关键信息。

接着，小组合作完成思维导图。

然后，小组成员合作描述思维导图。

最后，小组展示合作成果（图 8.26）。]

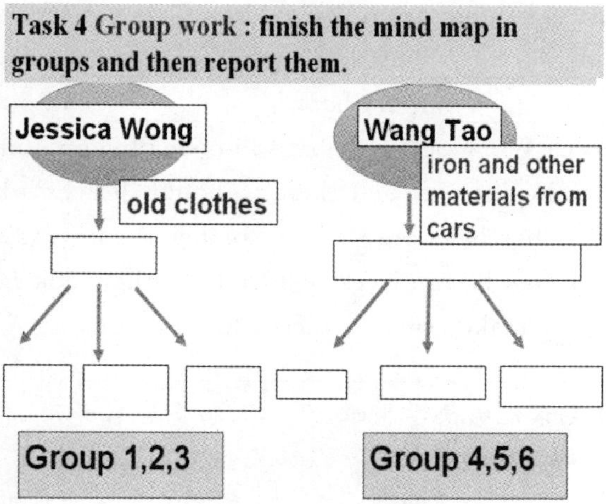

图 8.26　小组互动阅读，完成思维导图

【设计意图】思维导图是表达发射性思维的有效的图形思维工具。在阅读时，我们可以利用它来帮助学生梳理文章的思路和线索，在头脑中构建出文章的结构，对学生理解文章进而提高阅读能力大有好处。

【点评】依据“简单、根本、开放”的生本教学原则，这个环节中“学习共同体”小组展开互助阅读，以活动推动学习，在活动中学习语言、感受语言、体验语言、运用语言，营建了良好的合作学习氛围。

4. 组内朗读文章，概括文本大意

T：Amy Hayes, Jessica Wong and Wang Tao are so creative that I admire them so much. Do you want to know more about them? Let's read the whole passage in groups.

（1. 学生起立，以小组为单位朗读课文。

2. 学生坐下，合作完成 Summary about the passage。

3. 学生展示合作成果小组齐声朗读。）

Summary about the passage：

> Amy Hayes lives in the UK. She is very creative. She is building her house, she finds many of the old buildings in her neighborhood are ________. The old things from the old buildings are then ____________. She also ________ her front gate ________ rocks and old glass bottles. She even ______ an old boat ________ and puts it on top of her house. Jessica Wong sells her bags in a small shop, but she has also ______ an online business to sell them. Though Jessica's bags are made from old clothes, her bags are ______ for being cute and useful. Wang Tao ________ makes large pieces of metal art that look like animals or humans, ________ makes smaller pieces for the home.

【设计意图】朗读能够使学生眼、耳、口、脑多感官并用，加强学生思维的训练，加深对课文的理解和记忆。

【点评】以合作小组为单位进行朗读，能使学生在朗读的过程中发现问题，并及时在小组内解决，达到互补与分享。

（七）深挖文本内涵，各小组大展示

T: What do you learn from the passage?

S1: We should rethink, reuse and recycle.

T: What to rethink and how to reuse and recycle?

S2: First, rethink. We have to think about whether these things can be put to good use.

S3: Second, reuse. We should use things as long as possible.

S4: Third, recycle. We should divide the rubbish into different groups, then recycle them.

T: Good! In this way, we will have a green world. If we want to have a greener life, what can different people do for the world?

（学生小组合作讨论，将各组建议写在展示白板上。然后，各小组大展示。各小组大展示部分内容实录如图 8.27 所示）

Group 1,2 Common people	Group 3,4 Organizations	Group 5,6 government

图 8.27　小组合作讨论，布置任务

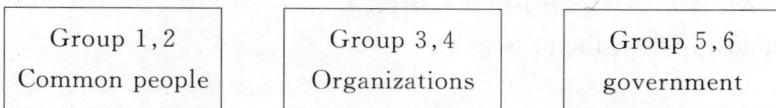

Group 2: To protect our environment, what should common people do? First, we should plant more trees. Second, we are supposed to pick up litter from the river. Third, we should tell our family members and neighbors not to smoke or burn litter in public. We can also hand out signs about protecting the environment. We should walking or riding bikes instead of driving cars. If we protect the environment, our earth will be more beautiful.

Group 4: Organizations should not allow activities that seriously influence the environment. They should organize more activities that protect the environment instead. They can plant more trees to deal with air pollution. It also provide a place for some animals to live. Organizations could call on people to protect endangered animals. If we keep killing them, they will disappear forever. Organizations could also organize people to clean up the streets. It can bring us back a beautiful society.

Group 5: Governments are playing the most important part in environmental protection. First, they should let people realize the importance of environmental protection through educating them. Second, those people who destroy the environment should be seriously punished. Finally, new laws must be passed to control the environmental pollution. These ways can bring back a healthy environment. And we believe that our home will become more and more beautiful.

【设计意图】在此环节,使学生深入思考环保话题,探讨环保新路子,激发环保正能量。以读促写,读写结合,提高学生写作能力。同时也潜在地达成了表达、分析、判断等能力目标和互信互赏的情感目标。

(八)课终自主总结,当堂检测巩固(图 8.28、图 8.29)

学生快速回顾本课内容,自主归纳总结本堂课的重点词汇、句型语法。教师当堂检测,查漏补缺;学习生互帮互助,及时巩固,做到当天问题当天解决。

(九)合作挖掘文本,升华德育主题

"学习共同体"组间合作,挖掘文本内涵,升华本课主题,渗透环保意识,形成环保理念,收获德育成果。

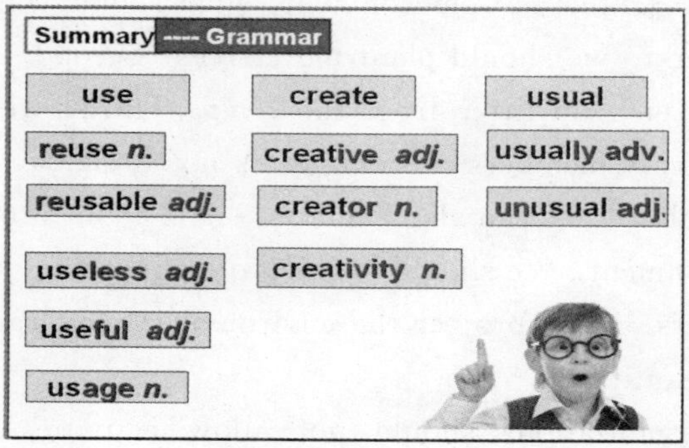

图 8.28　课终自主总结

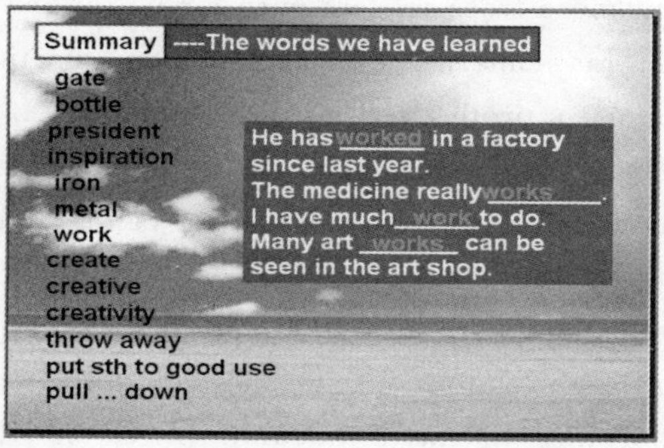

图 8.29　当堂检测巩固

Nothing is a waste if you have a creative mind. Rethink, reuse and recycle! In this way, we will have a greener life.

(十) 积极合作评价,奖励优胜合作组(图 8.30)

本堂课自始至终采用学习共同体小组合作竞争活动形式。它既是学生的学习方式,又是教师的教学形式。合作小组内互相帮助,共同进步,组间互助式竞争。教师通过分发积分卡的形式评选优胜组。在每个环节中,学生回答正确,合作成功,都会得到 1~3 分的积分。优胜组将会获得减免作业、发报喜短信给家长或分发棒棒糖等奖励。

【设计意图】“学习共同体”课堂的多元评价方式,能极大地激发学生组内合作热情。每个组员不仅努力达到个人目标,而且为帮助同伴实现共同目标而不遗余力。

【点评】依托“学习共同体”课堂的多元评价方式,小组的成员更紧密地团

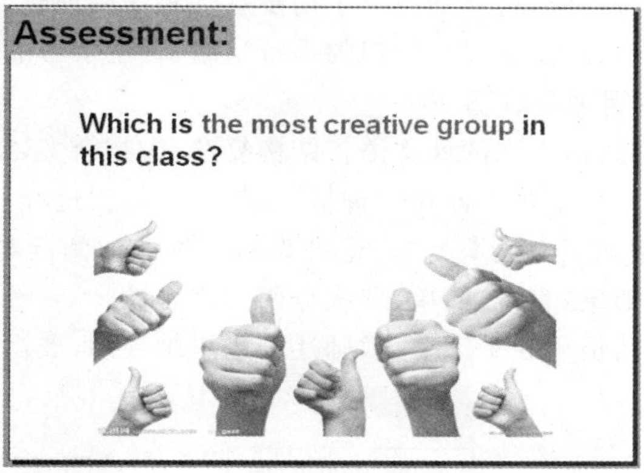

图 8.30　为本堂课"学习共同体"最佳小组点赞

结在一块，相互帮助、相互提高、相互监督，学习就更有动力。

七、教学反思

学生阅读文章的过程是学生已有的认知图式与文本信息交互作用和意义建构的过程。思维导图，作为一种简单易行且行之有效的阅读教学方法，它使知识简单化、条理化、特征化，帮助学生整合新旧知识、建构新的知识网络。同时，它也是实现英语快速阅读的一种有效、新颖的阅读策略。在英语课文教学中使用思维导图，可以把文本化繁为简，使各层次内容及其内在联系一目了然，加快了学生对阅读内容的了解，也提高了英语学习的兴趣。

（一）课前使用思维导图

运用思维导图进行课前预习，激发兴趣，化解难点。教师将思维导图应用于前置性作业，在预习时提出知识要点，引导学生展开探究。课中的几个主要环节，教师都事先设计成前置作业，如以 create 和 use 为词根的单词及相应的词性；Amy Hayes 如何使用废旧物品建造房子等（图 8.31）。

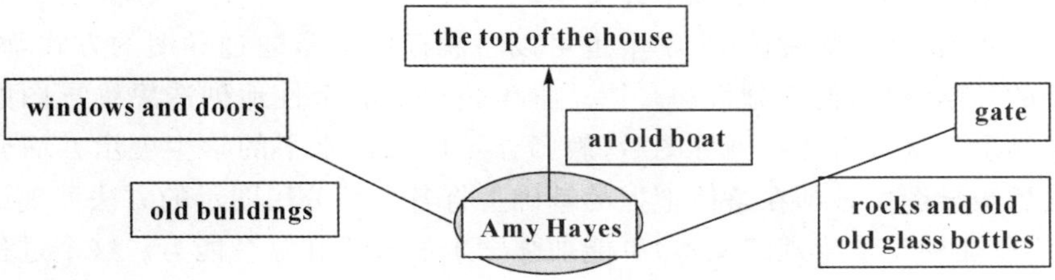

图 8.31　课前预习思维导图

学生通过先做后学，对新知识有了初步感受和浅层理解，从而更有目的性地进行课堂的学习，减少了对新知识的畏难情绪，自主学习的内驱力被激发。

（二）课中使用思维导图

相对于学生而言，本课的课文语言结构复杂，人物众多，篇幅太长，这给学生的阅读带来了不少困难。面对这种情况，教师在教学过程巧设思维导图，分解文本，帮助学生把课文化繁为简、化难为易。本课的阅读教学设计，思维导图便会显示出它形象、直观、简单、层次分明的优越性。

在课文教学的最后一个环节，教师还利用思维导图，展示了本课的篇章结构（图 8.32）。

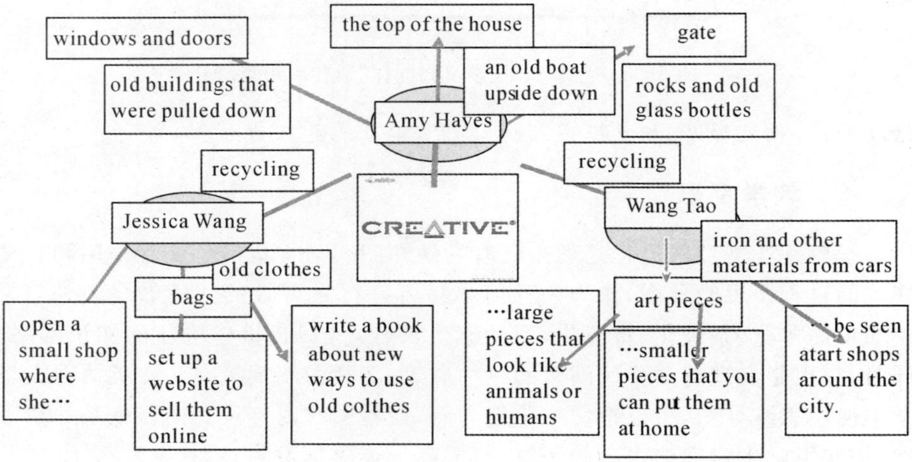

图 8.32 依托思维导图梳理文本脉络

教师引导学生画出文本的篇章结构图，分析作者的写作技巧、成文思路，了解各部分内容的语言形式及其内在联系。通过这样分析引导，就会使学生对文本的来龙去脉以及段落的安排、文章的布局更加清楚，对文本整体把握，便于学生全面有效地了解和掌握文本。

其实，在平时的阅读中，学生也可以将阅读的文章通过导图的方式，画出文章的脉络结构，便于分析和掌握。学生也可以有个性地创造思维导图的形式。学生先认真思考并画好图后，教师让不同阅读水平的学生展示并简介自己的思维导图。教师在整体把握的基础上将各个部分用图示的方法展现给学生，不仅能够帮学生理解文本，更能加强学生的分析和综合能力。这个过程既可以让学生展示自己的理解力，也可以让听的学生多角度理解文本，并让教师监控到学生的理解过程以及理解程度，从而对学生阅读中存在的问题进行详细具体的指导，使不同层次水平的学生都能够有所进步。制作思维导图的过程能促使学生认真体会、观察知识间的关系，甚至发现自己从来没有注意和意识到的各个知识点间的关系，从而产生一些具有创新性的理解，达到创新性学习的目的。

（三）依托思维导图，实现了“学习共同体”有意义的合作学习

有意义学习是相对于传统的机械学习而言的。有意义学习的过程就是新旧知识相互联系、相互作用的过程，是一种以思维为核心的理解性学习过程。新知识被纳入学生原有的认知结构中去，真正内化为学生自己的知识，而原有的认知结构经过吸收新知识，自身也得到了改造和重新组织。思维导图就能促进这一过程的实现。通过构建思维导图不仅实现了新旧知识的整合，使知识之间建立起有意义的联系，还实现了师生之间真正的“教学相长”，提升了学生的合作意识。这些方面的改变，最终带来英语学习方式向有意义的“学习共同体”合作学习的转变。

总之，思维导图策略无论在巩固词汇还是在阅读过程中都是十分有效的学习策略，不仅强调单词的语义网络，更强调语篇的整体结构网络。在词汇教学中它促使学生学会有效地分析词汇的相互关系，有助于学生对单词的理解、学习和记忆，从而迅速扩展他们的词汇量。在阅读过程中，绘制思维导图实际上包含了各种阅读策略的运用：略读、扫描、选择关键词、概括中心大意、梳理篇章结构以及整理信息等。所以，思维导图的使用大大提高了阅读的效率，帮助学生掌握了有效的学习方法，提高了学生的自主学习能力、创新能力和合作学习能力。思维导图，为学习共同体课堂创设了“好学”的空间！

第九章　初中科学主题式实验复习的教学实践

观察和实验是学习“科学”的基础，是进行科学研究最重要的环节，也是科学教育的基础。以实验为基础展开科学教育过程，是各国中学理科教学改革的一个共同特征。当前初中科学教学改革的成就颇丰，尤其是以实验为载体的新授教学研究较多，目前，在我国的初中新课程标准科学教材中，实验的比重已大大增加，在新授课教学中普遍应用，对提高学生学习科学的兴趣、培养学生的学习能力确实起到了很好的效果。但是，实验还很少出现在复习课教学中，关于初中科学实验的复习策略研究更是不多。

在总复习阶段，时间紧、任务重，学生容易感到麻木、疲劳的情况下，新课程标准“积极倡导自主、合作、探究的学习方式”这一基本理念很难落实。只有精心设计教学，才能取得较好的复习效果。对于不同的内容，按照不同的要求，可以采用不同的方式进行复习设计，复习课的类型应该是多样化的。本文重点探索了实验在复习教学中的作用，进行了主题式实验复习教学的一些实践。

第一节　主题式实验复习教学的基本意义

主题式复习教学是指在总复习阶段，打破章节，站在整个初中科学的高度上，统领全局，把相关各章中零散单一但属于同一系列的内容按照内在联系，以主题的形式重新进行归纳和整理，将原来一维的知识网络丰富为多维立体的知识网络，将科学知识与实际应用紧密联系起来。

“主题式实验复习教学”是以新课程标准为依据，以教材为蓝本，以实验为载体，关注科学核心知识、过程、方法以及与“科学、技术、社会”(STS)的结合点，确定复习主题，并将该主题下的核心知识置于真实情境中，引导学生通过系列实验探究活动，实现对知识的再现、应用、深化、系统化和结构化。

“主题式实验复习教学”中的“实验”是一个载体，既可以是内容，也可以是活动方式。它包含了两方面的含义：一方面是通过对原教材中大量实验的复习，提升建构知识，另一方面也是以实验探究的方式对教材中知识体系的复习重构。

科学是一门以实验为基础的学科，所以在新授教学过程中很多科学方法、科学知识都能和实验融合在一起。实验，既是学习知识、解决问题的方式，同时也是科学研究的重要方法。实验能为学生提供感悟、操作、体验、探究和发展的机会，可以让学生得到充分、主动的发展。因此，复习课的实验不应该仅停留在对原有实验的重复再现和回忆想象中，应挖掘内涵，进行重新组织，并尽可能为学生提供新的、真实的实验情境。在复习过程中让学生能亲历实验，感受实验成功带来的喜悦和失败带来的理性思考，从而改变他们的学习态度和学习方式，对提高学生学习的兴趣和课堂教学的减负增效具有重要的积极意义，也必将促进学生思考力的进一步提升。

美国学者 Susan Kovalik 及其团队于 1982 年提出“整合性主题教学模式”(ITI)，他们认为主题在学科教学中有着非凡的作用：主题是学科的中心组织者，能将学科内片断化的零散知识组织起来，恰当的主题能创设知识间的网络连接、刺激学习者的多种感官，从而调动他们的兴趣，促进他们的参与，提高他们的认知水平，开拓他们的想象、思维和创新能力，能使学习者从多重的视野角度和多层面接触知识、理解知识，使大脑中的“知识地图”更趋于丰富和牢固。[①]

因此，运用主题式实验复习教学的形式，有助于使知识系统化，并内化学生的认知结构，同时搭建了知识网络，形成了知识体系，而且还锻炼和提高了学生的各种能力，使科学方法得到了训练，有效地提高了学生的科学素养，既可以调动学生的学习积极性，又能高效达成复习课的教学目标。

第二节 主题式实验复习教学的实施策略

主题式实验复习教学是对教材中原有实验和知识体系分类重组，以实验为载体，按照实验内容和知识内容的内在联系进行主题设计，开展初中科学的实验复习教学。其主题设计的主要实施策略如下(图 9.1)：

一、教材中原有实验的主题式再设计

教材中的实验内容，都是根据课文知识的章节安排的，各章节的实验内容基本独立，无必然的联系。学生所掌握的有关实验方面的知识，往往既多又乱。因此，在总复习时可以将原教材中的实验内容的章节次序打乱，注意实验的有机归类，进行主题式的组合，将知识进一步系统化，给学生提供合适的学

① 张礼聪. 中学化学复习中尝试“主题教学”的探索[J]. 化学教育，2014(11)：60.

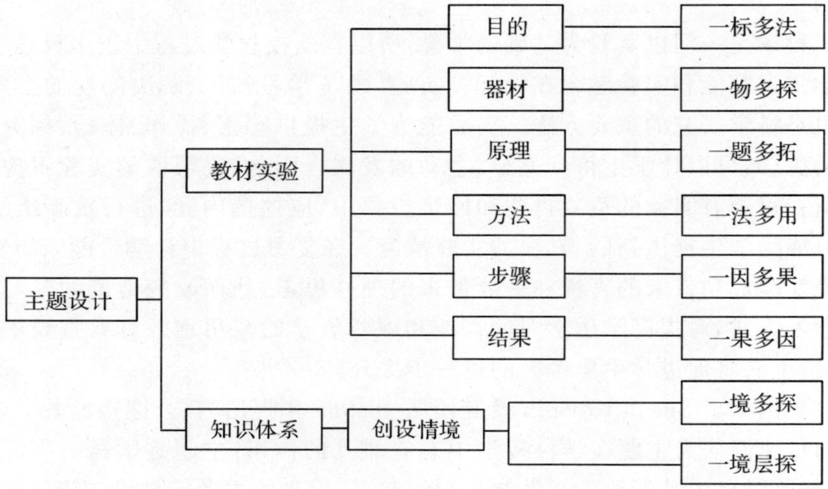

图 9.1　主题式实验复习教学实施策略

习条件。

从实验的目的(功能)、器材、原理、方法、步骤、现象和结果各个环节中进行主题式的归类设计。

(一) 类型 1——“功能主题式的一标多法”实验探究复习(图 9.2)

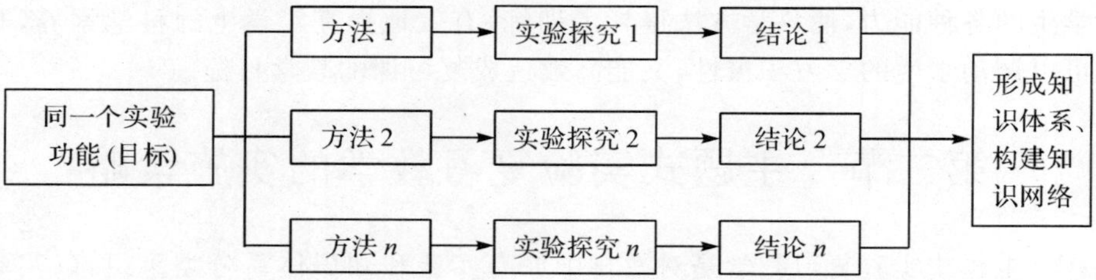

图 9.2　“功能主题式的一标多法”实验探究复习教学

操作要点:对于一些实验内容有着内在联系,实验功能(目的、目标)相同(相似)的实验,可以进行合理的归类、比较,把握住各个实验的异同点及要点,以训练学生思维的灵活性,即便事半功倍。

例一:《电阻的测量》(表 9.1)主题——可以通过不同的器材、不同的原理进行多种方法的实验测量,其知识复习和应用涵盖了串联、并联、电流表、电压表、变阻器、电阻箱等电学的几乎全部基础知识,同时又能在具体的问题情境、学以致用的问题解决过程中,较好地提高学生解决的问题能力,知识学得既“活”,又有“趣”。

表 9.1　电阻的测量

电阻的测量					
方 法	器 材	电路图	原 理	步 骤	表达式
伏安法					
伏伏法					
安安法					
转换法					
等效替代法					

例二:《盘点科学实验中的"洗涤"》主题——可以把玻璃器皿的洗涤、气体的"洗涤"、固体或晶体的"洗涤"几个实验都进行比较,使学生对"洗涤"以及与洗涤相关的科学知识有更为深刻的理解,如《制取氧气、二氧化碳的多种方法》、《各种装置的气密性检查方法》(受热法、压水法、吹气法等)、《喷泉产生的多种方法》、《物质检验、鉴别的多种方法》等。

在大综合复习时也可以进行大开放的一标多法实验探究。如《密度的测量》:可以用天平和量筒测量,也可以用浮力法、压强法;《如何区别水和盐水》:可以运用物理方法——测量密度、浮力、压强、比热、导电性等,也可以运用化学的方法——结晶、溶解、电解、各种化学反应等,还可以运用生物的方法——植物的细胞液浓度与渗透性等。这类实验对培养学生综合解决问题能力、创新能力有很好的作用。

(二) 类型 2——"器材主题式的一物多探"实验探究复习(图 9.3)

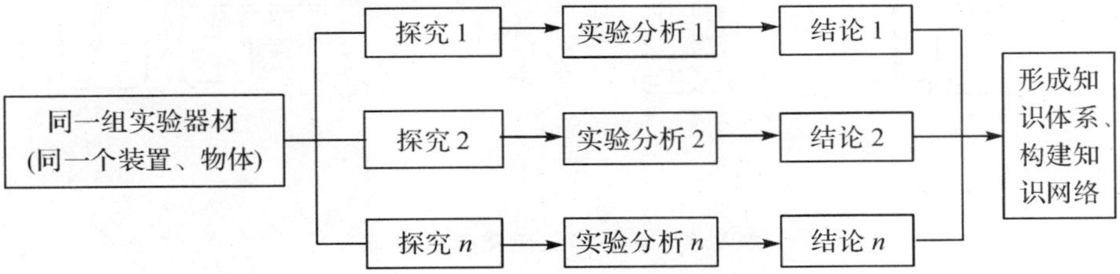

图 9.3　"器材主题式的一物多探"实验探究复习教学

操作要点:对于一种实验仪器、一个实验装置、一组实验器材、一类实验仪器,可以进行多个实验探究、多种实验用途,从类比、比较实验中去发现这些器材的真正功能和多种实验方法,构建知识网络,发现更多、更深的知识。

例一:《伏安法实验研究》(表 9.2)主题——一类装置多次探究。这一类装置是电学中的经典代表,它可以完成很多电学的研究。但每个实验看似相同,却因为不同的实验目标,其操作步骤、数据记录及处理方法、各仪器的作用也各有其不同之处,通过主题学习,如变阻器的不同作用,数据什么时候能取平均值、什么时候不能等这些学生容易搞错的知识，进行异同的比较，能加深学生对知识的理解。

表 9.2　伏安法实验研究

	装置 1	装置 2
	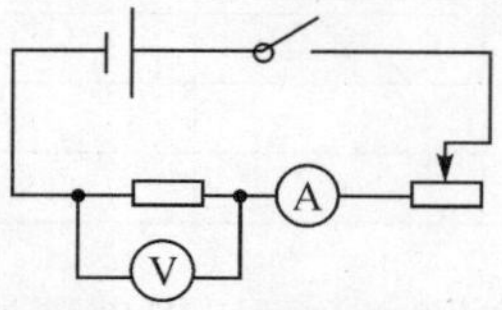	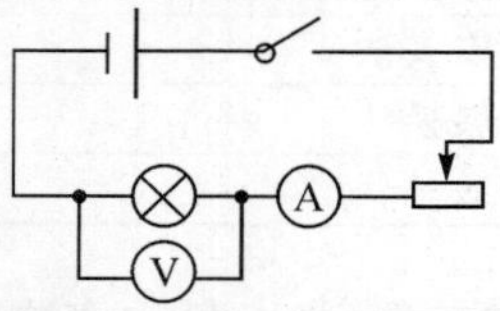
探究 1	电阻一定时电流与电压的关系实验	研究电灯的亮度与功率的关系
推究 2	电压一定时电流与电阻的关系实验	伏安法测灯泡的额定功率
探究 3	伏安法测电阻实验	伏安法测灯泡的电阻

例二：《气体的制取》主题——氧气和二氧化碳的制取（图 9.4，表 9.3），这是一组实验器材的多次探究应用。这一组实验器材是气体制取实验的经典代表，看似相同，却因为不同的实验目标、实验材料、实验要求，有着不同的选择和搭配、连接，其中蕴含着不同的知识应用。

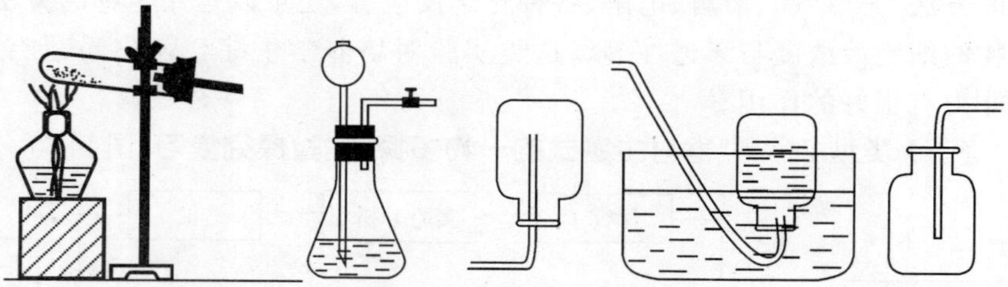

图 9.4　氧气和二氧化碳的制取

表 9.3　氧气和二氧化碳的制取

	氧气	二氧化碳
实验室制法		
原　　料		
实验原理		
发生装置		
收集装置		
实验步骤		
检验方法		
验满方法		
验满后摆放		

例三:《多功能集气瓶》(图 9.5,表 9.4)主题——集气瓶在气体的制、集、取、洗、验、量、观等实验中的多用途,以及在实验探究中的多功能的应用,几乎是初中科学所有气体都离不开的,然而,因为目标、材料、要求不同,两根管子的进出、长短,瓶内放着什么液体或气体,瓶子是倒放还是正放等,成了学生学习的难点。把它作为一个主题进行学习,通过异同对比,从密度、气压等本质上进行多次反复的应用,有助于学生较好地理解和接受,并能体会科学知识的有趣、有用,体会小瓶子、大作用的科学实验的神奇奥妙。

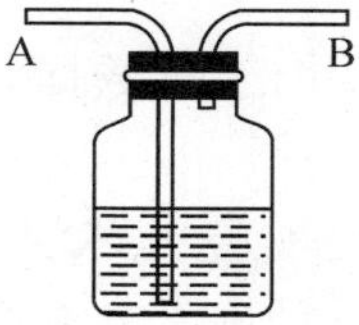

图 9.5　多功能集气瓶——一款器材的多次探究应用

表 9.4　多功能集气瓶

	氧　气	氢　气	二氧化碳	其他气体
制气				
集气				
取气				
洗气				
验气				
量气				
观气				
多功能应用				
验满后摆放				

还有一些主题器材或材料,如果适当搭配一些生活化的辅助材料,就可以进行多种实验研究。如《老花眼镜的作用——凸透镜的应用》、《注射器在科学实验中的应用》、《矿泉水瓶在科学实验中的应用》等,能让学生领略、感悟到实验的有趣、有用以及实验的奥妙无穷,同时对其实验动手能力的提高有着非常重要的意义。

(三)类型 3——"原理主题式的一题多拓"实验探究复习(图 9.6)

操作要点:对一个实验原理中的实验,进行系列拓展性实验,发现更广阔的知识视野。

所谓拓展性实验,就是以课本知识为依据,突破课本中基础实验的束缚,具有开放性、实践性、安全性、探索性、创造性等特点的实验。拓展性实验是学生科学精神、科学方法、科学能力以及可持续发展观念培养的重要载体。对实

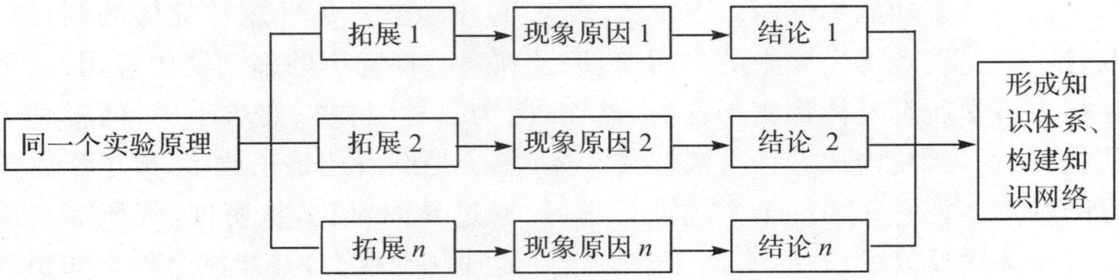

图 9.6 “原理主题式的一题多拓”实验探究复习教学

验的目的、器材、方案、步骤、现象、记录、数据处理、反思与评价等各个环节都可以进行拓展。

例一:《影响浮力大小因素的实验研究》主题——课本中通过阿基米德定律的实验研究得出影响浮力大小的因素只有两个:液体的密度和物体排开液体的体积。实际上,学生头脑中有很多关于影响浮力大小因素的前概念,这些前概念很深地影响着学生对浮力的理解,因此,复习时可以对这一个实验的猜想部分进行拓展:让学生把头脑中的前概念进行充分的猜想,如物体的密度、物体的重力、物体的体积、物体的形状、浸入液体的深度、浸入液体的质量等,并设计各种方案进行实验探究。也可以对器材部分进行拓展:根据给定的不同器材——弹簧秤或天平、量筒、有无溢水杯等进行不同的方案设计和实验操作。还可以对数据的处理进行拓展性研究:把数据画成图形进行判断等。

例二:《气压差在实验中的应用》主题——利用密闭空间中气压的变化与大气压形成的气压差推动物体(固体、气体、液体)运动或发生形变等的现象进行各种实验。利用气压差可以检查各种实验装置的气密性(微热法——气压与温度有关;液差法——气压与体积有关;增气法——气压与气体的质量有关)、制造喷泉、制成倒吸装置、测量气体的体积、模拟人体呼吸实验,还可以利用气压差进行各种实验方案的设计——利用物体形状(气球、矿泉水瓶)的变化设计实验进行不可见现象的判断(如证明二氧化碳能溶于水,证明大气压的存在,证明各种化学反应的发生)等。

拓展性实验教学在培养学生基础性学力的同时,更注重学生发展性学力和创造性学力的培养,这需要教师综观全局,充分协调教学中的各种因素,创设民主的课堂氛围,从而激活学生思维,发展学生个性。

(四) 类型 4——“方法主题式的一法多用”实验探究复习(图 9.7)

操作要点:实验,既是活动的方式,又是研究的方法。教材中有大量的实验,新授教学时其研究方法基本都渗透在教学活动中的隐性教育,在总复习时可以把相同的研究方法归为一个主题,进行科学研究方法的显性学习,既能促进对原实验设计、所获得知识的进一步理解,同时又是科学方法的很好的学习

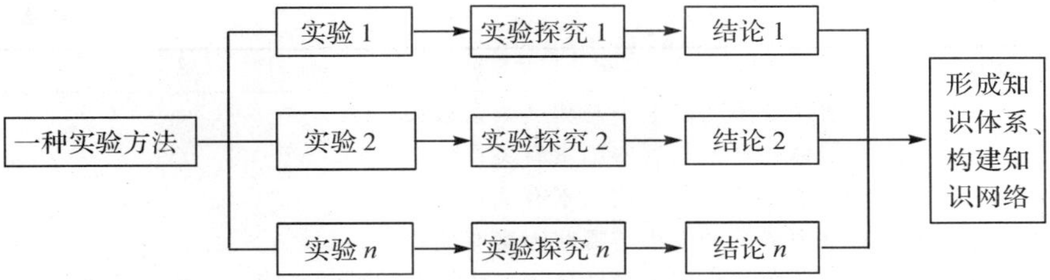

图9.7　“方法主题式的一法多用”实验探究复习教学

载体，有助于学生理解科学本质。

新课程标准倡导探究式的学习，注重学生自己动手、动脑探究科学规律，体验科学研究的方法，科学探究既是一种重要的教学方式，又是学生的学习目标。因此，在初中科学教学中，不仅要教给学生科学知识，更重要的是要引导学生经历一次科学知识的“再发现”的过程，从而培养学生获取新知识的能力、收集和处理信息的能力、分析和解决问题的能力，体验科学探究的乐趣，学习科学家的科学探究方法，领悟科学的思想和精神。因此，在总复习阶段，设计关于科学研究方法的主题教学，向学生介绍、点拨原教材实验中蕴含的大量的科学方法，在比较异同之后，让学生在学习活动中去充分体验，能有助于提高学生的科学探究能力，较好地达成科学探究的学习目标。

例一：控制变量法。这个方法在初中科学实验中的应用比较普遍，内容涵盖了物理、化学、生物、地理等各个领域，涉及的实验有几十个。在这些主题学习中，学生能较好地体会变量、自变量、因变量的概念，领会如何控制变量，为什么要设置对照组以及如何设置对照组，数据记录的表格怎么设计，如何记录数据、分析数据，如何表达实验的结果和结论等，对科学探究的各个环节都可以进行具体有效的学习（表9.5）。

表9.5　科学研究的方法及其应用

实验方法	案　　例
控制变量法	(1)影响蒸发快慢的因素； (2)影响滑动摩擦力大小的因素； (3)影响压力作用效果的因素； (4)影响动能、势能大小的因素； (5)影响电功大小的因素； (6)影响电磁铁的磁性强弱的因素； (7)影响电流通过导体产生的热量的因素； (8)影响酶的催化作用的因素； (9)影响光合作用的因素； ……

续表

实验方法	案　例
转换法	(1)滑动摩擦力的大小与哪些因素有关； (2)导体的电阻与哪些因素有关； (3)动能的大小与哪些因素有关； (4)重力势能的大小与哪些因素有关； (5)将压力的作用效果转换为泡沫塑料凹陷的程度； (6)水的吸热与质量、温度变化的关系； (7)电磁铁的磁性强弱； (8)电流热效应与电阻的关系； (9)分子无规则运动； (10)改变物体内能的方式； (11)蒸发； (12)力； (13)液体压强； (14)物体振动发声； (15)磁场分布； ……
类比法	(1)水流类比电流； (2)水压类比电压； (3)原子结构类比太阳系结构
放大法	放大镜、显微镜等仪器都是按放大原理制成的
图像法	(1)晶体和非晶体的熔化特点； (2)液体的沸腾特点； ……
等效替代法	(1)等效电路； (2)等效电阻； ……
理想化实验法	(1)牛顿第一定律； (2)真空不能传声； ……
模型法	(1)光线； (2)磁感线； (3)电路图是实物电路的模型； (4)力的示意图或力的图示是实际物体和作用力的模型； (5)建立原子核式结构模型； ……

例二:转换法。这个方法在初中科学实验中的应用相当普遍,应重点学习它的思想方法,这对学生创新思维的培养、创造能力的提升有着非常独到的功用。

（五）类型5——“操作主题式的一因多果”实验探究复习（图9.8）

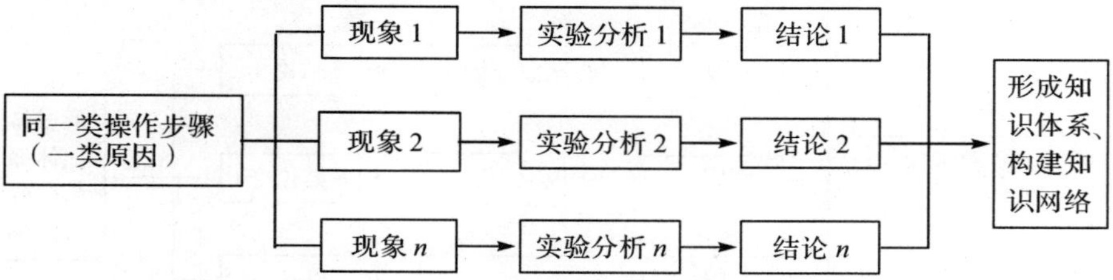

图9.8　“操作主题式的一因多果”实验探究复习教学

操作要点：从学生常见的实验操作步骤中的错误入手，通过试误法让学生看到错误的结果，从而避免或减少实验错误的发生，培养学生严谨、科学的实验习惯和科学素养。

例一：《短路、断路》（图9.9，表9.6）主题——在电路中短路、断路对电灯、电流表、电压表、开关、变阻器、熔断器等造成的不同的实验现象、结果的分析。

表9.6　短路、断路的后果

原因		现象				
		电灯 L_1	电灯 L_2	电流表	电压表	开关
短路	电灯L1					
	电灯L2					
	电流表					
	电压表					
	开关					
断路	电灯 L_1					
	电灯 L_2					
	电流表					
	电压表					
	开关					

例二：《实验的特别需求——关注实验的注意事项》主题——电学实验中连接电路时的开关打开、变阻器最大、一上一下的变阻器连接、伏安表的量程选择、灯泡额定电压与电源电压的匹配、变阻器规格的选用等。

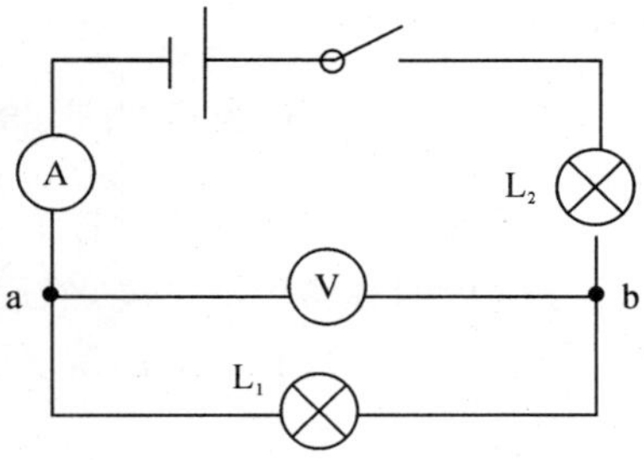

图9.9　实验电路图

(六) 类型6——"现象主题式的一果多因"实验探究复习(图9.10)

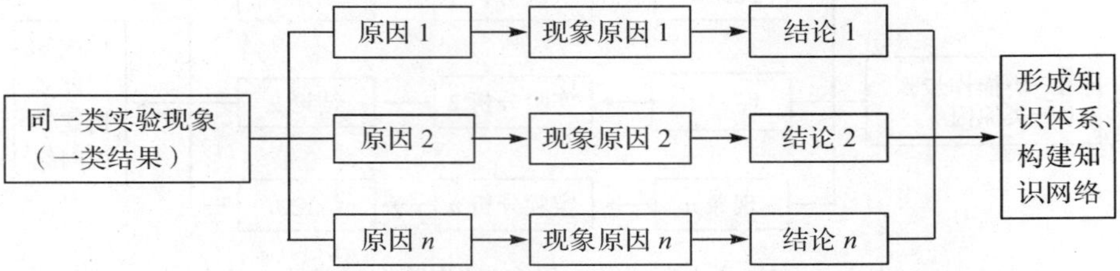

图9.10 "现象主题式的一果多因"实验探究复习教学

操作要点:把实验中出现的同一类现象进行主题归类,通过探究其产生的不同原因,在应用中实现各类知识的综合复习,构建知识网络。

例一:《气球的变化之谜——大气压复习》主题——通过运用让气球变大、变小的不同方法,或者观察气球大小的变化规律,分析其原因——气球的变化都是由于气球内外的压强差引起的,可以是物理变化引起的,也可以是化学变化引起的。球内外气压的变化可以是由温度、气体的质量、体积等引起的,而这些原因又可以是加热或吸放热、物理变化引起的打气和抽气等。这主要从物理变化揭开气球的大小变化之谜,进行大气压等知识的复习应用。气压差的知识还能迁移应用到《造喷泉实验》,通过对喷泉产生的各种方法(物理变化和化学变化)、各种现象的解释,再一次从物理变化的视角进行大气压等知识的复习巩固;还可以迁移到各种化学实验中的装置气密性检查及防爆、防倒吸等现象的原因分析,从而加深学生对实验操作的进一步理解和规范,既能使知识进行综合的应用,又有助于动手能力的提高。

例二:《电灯不亮的原因——电路故障的判断》主题——电灯不亮的原因是断路或短路,要查出具体究竟在什么地方断路或短路,可以运用定义法、导线法、电表法、测电笔、校验灯法等多种方法进行判断,查找故障的具体原因所在。

二、教材知识体系的实验主题式再设计

知识内容的主题式实验探究式复习的基本教学思路是:首先寻找蕴含某一主题知识的真实生活情境,然后将生活情境问题化(即设计成学生的探究任务),引导学生在探究任务的解决过程中获取知识和方法,并进行主题知识的网络建构。

根据教学情境中所含信息的逻辑关系,可以形成两种常见的主题式实验探究式复习的教学模式。

(一)类型1——"情境主题式的一境多探"实验探究复习(图9.11)

因为教师所创设的生活情境中所包含的若干个问题(即探究任务)是并列关系,从而形成几个并列关系的教学板块(或教学环节)。

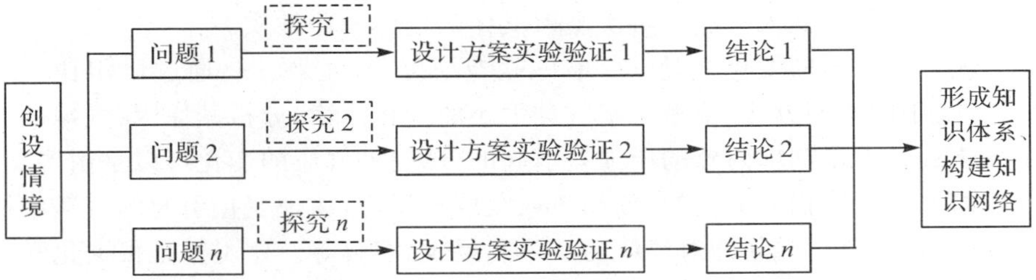

图9.11　"情境主题式的一境多探"实验探究复习教学

操作要点:

1. 选择合适的主题

知识总是在一定的情境中产生和发展的,脱离了具体的情境,认知活动的效率是低下的。科学知识与生活紧密相连,探究式教学应将知识的学习置于一个社会情境、生活情境或者问题情境中。有效地进入知识的真实应用领域,这不仅是将学到的知识应用于解决实际问题,也能从真实、逼真的生活中学到新的知识。

在探究式的复习课教学中不能简单地以几个探究问题的解决为目的,而应明确一条以科学方法的归纳、知识网络的形成为目的的探究主线,以对科学知识的探索为一种途径,最终目的是使学生形成一定的探究技能、科学思维方式、科学精神和科学行为。因此,选择合适的主题尤为重要。

确立主题,创设富有生活气息和学习情趣的情境很重要。好的主题是能够贴近学生实际、引起学生兴趣的,是积极向上的,能够渗透知识和培养技能。所以应该选择那些具有时事性、思想性和综合性的事物作为主题,同时选取的主题情境应是真实的,这样学生才会产生浓厚的兴趣,教学才更具有现实意义。

当然也可以选择生活化的主题,如鸡蛋中的科学、厨房中的科学、自行车中的科学等贴近学生实际的主题,容易为学生所接受,同时学生又为能从这些贴近实际的事物中学到新东西而欣喜。

2. 坚持科学探究的基本方法

在实验探究式复习教学中,精心设计探究问题,采用多种实验手段的目的就是要培养学生善于发现问题、提出假设、制订计划的科学思维方法。在提出了探究问题后,教师要引导学生结合所学知识进行假设和猜想,然后再进行实验验证。

例一:《气球的变化之谜——气体的检验与除杂》主题——通过制取的氢气球飞不起来,创设一个矛盾而又趣味、真实的问题情境,探究氢气球飞不起来的原因,如何让它飞起来,引出气体的检验、除杂方法;解决问题后再提出如何让瓶内的气球变大、变小,再次复习气体的气体一些性质。

例二:《气球的变化之谜——酸碱盐专题复习》主题——通过运用让气球变大、变小的不同方法,或者观察气球大小的变化规律,分析其原因:气球的大小变化都是由于气球内外的压强差引起的,球内外气压的变化可以是由温度、气体的质量与体积等引起的,如加热或吸放热反应,物理变化引起的打气和抽气,各种化学反应引起的对气体的产生和吸收、溶解等。这主要是根据化学变化揭开气球大小变化之谜,可以视具体情况进行酸碱盐的性质等的综合知识复习。还可以轻松实现某些知识的难点突破。例如,氢氧化钠和氢氧化钙对二氧化碳的吸收作用的不同,通过气球大小的变化可以明显地看到,从而使学生明白为什么吸收二氧化碳要用氢氧化钠,不能用氢氧化钙;氢气球为什么飞不起来?是因为用盐酸制取的氢气不纯,盐酸易挥发氯化氢气体等,在轻松有趣的实验中,学生很容易领悟其原因,并加深了对盐酸性质的认识。气压差的知识还能迁移应用到《造喷泉实验》,通过对喷泉产生的各种方法、各种现象的解释,再一次从化学变化的视角复习了酸碱盐等的性质。

例三:《膨化食品中的气体是什么?——氧气、二氧化碳的复习》主题——通过对膨化食品中的气体的猜想、实验方案的设计、实验的验证等一系列问题的解决,可以很好地复习气体,尤其是氧气和二氧化碳的性质。

(二)类型 2——"情境主题式的一境层探"实验探究复习(图 9.12)

因为教师所创设的生活情境中所包含的若干个问题(即探究任务)是层层

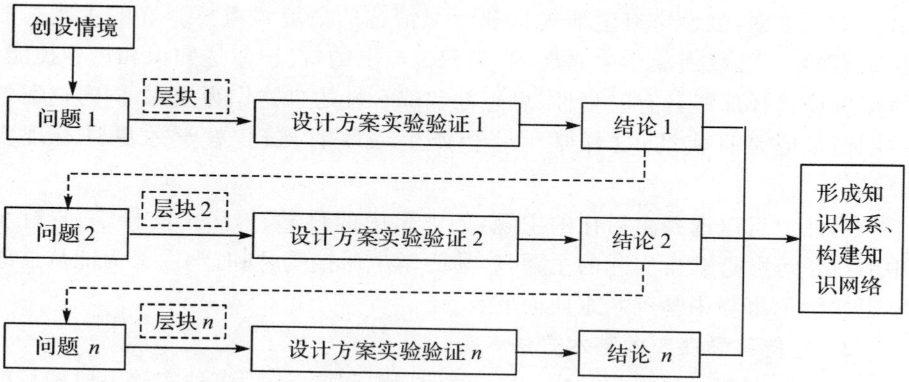

图 9.12 "情境主题式的一境层探"实验探究复习教学

递进的关系，甚至是在完成问题1(或探究任务1)的过程引发了问题2(或探究任务2)，从而形成几个环环相扣的、紧密咬合在一起的教学层块(或教学环节)。

操作要点：要选择合适的主题情境，该情境中要包含可以探究的问题，并且在一个问题解决后，会出现另一个探究的问题，还要精心安排各个问题包含的知识内容的梯度，由表及里，由易到难，由简单到复杂，层层递进。

例一：《气体的检验和除杂》主题——分别设置了从一种气体到多种气体检验，从气体的直接检验到先转化再检验，从气体的检验、除杂到检验与除杂的综合考虑等探究内容的梯度，在由简单到复杂的层层推进过程中，同时兼顾试剂、仪器的选择及装置的搭配顺序等实验探究中具体操作上的思想方法，学生在探究过程中不断地归纳提炼方法成了课堂探究的主线，使得课堂容量充实、探究思路顺畅。

例二：《再探氢氧化钠——酸碱盐的复习》(见本章教学案例1)主题——氢氧化钠是否变质？是部分变质还是全部变质？变质了如何除杂？也是从简单到复杂层层递进，同时兼顾试剂、仪器的选择等实验探究中具体操作上的思想方法，既复习了酸碱盐的性质，又复习了物质的检验和除杂等方法。

例三：《常见离子的鉴别——酸碱盐的复习》主题——从给定器材，到器材任选，也是从易到难、从简单到复杂的一个层层推进的过程(见本章教学案例2)。

第三节 主题式实验复习教学的实践反思

一、多样的实验活动，充分调动了学生课堂学习的活力

兴趣是最好的老师，而实验的教学方法因激发了学生的学习兴趣而深受学生喜爱。学生是学习的主体，只有让学生真正参与到课堂的学习活动中，学习才能高效地进行。通过主题式的实验和问题的精心设计，使学生感到既熟悉又新鲜；实验和问题既具有梯度性，让不同层次的学生都能动手实验和参与讨论，又具有开放性，思考的角度和问题的结论都不是固定的，自然能引发学生深刻的思考，这也是有效学习活动的核心。在学生深刻思考的基础上，通过实验加深了其对问题的理解，提高了动手能力，也进一步增强了学习科学的兴趣。学生能持久地处于兴奋状态，其课堂学习的活力被充分调动。

二、真实的教学情境，有效激发了学生学习的内驱力

把问题蕴含在真实的生活情境中，通过有效情境的创设，引发学生的问题意识，激活学生的思维。在问题的解决过程中对知识进行提取、梳理和应用，

不仅很好地构建了知识网络，更重要的是使学生深切感受到科学与生活的密切联系，科学是用来解决生活中实际问题的学科，从学生的内心深处激发了学习科学的欲望和热情，也充分体现了从“生活走向科学，科学走向社会”的核心教育理念。

三、多元的教学目标，培养了学生综合解决问题的能力

蕴含主题知识的实验教学设计，不仅注重学生知识的获取和知识网络的建构，实验观察和基本的实验操作等实验技能的提高，还注重学生观察实验和现象描述、合理猜想、实验方案设计、分类、对比等方法的培养，更关注学生学习兴趣的激发、问题意识和创新能力的培养，以及学科价值观的形成，以达到教学目标的多样化，有效培养了学生综合解决问题的能力，提高了学生的科学素养。

主题式实验复习从另一个视角整合了教材知识，实现知识的网络建构。它能避免讲练方式的枯燥乏味，不仅能激发学生学习的兴趣和内驱力，而且还有效地培养了学生发现问题、分析解决问题、自主建构知识等多种能力，从而提高初中科学复习的实效性。然而，它也面临着一些问题。蕴含着某一主题知识而又生动有趣的、真实的、能开展实验研究的教学情境是主题式实验复习发展的关键，有待更多的开发。

第四节　教学实录

案例1　《再探氢氧化钠——酸碱盐的复习》教学实践与反思[①]

随着我校“备、议、导、练”课堂教学改革的不断深入，“学为中心”、“以学定教”、“能力为重”的教学理念已成为我校全体教师课堂教学的设计理念。浙江省舟山市普陀区初中科学“生本课堂”教学评比活动中，东港中学初三备课组集体备课参与教学活动设计，由周凯老师执教的“再探氢氧化钠”科学实验探究复习课给所有听课教师留下深刻印象。

一、教学内容

浙教版《义务教育教科书·科学》九年级上册第一章《物质及其变化》。

① 本案例由浙江省舟山市普陀区东港中学陆海斌老师提供。

二、教学目标

（一）知识与技能

1. 掌握 NaOH 变质的原理。
2. 掌握 Na_2CO_3 的一般检验方法。
3. 掌握 OH^- 的一般检验方法。
4. 能写出分别与 Na_2CO_3、NaOH 反应的化学方程式。

（二）过程和方法

1. 培养学生设计实验方案的一般思路和方法。
2. 提高学生实验技能和动手能力。
3. 培养小组合作能力。

（三）情感、态度与价值观

1. 培养学生严谨的思维习惯。
2. 使学生掌握探究技能，提高科学素养。
3. 增强学生的实践意识，培养他们敢于质疑、敢于创新的思维品质。
4. 加强学生间的分工协作，培养团结合作意识。

三、教学重点、难点

重点：

1. 掌握对 CO_3^{2-}、OH^- 相互干扰时的检验方法。
2. 培养学生实验方案设计思路。
3. 掌握实验操作技能。

难点：

1. 学生小组合作的掌控和把握。
2. 学生思维的启迪和提升。

四、课前准备

实验室提供 NaOH 溶液（样品）、$Ba(OH)_2$ 溶液、$CaCl_2$ 溶液、稀盐酸、蒸馏水、4 支试管、2 只烧杯、滴管、废液缸、毛巾。

五、教学过程

（一）备学检查，复习旧知

师：利用 2～3 分钟时间，组内相互批改昨天要求完成的备学内容，小组长重点关注并指导第 4、5 小题，看哪一组方法多。

（学生分 5 个小组，各小组学生在组内相互批改备学内容，统一答案。教

师巡视各组，对各小组统一的答案进行评价)

【设计意图】 教师课前选择一些为本节课教学目标服务的基础性题目，要求学生备学，使学生在这节课学习前对这节课所涉及的基础知识做预习，这样，学生在这节课获取知识时不会因为基础知识的遗忘、欠缺而受到影响。在课堂上利用 2～3 分钟时间，小组交流互批，教师参与指导，也能使教师对学生的学情进行整体掌握，有利于教师确定教学起点。

(二) 课中议学，点拨引导

1. 再探议学，思维启迪

任务一：氢氧化钠是否变质？

师：通过检测备学，大家知道 NaOH 固体不能露置在空气中，那么 NaOH 溶液(此时教师拿起其中一组已经准备好的 NaOH 试剂瓶，问学生)能不能露置在空气中呢？请说说你的理由。

生：不能，因为 NaOH 溶液在使用时会与空气中的 CO_2 气体反应产生 Na_2CO_3，这样 NaOH 溶液就变质了。

师：现在老师交给各小组一个任务：仔细观察实验室提供的试剂，结合课前检测 5，设计几种方案，来证明我们桌上这瓶 NaOH 溶液是否变质。要求各组先设计方案，再动手实验，同时记录员把操作方法与过程、实验现象、最后得出的结论记录在课堂学习单上，看哪一组方案又多，完成得又快。

(各组在组长的主持下一起设计方案并动手实验，组内交流并完成任务一。小组活动时，教师巡视并指导各小组活动)

师：下面请各组同学派代表来汇报你们的活动成果。

生 1：用 $CaCl_2$ 溶液，有白色沉淀生成，说明这瓶 NaOH 溶液变质了。

师：为什么用 $CaCl_2$ 溶液可以检验 Na_2CO_3？

生 1：$CaCl_2$ 与 Na_2CO_3 反应生成 $CaCO_3$ 白色沉淀。

(教师根据学生汇报过程进行板书，板书内容为：检验对象、操作方法、现象、原理、结论)

【设计意图】 板书导学，方法提炼：板书进行“检验对象—操作方法—现象—原理—结论”这样的设计，既是对科学探究学习、认识事物的方法进行归纳提炼，也是对学生学习方法的引导点拨，同时还为学生对此类实验探究的表达起到了模板示范的作用，在此，教师用精心设计的板书对学生进行了很好的板书“导”学。

师：$CaCl_2$ 属于哪一类物质？

生 1：盐。

师：除 $CaCl_2$ 外还可以用哪些盐来检验 Na_2CO_3？

生 1：$BaCl_2$ 溶液。

师：为什么可以是 $BaCl_2$ 溶液？

生 1：$BaCl_2$ 也能与 Na_2CO_3 反应生成 $BaCO_3$ 白色沉淀。

师：说明检验 Na_2CO_3 可以用哪些盐？

生 1：含 Ba^{2+} 和 Ca^{2+} 可溶性盐。

师：用含 Ba^{2+} 和 Ca^{2+} 可溶性盐能证明 Na_2CO_3 的存在，还可以用哪些物质？

生 2：用 $Ba(OH)_2$ 溶液检验，有白色沉淀生成，说明这瓶 NaOH 溶液变质了。

师：为什么用 $Ba(OH)_2$ 溶液可以检验 Na_2CO_3？

生 2：$Ba(OH)_2$ 与 Na_2CO_3 反应生成 $BaCO_3$ 白色沉淀。

（教师根据学生汇报过程进行板书，板书内容为：检验对象、操作方法、现象、原理、结论）

师：$Ba(OH)_2$ 属于哪一类物质？

生 2：碱。

师：还有哪些碱可以用来检验 Na_2CO_3 的存在？

生 2：用 $Ca(OH)_2$ 溶液。

师：说明检验 Na_2CO_3 的存在还可以常用 $Ba(OH)_2$、$Ca(OH)_2$ 碱溶液。

师：还有哪些方案？

生 3：用稀盐酸，有产生气泡，NaOH 溶液变质了。

师：你们小组是否注意过气泡是一开始产生，还是过一段时间产生？

生 3：过一段时间产生。

师：你能解释这一现象吗？

生 3：一开始滴加稀盐酸，因少量稀盐酸先与溶液中的 NaOH 反应，NaOH 被反应完后，滴加进去的稀盐酸才与 Na_2CO_3 反应产生气泡。

师：这说明在这个方案中我们在滴加稀盐酸应少量还是足量？

生 3：应足量。

（教师根据学生汇报过程进行板书，板书内容为：检验对象、操作方法、现象、原理、结论）

【设计意图】问题导学，点拨归纳：教师根据学生设计的方案、实验结果，通过“属于哪一类物质”、“还有哪些此类物质也可以进行实验鉴别”等问题进行适时、巧妙地引导，既复习了物质的分类知识，同时又引导学生学会用“归纳”和“演绎”的方法进行学习应用，还充分利用学生生成的学习资源，通过追问“你们小组是否注意过气泡是一开始产生，还是过一段时间产生”引导学生关注实验细节现象和试剂量的控制，在此很好地应用了问题“导”学。

2. 互动合作，议学导学

任务一是从真实的问题情境中，从实验观察、学生的疑惑出发提出任务，使学生有迫切解决问题的欲望，增强了学生对此任务学习的主动性。设计小组合作为解决任务的平台，体现了课堂议学，让学生在“兵教兵”的愉悦氛围中获取知识。学生的方案设计、动手实验等都是对知识和技能的练习。小组合作使各层次的学生都得到不同程度的发展。教师通过巡视指导活动，对不同组所遇到的问题进行导学。教师还根据学生活动组织集体导学，在导学过程中层层递进，开拓学生思维，提升学生学力，从而解决了学生期待解决的问题。

3. 深探议学，知识提升

任务二：氢氧化钠是全部变质还是部分变质？

师：这位同学汇报的现象，可以说明他们组这瓶 NaOH 已经变质了，那么各小组可以用哪些方法来证明 NaOH 是部分变质还是全部变质呢？请完成学习单任务二，要求：只写出操作方案，不进行动手实验，方案不受试剂的限制，完成后在组内进行互助交流。

（各小组学生开展活动。教师巡视，进行各小组活动指导）

师：下面由小组派同学来汇报任务二。

生 4：可以 $FeCl_3$ 溶液和 $CuCl_2$ 溶液。

师：为什么选用 $FeCl_2$ 溶液和 $CuCl_2$ 溶液？

生：因为 $FeCl_3$ 与 NaOH 反应生成红褐色 $Fe(OH)_3$ 沉淀，$CuCl_2$ 与 NaOH 反应生成蓝色 $Cu(OH)_2$ 沉淀等特征现象。

师：其他各组认为他们的方案可以吗？

师：单对 NaOH 的检验，用 $FeCl_3$ 溶液和 $CuCl_2$ 溶液可以吗？

生：可以。

师：但如果这瓶 NaOH 溶液部分变质，NaOH 溶液中有 Na_2CO_3 物质，Na_2CO_3 也会分别与 $FeCl_3$、$CuCl_2$ 反应都产生不溶于水的沉淀，干扰了 $FeCl_3$、$CuCl_2$ 分别与 NaOH 反应产生沉淀。因此，这里我们需考虑新生成的物质对特征现象的干扰。现在哪一组有新的想法？

生 5：加过量的 $CaCl_2$ 溶液，然后滴加酚酞试液。

师：请解释这样做的理由。

生 5：加过量的 $CaCl_2$，使其与 Na_2CO_3 完全反应生成 $CaCO_3$ 白色沉淀，排除了 CO_3^{2-} 的存在对 OH^- 检验的干扰，然后滴加酚酞试液检验 OH^- 的存在，来证明这瓶 OH^- 溶液已部分变质。

师：先排除了 CO_3^{2-} 存在对 OH^- 检验的干扰后，除加酚酞试液还可以加哪些试剂来证明 OH^- 的存在？

生 5：紫色石蕊试液、$FeCl_3$ 溶液、$CuCl_2$ 溶液、pH 试纸等。

（教师根据学生汇报过程进行板书，板书内容为：检验对象、操作方法、现象、原理、结论）

师：所以在混合物中检验其中一种物质存在时，要考虑新加入的物质或反应生成的物质对特征现象的干扰。

【设计意图】任务二建立在任务一完成的基础上，在学生动手实验之后，启发学生思考，引导学生对实验问题探究和深入。任务二是利用发散性思维提出的，体现了科学认知的过程。对任务的解决还是以小组合作作为最基本教学模式，把宝贵的课堂时间用于小组议学。教师参与小组活动的观测，倾听学生反映和反馈，并敏锐地捕捉小组学习过程中新问题、知识的生成点，使之成为课堂资源。教师组织集体议学及在教学中的导学，让学生在汇报过程中暴露不足，从而突破教学重点和难点，有的放矢，完成教学目标。

4. 拓展探议，学以致用

任务三：如何除去氢氧化钠中的碳酸钠？

师：为回收利用这瓶部分变质的 NaOH 溶液，实验室又会通过什么方法除去这瓶溶液中的 Na_2CO_3 杂质？请各组完成学习单中的任务三，要求每个学生思考出方案，然后在组内交流互助。

（学生独立思考，后小组合作。教师参与学生的交流指导活动。由小组派同学汇报任务三）

生 6：加入适量 $Ca(OH)_2$ 溶液过滤，不再产生气泡时说明除去了杂质。

师：为什么加 $Ca(OH)_2$ 溶液要适量？

生 6：防止过多的 $Ca(OH)_2$ 溶液成为新的杂质。

师：能不能加入适量的 $CaCl_2$ 溶液过滤，不再产生气泡时说明除去了杂质？为什么？

生 6：不能，因为 $CaCl_2$ 和 Na_2CO_3 反应有 NaCl 生成，NaCl 会成为新的杂质进入溶液。

师：除可以加适量 $Ca(OH)_2$ 溶液过滤进行除杂质，还可以加哪种物质？

生 6：加适量 $Ba(OH)_2$ 溶液过滤进行除杂质。

（教师根据学生汇报过程进行板书，板书内容为：检验对象、操作方法、现象、原理、结论）

师：那么我们一起来对小明为除去 NaOH 溶液中的 Na_2CO_3 所选的试剂做出评价。

生 7：这样做不行，盐酸与 Na_2CO_3 反应生成新的杂质 NaCl，并且加入盐酸也会与主要物质 NaOH 反应。

生 8：加过量石灰水的方法不行，因为过量就有新的杂质加入。

生 9：小明的评价是正确的。

师：(边小结边板书)通过这节课学习我们在物质检验时要考虑两点：一是反应产生有特征现象(板书：沉淀、气泡、颜色变化)；二是防止新加入物质或新生成物质对检验的干扰。

【设计意图】任务三的提出是为了完成实验室对药品除杂质的任务。通过对任务一和任务二的学习，学生已经有去除某种离子的思维模式，并在任务三中加以应用，体现学以致用的教学理念。通过组内交流，学生都能完成此任务；通过让学生评价在导学中预设的几种物质除杂质的方法的方式，巩固学生的除杂知识；通过学习单中“你对小明同学的点评做出评价”的练习，使所学新知识再次提到巩固。实验室对含杂质物质处理，也隐含着变废为宝的教育理念。

(三) 课堂“练”学，强化巩固

师：关于其他除杂质问题以及对加入试剂量的要求，我们会在以后的课堂中一起去探讨。下面我们通过练习1～5来巩固一下今天的学习成果，独立完成后小组互批，形成统一意见，将不同意见提出来课堂解决。

(生独立完成，小组交流互组，然后教师指定五位学生作答)

师：今天的课到此结束，课后请完成学习单中练习6。

【设计意图】当堂练习是检验课堂教学效果的重要环节，是了解学生习得知识的重要手段。通过先让学生独立完成学习单中的5道题目，而后小组内互批、交流互助的形式，既让学生巩固所学知识，也使教师掌握学生学习情况。课后作业练习6，是能体现整节课所学知识的课后练习，完成此练习能让学生达到灵活应用知识的目的。

六、教学板书设计

教学板书设计见图9.13。

七、教学反思

(一) 创设情境，任务驱动

本节课，以任务型教学为主线，通过真实的情境，提出了三个问题和任务，后面两个问题都蕴含在前面一个问题解决以后的情境中，层层探究。针对实验开始前观察试剂瓶时产生的疑惑，设计任务一：桌上这瓶NaOH溶液是否变质？实验探究解决问题，得出结论——确实是变质了。在此基础上设计任务二：是部分变质，还是全部变质？实验过程中，教师观察到部分学生发现在NaOH样品中滴加稀盐酸，一开始不产生气泡，能证明NaOH样品部分变质。教师马上调整问题：还有哪些方法可以用来证明NaOH溶液是部分变质还是全部变质呢？在实验结束后实验室如何处理变质的NaOH的问题中，又设计

再探氢氧化钠

一、NaOH 溶液是否变质?

检测对象	操作方法	现象	原理	结论
Na_2CO_3 (CO_3^{2-})	1. $CaCl_2$(可溶性盐,钙盐、钡盐↓)	白色沉淀↓	$Na_2CO_3+CaCl_2 = CaCO_3\downarrow+2NaCl$	变质
	2. $Ba(OH)_2$(可溶↓)	↓	$Na_2CO_3+Ba(OH)_2 = BaCO_3\downarrow+2NaOH$	变质
	3. HCl(足量)	↓	$Na_2CO_3+2HCl = CaCl_2+H_2O+CO_2\uparrow$	变质

二、NaOH 溶液是部分变质还是全部变质?

$NaOH(OH^-)$	$CaCl_2$(过量),再加酚酞	白色沉淀,变红	$Na_2CO_3+CaCl_2 = CaCO_3\downarrow+2NaCl$

三、如何除去 NaOH 溶液中的 Na_2CO_3?

Na_2CO_3 (CO_3^{2-})	$Ca(OH)_2$(适量),过滤	不再出现沉淀	$Na_2CO_3+Ca(OH)_2 = CaCO_3\downarrow+2NaOH$

小结:物质的检验:1. 产生有特征性的现象(↓ ↑颜色的变化)

2. 防止干扰(新加入物质,新生成物质)

图 9.13　《再操氢氧化钠——酸碱盐的复习》板书设计

任务三:实验室会通过什么方法除去这瓶溶液中的 Na_2CO_3 杂质?通过三个任务设计,教学情境一环紧扣一环,任务逐渐变难,让学生在实际情境中学会发现问题、提出问题、解决问题。

(二) 小组合作,师生互动

本节课中教学环节都是采用最基本的小组合作的教学模式。小组中的生生互动、教师参与小组的师生互动,使不同层次的学生都能共同提高。小组活动具有教师不可替代的作用。如在教学任务一时,利用小组合作,学生自主设计 NaOH 溶液是否变质的方案,且经过小组议学,自己找到答案,即分别用 $CaCl_2$ 溶液、$Ba(OH)_2$ 溶液、稀盐酸逐一进行检测,对检验对象、操作方法、现象、原理、结论,学生能说得明、讲得清,教学过程水到渠成,一气呵成。整节课在积极互动的氛围中进行,自然地激发了学生学习的欲望。

(三) 实验探究,点拨引导

本节课,从实验方案的设计、实验器材的选择,到实验验证的结果,使学生在真实的问题情境、任务解决中实现科学探究能力的提高。教师通过对问题的点拨引导，从多渠道对学生进行导学，很好地培养学生对科学知识、科学探究的方法应用和探究能力。如从 $CaCl_2$、$BaCl_2$ 溶液能检验 Na_2CO_3 的存在归纳出，用含 Ba^{2+}、Ca^{2+} 的可溶性盐能证明 Na_2CO_3 的存在。为培养学生对知识的演绎能力，教师又提出“还有哪些碱可以用来检验 Na_2CO_3 的存在”这一问题。学生能回答出常用 $Ba(OH)_2$、$Ca(OH)_2$ 溶液。教师还提出“在排除了 CO_3^{2-} 存在对 OH^- 检验的干扰后，除加酚酞试液还可以加哪些试剂来证明 OH^- 的存在”，学生回答用紫色石蕊试液、$FeCl_3$ 溶液、$CuCl_2$ 溶液、pH 试纸等。教师通过精练的语言导学、教学设计、师生对话，反复强化，实现了多重教学目标。

(四) 德育渗透，环境教育

本节课，多次小组合作的设计是德育教育的载体。学生在小组合作交流中学会与人交往，学会参与，学会要有责任感，学会倾听和沟通，学会尊重他人的优秀德育品质。教师在师生对话中，对学生不够全面的回答进行针对性地引导，使学生在获得知识的同时培养不言放弃的精神。对含杂质物质进行处理，废物利用，变废为宝，也是对学生环境保护、资源循环利用方面的教育。

案例 2 《常见离子的鉴别——酸碱盐的复习》教学实践与反思①

“生本理念”是指“真正以学生为主人的，为学生好学而设计的教育”理念。教学应以学生“学”的起点为起点，以学生“学”的状态为状态。另外，随着课程改革的不断深化，教师的教学理念也随之不断地更新：动手实践、自主探索与合作交流是学习的重要方式。开展小组间的合作学习，能够实现优势互补，促进知识的建构，培养学生的合作意识，给每一个学生创造主动参与学习过程的机会，促进学生的个性发展。

一、教学目标

1. 通过复习，使学生进一步理解酸碱盐的基本性质。

2. 通过复习，使学生掌握常见离子的多种鉴别方法，培养学生的发散性思维能力。

3. 通过小组合作学习，培养学生的合作意识，锻炼学生的语言沟通能力。

4. 培养学生认真细致的学习态度，养成主动与他人合作学习的良好学习习惯。

---

① 本案例由浙江省舟山市普陀区芦花中学陈舟炳老师提供。

二、设计思路

根据我校的"五环二评"的教学改革目标，以小组合作为载体，引导学生动手实践，自主学习，合作学习。让学生自主发现问题，讨论并解决问题，并运用相关知识解释更多问题。让学生在独学、对学、群学中解决问题，提升能力。基本流程为（图 9.14）：课前预习—展示分享—课堂小结—当堂检测—预习作业。

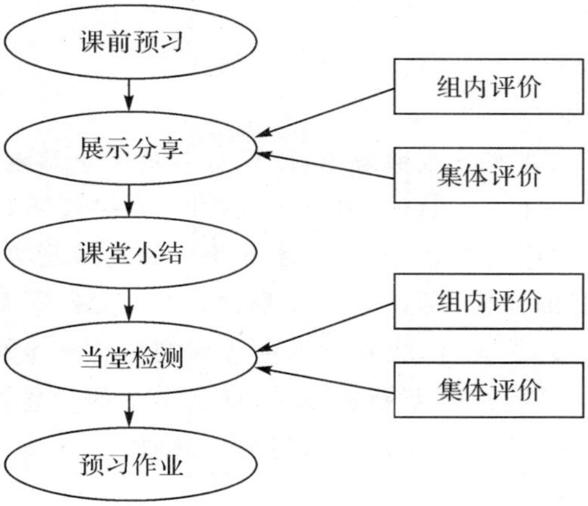

图 9.14　"五环二评"教学流程

三、教学过程

（一）自主预学

师：各组长都对昨天的预习案进行了批改帮教，接下来老师来检测一下。某某同学，请你来指定一位同学回答老师的问题。

生：某某同学。

师：请到前面来，请你在黑板上写出 NaOH 溶液变质的化学方程式。

（学生黑板上写方程式）

师：大家看这位同学写得是否正确？

生：正确。

师：好的，给这一组加 1 分。接下来还想检测一下大家对酸碱盐性质的掌握情况，完成当堂检测 1～4。

师：（2 分钟后）组长批改帮教。

组长 1：一个是酸，一个是碱，一个是盐，所以用紫色石蕊吗？用酚酞是不行的，酸性、中性溶液都是不变色的。

组长2：区别盐酸和硫酸不能用 $AgNO_3$，$AgCl$ 是沉淀，Ag_2SO_4 也是沉淀。

师：好，停下来，请某某同学来汇报一下结果。

【设计意图】课前预习是独学环节，主要是为了使学生掌握酸碱盐的基本性质。学生在书本上都能找到答案，但也容易遗忘，所以通过组内合作的方式让学生回忆相关知识，通过抽查督促学生学习的有效性，同时对学生的表现做初步评价。教师通过检测预判学生的掌握情况，此环节师生都为课堂学习进行了“备学”。

(二) 展示分享

1. 组内小展示

师：每组的桌上都有三瓶贴着A、B、C标签的无色溶液，它们分别是盐酸、硫酸中的一种；NaOH 溶液、$Ca(OH)_2$ 溶液中的一种；NaCl 溶液、Na_2CO_3 溶液中的一种。(边说边板书)请大家拿出昨天设计的鉴别方案，在小组内讨论，选出你们认为最好的方案，可以是最特别的，也可以是现象最明显的，还可以是所用试剂最少的。选出后，根据你们的方案到前面来拿相应的试剂，现场检验你们的方案是否可行。每鉴别出一种，就用桌上的标签把它标出来。注意：做记录的同学做好过程、现象的记录，还有问题吗？

生：没有。

师：好，现在开始拿出方案。

(学生站起来讨论，教师巡视解疑)

甲组：老师，这里没有 CO_2。

师：你用 CO_2 是为了鉴别哪种物质？想想能否用其他试剂来代替。

生：鉴别 NaOH 和 $Ca(OH)_2$，也可以用 Na_2CO_3 来代替。

乙组：老师，我们想用 $CuSO_4$ 鉴别碱和盐，结果两支试管都有蓝色沉淀生成，这是怎么回事？

师：你认为蓝色沉淀是什么？

生：一种是 $Cu(OH)_2$ 啊。

师：其实 $CuCO_3$ 也是蓝色沉淀，所以你们要另找方法来鉴别。

师：(对丙组)你们可以试试鉴别盐酸和硫酸能否用 $AgNO_3$ 溶液。

生：两支试管都变浑浊了，不行。

(10分钟后，五组同学坐下)

【设计意图】这一部分教学内容的前置，是让学生有充分的独立思考时间，让一部分学生在组内展示时也有话可说，不至于充当旁听者、陪衬者；另一部分同学则通过解释其他同学的不足之处，让自己的能力得到很大的提升。

同时，给学生充足的时间让学生的思维"飞"起来，能给课堂带来更多的惊喜，培养了学生的质疑、探究、合作能力。通过当堂的实验操作提高了学生的学习兴趣，强化了理论知识。

2. 全班大展示

师：有五组已经完成的，停。哪一组愿意上来展示一下你们的过程？

甲组：我们组先在三支试管中加入少量无色溶液，然后分别滴入紫色石蕊试液，发现有B溶液的试管变红色，另两个变蓝色，所以B是酸；我们又在试管中加入 $BaCl_2$ 溶液，发现变浑浊，所以我们认为B是硫酸；我们又取两支试管，分别加入少量A、C溶液，再加入 Na_2CO_3 溶液，发现装C的试管出现白色沉淀，所以我们认为C是 $Ca(OH)_2$ 溶液；最后在A试管中加入鉴别出来的硫酸，出现了气泡，所以我们认为A是 Na_2CO_3。

师：他们组的方法好不好？

生：好。

师：那我们是不是该给点掌声啊？

(生鼓掌，教师给这一组加1分)

师：还有哪组想上来展示？

乙组：我们是先加 $BaCl_2$，结果发现A和B出现白色沉淀，C没有沉淀；又在沉淀中加入稀硝酸，发现A沉淀溶解产生气泡，B沉淀不溶解；所以A是 Na_2CO_3 溶液，B是硫酸；再在C中加入 Na_2CO_3 溶液，结果出现白色沉淀，说明C是 $Ca(OH)_2$ 溶液。

师：他们的方法好不好？

生：好。

师：不过。老师发现一个问题，他们在说加试剂时，加到哪里去啊？是直接加到瓶子里吗？(边说边拿试剂瓶做倒的动作，生笑)所以我们语句的表述一定要准确，先要取少量溶液于试管中。

师：还有哪一组？

丙组：我们也是先在三支试管中加入无色溶液，然后分别滴入紫色石蕊试液，发现B变红，A、C变蓝；再在B中滴入 $BaCl_2$ 溶液，出现白色沉淀，所以我们认为B是硫酸；再在A、C中滴入稀盐酸，A出中现气泡，所以A是 Na_2CO_3 溶液；最后在C溶液中加入 Na_2CO_3 溶液，出现白色沉淀，所以C是 $Ca(OH)_2$ 溶液。

师：他们的方法正确吗？

生：正确。

(教师给这一组加1分)

【设计意图】这一部分是本节课的高潮所在，在展示中学生充分发挥自己的特长，尽情展示着属于他们自己的精彩，各种能力得到有效的提升，充分体现群学的作用。这时候，教师也只能当个旁听者，对学生的表现做适当的评价。

（三）课堂小结

师：刚才大多数组的第一步都是加紫色石蕊试液，这是为了鉴别哪一种是酸？其实是鉴别酸中的什么离子？

生：H^+。

（教师板书）

师：也就是说 H^+ 的鉴别可以用紫色石蕊试液，除了这种方法，还有其他的方法吗？（停顿，看到学生没反应，又提示）大家可以从酸的性质去思考。

生：可以加 $CaCO_3$。

师：除了 $CaCO_3$，还可以加 Na_2CO_3 等碳酸盐，只要看到什么现象？

生：产生气体就说明有 H^+。（教师板书）

师：还有吗？

生：加活泼金属，产生气泡。（教师板书）

师：很好。

师：鉴别出酸以后还要鉴别是盐酸还是硫酸，这主要是鉴别有没有 Cl^- 或 SO_4^{2-}，我们用什么来鉴别？

生：用 $BaCl_2$ 溶液。

师：为什么不用 $AgNO_3$ 溶液？

生：因为 Ag_2SO_4 也是沉淀。

师：但是在一无色溶液中加入 $BaCl_2$ 溶液出现白色沉淀，能否说明其中一定含有 SO_4^{2-}？

生：不能，也有可能是 AgCl 沉淀。

师：所以我们在鉴别 SO_4^{2-} 和 Cl^- 的时候一定要注意干扰。（边说边板书）

师：加紫色石蕊试液后 A、C 都变蓝色，说明什么？

生：盐一定是 Na_2CO_3 溶液。

师：为什么？

师生齐：因为 Na_2CO_3 溶液呈碱性，俗称纯碱或苏打。

师：所以有人说：酸的溶液呈酸性，碱的溶液呈碱性，盐的溶液呈中性。这句话对吗？

生：错。

师生齐：因为 Na_2CO_3 溶液虽然是盐的溶液，但却呈碱性。

师：刚才的几组分别是用什么方法来鉴别 Na_2CO_3 溶液中的 CO_3^{2-} 的？

生：加酸产生气体。（教师板书）

师：还有其他方法吗？

生 1：加 $Ca(OH)_2$、$Ba(OH)_2$ 出现白色沉淀。（教师板书）

生 2：加 $CaCl_2$、$BaCl_2$ 出现白色沉淀。（教师板书）

师：最后剩下的是碱了，碱中有 OH^-，那么我们可以用什么来鉴别 OH^- 呢？

生：加紫色石蕊、无色酚酞。（教师板书）

师：为什么在鉴别酸的时候只用紫色石蕊，不用无色酚酞？

生：因为酸性、中性时，酚酞都不变色。

师：还有呢？

生：加 $CuSO_4$ 溶液出现蓝色絮状沉淀。（教师板书）

师：还可以加 $FeCl_3$ 溶液出现红褐色絮状沉淀。

师：这就是我们这节课要复习的内容，酸、碱、盐中各种常见离子的鉴别，你会了吗？

【设计意图】只有学生的展示容易让课堂偏离“轨道”，这时教师的“导”就显得尤其重要。通过适当的引领有利于学生构建知识框架，诱发学生积极思考，不但让学生更关注本节课的重点，也有效地突破了难点，体现了课堂小节这一环节的必要性。

（四）当堂检测

师：好，那我来考考大家，请完成当堂检测题 7～9。

（生做，教师巡视）

师：停，下面请同学来回答一下这几个问题，三组还没有得分的组每组来完成一题。

生 1：选 D，因为加入 $BaCl_2$ 后，生成的不溶于稀硝酸的白色沉淀可能的 $BaSO_4$，也可能是 $AgCl$。

生 2：不正确，因为 Na_2CO_3 溶液也呈碱性，也能使无色酚酞变红色。

生 3：还有可能酸过量，因为无色酚酞遇酸也不变色；第二小题选 B，因为能和 $BaCl_2$ 溶液生成白色沉淀的也可以是反应生成的 Na_2SO_4。

（教师分别加分）

【设计意图】当堂检测这一环节是必不可少的。通过当堂检测不但培养了学生的答题能力，更重要的是强化了本节课的重难点，让学生对知识的理解掌握又向前迈进了一步。

（五）预习作业

为下一节课作好准备：根据本节课教学达成度提出下节课的预习要求，下达预学任务单，并安排适当的作业。

【设计意图】不管是多么聪明的学生，仅凭课堂40分钟的时间，掌握的知识肯定是有限的，并且也容易遗忘。所以，适当的作业有利于学生加深理解课堂内容，更好地掌握知识，同时也为下一堂课的内容做必要的准备。

四、教学反思

本学期以来，我一直尝试着遵循学校的“五环二评”教学模式来设计教学过程，充分体现“真正以学生为主人的，为学生好学而设计的教育”理念，尽可能让学生通过独学、对学、群学的学习方式来解决问题。经过半个学期的探索实践，我感受到了在交流合作过程中每位学生的成长。

（一）用预习稿引领学生的预习

“五环二评”的第一环是课前预习，如何让学生进行针对性的有效预习是教师首先要解决的问题。本学期，我在预习案的编制上不再是简单的课本知识的重复，而是不断地渗透对不同层次学生的不同要求，增加了知识结构图的描绘和针对性的练习。比如，本节课中对于酸碱盐的基本性质的预习不再是简单知识罗列，而是以知识结构图的形式呈现，使所有知识一目了然，同时也有利于学生把握重点，突破难点，使预习案更像是学生掌握知识的“路线图”。同时，在预习案后都有四五道练习题供学生课前自主检测，让学生自己检测自己的预习情况，给学生独学的机会。

（二）给学生自主解决问题的机会

通过预习独学，学生有了一定的相关知识积累，同时也产生各种疑问，那么这些疑问是否都需要教师来解答呢？答案是否定的。所以在本节课中，我并没有急于评价学生课前设计的方案，而是通过对学让他们在小组内讨论自己的方案，把方案尽可能合理化。在对学过程中，给学生提供自主实践的机会，为学生营造一个自主发挥、自由创造的空间，每个学生都在参与中体验学习的快乐。正是这样的模式，使“课堂”变成“学堂”，让每个学生都学会动脑，有利于学生各种能力的培养。

同时，科学是一门以实验为基础的学科。实验无论是在新授课还是在复习课中都扮演着相当重要的角色。实验可以起到提高兴趣、整合知识、突破难点的作用。只有实验才能让学生对结论感到信服，使学生学起来轻松愉快，从而提高学生的学习兴趣，达到事半功倍的效果。本节课中，通过实验使学生对稀盐酸和稀硫酸的鉴别为什么只能用 $BaCl_2$ 溶液而不能用 $AgNO_3$ 溶液有了感性的认识，也就有效地突破了这一难点。尤其是这个实验的方案还是学生自己设计的，他们做起来更是兴奋异常。

（三）让学生有展示自我的场所

过去我总担心学生对知识的理解、语言的表达能力不够，不能很好地自主解决问题。所以课堂上要么我讲，要么引导学生讲，有时候还要翻来覆去讲好几遍，就怕学生听不懂。按照这种思路，复习课的一般模式是：第一步是基础知识回顾；第二步是把易错点、重难点、常考点、各种题型归类；第三步是理清解题思路，总结解题策略；第四步练习检测，看学生掌握得怎么样。问题是，教师讲完了，学生真的掌握了吗？即使学生当时掌握，只要不经常复习，很快就会遗忘，那我费尽口舌的讲解不就白费了吗？

根据美国学者艾德加·戴尔的“学习金字塔”(图 9-15)理论：“讲授”，就是我们平时所说的老师讲、学生听的教学模式，24 小时后学习的内容只能留下 5%。而“小组讨论”，24 小时后学生可以记住 50%的内容。“实际演练”，24 小时后学生可以记住 75%的内容。“向其他人教授或对所学内容的立即运用”，24 小时后学习内容能留下 90%。

图 9.15　学习金字塔

所以本节课上，教师尽量少讲、不讲，让学生在对学、群学中发挥小组合作的作用，调动每个学生的积极性。学生对在小组讨论、实际演练、向他人教授的过程中迸射出的智慧火花、获得的知识往往会印象深刻。由学生给学生讲解的知识，更便于学生理解，这方法对学困生也有很大的促进作用。

总之，在“生本理念”的引领下，在“五环二评”课程改革模式的带动下，通过小组合作的课程改革实践，在教学中尽可能给学生提供自主实践的机会，为学生营造一个自主发挥、自由创造的空间。将课堂的主动权交给学生，使“课堂”变成“学堂”，给他们多一些表现的机会，让学生在完成任务的过程中探索知识，提高能力，收获智慧。

第十章　初中历史与社会前置性学习的教学实践

新课程标准实施以来，课堂教学还普遍存在着一些错误认识，即认为教师讲过就是学生学过，教师讲得越多就代表学生学得越多，越能体现教师的权威性，殊不知被剥夺了学习自主性而被动接受的学生已经厌倦了那种传统的以听代学的“保姆式”学教方式。同时，由于中考社会·思品学科实行开卷考试，虽从某种意义上来说是将学生从死记硬背的沉重课业负担中解放出来“快乐”学习，但是，中考社会·思品学科只计60分的现实，又进一步加重了部分社会群体对本学科的误解，导致学生不重视，只寄希望于抄课本来应付考试。纵观近几年中考题，综合性强，凸显了对学生的综合应用能力、思维创新能力和社会实践能力的考查，事实上开卷考难于闭卷考，仅靠考试时抄课本是不管用的。从经济学的角度来讲，课堂教学教师投入多，学生产出就少，课堂效率就低，学科质量就会受影响，学生也会感到“快乐并痛着”；反之，课堂效率就高。所以，从哲学的辩证法角度来讲，教师投入与学生产出是相互制约又相互依存的。面对学生自主意识的迅速发展，传统的教学方式不仅抑制了学生的创造性发展，而且与轻负增效课堂教学相悖。基于新一轮课程改革倡导的以生为本的生本教育日臻成熟，大胆放手，让学生去独学、预学、交流、展示、质疑、拓展成为课堂新风向。观察“新课堂”发现，前置性学习在实施“生本教育”中具有独特的价值：学生的思维会不断碰撞，创新能力会不断提升，课堂会不断增效；既能解放教师，也能解放学生。

第一节　前置性学习的概念与目标

一、概念

所谓前置性学习，就是指学生在学习新知识前，在教师引导下以问题为中心，进行自主学习的学习方式。这种学习方式要求学生尝试学习前置，问题前置。一般做法是：教师可以根据教学内容、学情安排提前制作预学导学单；学生可以在课前先学做单，或在课中先学做单；按照课型来选择先学形式。

(一) 基于落实"生本教育"理念

华南师范大学郭思乐教授在《教育走向生本》中指出："生本教育的方法论就是'先做后学，先会后学；先学后教，少教多学，甚至不教而教'。"①前置性学习、小组合作学习、交流讨论是生本教育常规的课堂教学方法。教师通过前置性学习，鼓励学生先学，把学习主动权、探究权、评价权交给学生。教师处于"帮学"地位，凸显"学为中心，以生为本，能力并重"的生本教育理念。

(二) 基于实施课程标准要求

《义务教育历史与社会课程标准(2011年版)》指出："本课程具有'实践性'：本课程强调历史与现实、自然与社会之间的密切联系，注重学生的主动学习，提倡体验、探究、合作的参与过程，采用多种学习方式，提高学生的创新能力和社会实践能力。"《义务教育历史与社会课程标准(2011年版)》在"实施建议"中明确要求："教师要适应素质教育的需要，以学生发展为本，依据课程标准展开教学活动。在教学中，教师要引导学生自主学习、合作学习和探究学习，促进学生终身发展。"②

因此，我们努力尝试符合学科特点的课堂教学模式，坚持"三学"(学生自主学习、合作学习、自我巩固)、"三导"(教师指导学法、引导探究、督导评价)、"三评"(学生预学阶段、探究阶段、巩固阶段，在"会通读教材梳理知识"、"会提问"、"会释疑"、"会合作"四方面进行自评和互评)，真正让生本课堂落地。

二、主要目标

有效实施前置性学习，将改善传统的课堂模式，突出学为中心的主体作用，需要课堂教学努力实现以下五个教学目标：①形成具有教师可操作性的前置性学习课堂教学模式；②培养学生预学能力，提高课堂效率，提升学科质量；③激发主动学习热情，促进学生思维能力可持续发展；④创设从师本走向生本的民主、和谐的高效课堂氛围；⑤培养团队合作意识和能力，尊重、理解、欣赏他人。这些目标的实现最终利于提高学生的学习能力。

第二节　前置性学习模式的操作流程与基本步骤

一、前置性学习模式操作流程

前置性学习模式操作流程见图10.1。

---

① 郭思乐. 教育走向生本[M]. 北京：人民教育出版社，2001.

② 中华人民共和国教育部. 义务教育历史与社会课程标准(2011年版)[S]. 北京：人民教育出版社，2012.

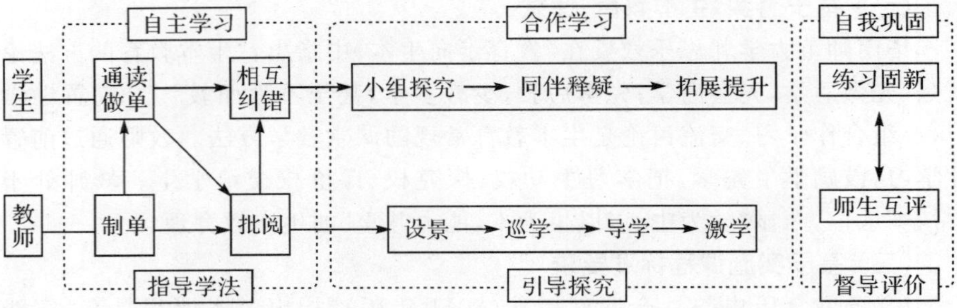

图 10.1　前置性学习模式操作流程

二、前置性学习模式操作基本步骤

(一) 教师制单,学生先学做单

“制单”,即教师制作预学导学单,课堂教学重心前置。是教师在准确解读课程标准、教材的基础上,以培养学生自主学习为主要任务,以学情为依据,设计学习任务的环节。在导学单上,教师要列出本课学习内容,预设好适切的课前基础练习、课中提升练习、课后巩固练习。

“做单”,即学生自主完成预学导学单。做单可以课前进行,也可以课中进行;课型不同,做单时间也有所不同。学生可以在课前根据预学导学单的要求,在通读教材后,初步梳理好知识要点,完成相应的基础练习,并把知识问题化,提出对某个知识的疑问,提出自己对某个方面的看法及拓展意向等。

“批阅”,即教师在学生自主做单、完成相应的预学目标基础上,进行批阅的环节。这一环节使学生的问题、疑难、矛盾得以提前暴露、展现、反馈,利于教师及时调整教学策略。

(二) 设置情境,教师导入新课

“情境”即指客观存在的直观、具体的场景。良好的开端是成功之母。教师通过创设多元情境,由近及远,从已知到未知,设疑激趣,吸引学生眼球,有利于满足学生的好奇心,培养学习兴趣,激发学习积极性,让学生发挥想象,积极配合教师教学,从而活跃课堂气氛,提高教学效果。

(三) 教师巡学,学生相互纠错

“巡学”,即教师巡视课堂参与学生预学做单的活动或小组合作交流的过程,及时掌握反馈信息,及时发现学生普遍存在的问题,及时补差。

“相互纠错”,即学生通过小组合作,对导学单中不懂的内容进行相互答疑纠错。教师让学生对学习单进行充分的交流,解决个别基础性问题,并提出共性问题。这个环节便于教师及时调整教学,做到预设与生成相结合。

(四) 教师导学，学生小组探究

“导学”，即教师设置疑难问题，以导为主线，学为主体。这个环节强调学生在教师指导下进行渐进式自主学习。比如，学生进行合作探究时，教师处于“帮学”地位，对学生组间的提问、回答进行倾听、启发、引导、解答，并对学生的各种参与结果，即时激励评价。

(五) 教师激学，学生拓展提升

“激学”，即教师再次创设教学情境，对学生进行学法指导，并对学生提出的课中不懂、有疑惑的问题进行整合，激发学生运用新知解决问题。在学生展示、质疑、释惑的过程中，教师顺势而导，突破重难点，拓展提升，并通过练习，促进学生学以致用，巩固新知。

第三节　前置性学习过程评价

教学需要评价。评价是教学过程中不可缺少的一部分。过程评价是指在课堂教学活动中，教师及时了解学生动态学习过程的效果。评价内容有“会通读教材梳理知识、会提问、会释疑、会合作”。

前置性学习过程评价主要关注学生的学，又可以督促和鞭策学生学会发现问题、分析问题、解决问题，操作简单易行，令学生从“要我学”向“我要学”转变，做到自评和互评相结合(表 10.1)。

表 10.1　前置性学习过程评价表

学生学习过程	会通读教材梳理知识	会提问	会释疑	会合作
预学阶段				
探究阶段				
巩固阶段				

学生自评：学生对自己的学习态度、效果等进行自评，有助于学生自己发现其中的闪光点和薄弱点，了解自己的进步之处和不足，从而树立学习自信心，培养自己调控学习活动的能力。

小组互评：学生之间，可就各自的学习过程进行相互评价，有助于学生在不同的思维方式和观点中相互碰撞，逐步培养学生尊重、理解、欣赏他人的态度和能力，培养团队合作意识和合作能力，倡导良好的学习研讨氛围。

前置性学习是一个全新的教学理念，令学生学习的主体性得到了充分发挥，课堂效率及学习兴趣有了明显提高。但生本课堂中教师要把更多的时间交还给学生，要避免课堂看似活跃、实则流于形式。那么，教师如何做到精讲、点拨、引导、拓展？学生如何把学习成为自觉行动？这项课题任重而道远，还需要教师强化教法和学法指导研究，从而达到课堂教学的最高境界：教者不见自我、学者忘我学习的生本课堂。①

第四节 教学实录

案例1 《开疆拓土与对外交流》教学实践与反思②

学生是教育的重要资源，前置性学习是生本课堂激发、调动这一资源的有效方法。其核心内容就是教师提前制作预学导学单，引导学生在学习新知识前尝试自主学习，初步了解学习内容，教师处于帮学地位。下面我以教学实践课为例，与大家分享。

一、教学内容

人教版《义务教育课程标准实验教科书·历史与社会》八年级上册第三单元第四课《开疆拓土与对外交流》。

二、教材分析

本课教材选取了秦朝为抵御匈奴修建长城，汉与匈奴的和与战政策，张骞出使西域，丝绸之路的开辟，汉的对外交流史实等内容，让学生理解民族友好这一理念的历史渊源，初步培养正确认识、评价历史人物和历史事件的能力。

三、教学目标

知道匈奴的兴起，了解秦汉统治者为抵御匈奴侵扰所采取的巩固边疆的措施及结果，了解西汉与西南地区及朝鲜、日本的关系，理解汉时匈奴政策变化的原因。理解我国古代民族交往的主要方式是战与和，其中和是主流。能够正确识读《张骞出使西域路线图》和《丝绸之路示意图》，培养学生从图中获取信息的能力，能够正确认识张骞在西汉对外交流中的作用，进一步感悟张骞的"凿空"精神。

四、教学重点、难点

重点：汉朝与匈奴关系的变化、张骞出使西域。

---

① 郭思乐．教育走向生本[M]．北京：人民教育出版社，2001．

② 本案例由浙江省舟山市普陀区朱家尖中学翁海英老师提供，普陀区第二中学童海斌、林海存老师点评。

难点：我国古代民族交往的主要方式是战与和，而和是主流。领悟张骞的“凿空”精神，明白统一的多民族国家是各族人民共同创造的。

五、设计思路

教师提前制作预学导学单，引导学生在学习新知识前先学做单，尝试学习前置、问题前置，培养学生自主学习和小组合作学习。基本流程：教师制单，学生先学做单（课前）—设置情境，教师导入新课—教师巡学，学生相互纠错—教师导学，学生小组探究—教师激学，学生拓展提升。同时，在课前发给每位同学一张学习过程评价表，要求学生在预学、探究、巩固三阶段从“会通读材料梳理知识”、“会提问”、“会释疑”、“会合作”四方面进行自评和互评，课后提交学习过程评价表由教师进行综合评价。

六、教学过程

（一）教师制单，学生先学做单（课前）

（二）设置情境，教师导入新课

师：同学们请先欣赏一组风景优美的图片！猜一猜：这些图片反映了我国哪个地区的自然风光？

生：内蒙古草原。

师：对，是内蒙古草原，那么请你想象一下，在秦汉时期，在这片草原上曾经活跃着一个古老的游牧民族，你知道是什么民族吗？

生：匈奴。

师：回答得很好。

（多媒体展示：匈奴——古老的游牧民族，秦始皇末年，形成强大的国家，首领称单于）

师：今天，让我们穿越时空的隧道，一起来了解秦汉时期与匈奴的民族关系。

【设计意图】通过创设近景，展示一幅幅学生熟悉的美丽草原的图片，设疑激趣，能快速吸引学生眼球，揭示主题，腾出时间为后续学习所用。

【点评】教师通过设置情境，由近及远，从已知到未知，导入新课，简洁、自然、紧扣主题，揭开了现在的内蒙古草原与古老游牧民族匈奴之间的关系。

（三）教师巡学，学生相互纠错

师：老师先检查同学们的预学情况，先请同学们互相合作，检查批改导学单，并互帮互对，解答疑难，小组有问题的提前讨论解决。

生：材料题第一问：这一史实发生在什么时候？

师：有谁能帮助这位同学解答一下？

生：西汉初年。

生：对于材料题第二问：依据史实二、三，说说汉朝对匈奴的政策变化情况及原因？我们组对于这个问题的答案不确定……

【设计意图】教师巡学，学生相互纠错的目的是锻炼学生的自学能力。学生在通读教材后，初步梳理好知识要点及结构，并把知识问题化，提出对某个知识或观点的质疑，完成相应的基础练习。

【点评】教师以学生接受知识为主要任务，课堂教学重心前置，使学生的问题、疑难、矛盾得以提前暴露、展现，便于教师进一步教学。

(四) 教师导学，学生小组探究

师：好，接下来我们就来进一步探讨秦汉与匈奴的关系，首先老师把秦汉与匈奴的关系分成几个历史时期，请同学们自主阅读书本第58～59页内容，小组合作完成下列这张表(表10.2)。

表10.2 秦汉与匈奴关系比较

历史时期	对匈奴的政策	结　果
秦始皇时期		
西汉初年		
汉武帝时期		
汉武帝之后		
东汉时期		

师：秦始皇时期对匈奴采用什么政策？(提示：有的时期政策有好几种)

生：北击匈奴，修筑长城，不仅夺回大片土地，还抵御匈奴南下。

师：对。

(师出示地图——秦始皇时期的长城，生识读地图)

师：那么西汉初年呢？

生：一开始试图打击匈奴，失败以后选择和亲，汉朝通过主动把公主嫁给匈奴的首领“单于”为妻，并赠送大量礼物，以暂时避免匈奴的侵扰。

师：对的，课本右下角的和亲砖是西汉与匈奴通过婚嫁达到联姻的实物见证。那汉武帝时期呢？

生：汉武帝时期，国力强盛，汉朝转而对匈奴采取攻势，几次派兵攻打匈奴。

师：那三击匈奴取得了哪些地区？

生：第一次卫青取得了河套一带。

师：对，河套是现在的内蒙古河套地区。

生：第二次霍去病夺得了河西走廊地区。

师：对，河西走廊是现在的甘肃西北部。

生：第三次卫青霍去病兵分两路出击匈奴，匈奴大败，从此无力再与西汉抗衡，部分匈奴人开始西迁。

师：那关于汉武帝时期三击匈奴获胜的原因有哪些？请从民族、个人等角度回答。

生：汉武帝时期国力强盛。

师：那有谁知道是什么原因吗？有同学补充吗？

生：国力强盛是因为经过汉初几十年的休养生息，到汉武帝时期国力强盛。

生：汉武帝个人非常有眼光，重用了卫青、霍去病等具有极高军事天赋的将领，还有汉武帝本人具备雄才大略，对匈奴起了讨伐之心，扩大疆域。

生：将领出生平民家庭，具有极高的军事指挥才能。

（师即时鼓励同学们的精彩回答）

师：那汉元帝时期对匈奴的政策又怎么样呢？

生：汉元帝把昭君嫁给呼韩邪单于，两人为汉与匈奴的友好相处做出了贡献。

师：汉元帝时对匈奴也是采取和亲政策，但是这次和亲和汉初的和亲一样吗？

生齐：不一样。

师：那么这次和亲是怎么样的呢？

生：这次和亲是匈奴提请要求和亲的。

师：汉初的和亲叫什么？

生：被迫和亲。

师：汉元帝时期和亲的同时也订立了和好盟约，请同学们来讲一讲“昭君出塞”的故事。

生：（略）

师：西汉与匈奴之间有哪些双向文化交流，请从阅读卡第60页中找一找？

生齐：（略）

师：请回答东汉时期的政策又是怎么样？

生：东汉同南匈奴和好，南匈奴向东汉称臣，并同汉朝订立和好盟约，而汉朝出兵抗击北匈奴，结果匈奴大败，逐渐从蒙古草原消失。

【设计意图】秦汉与匈奴关系，是本课的重点和难点，教师及时导学，创设情境，让学生进行小组合作交流，同时教师对学生小组间的提问、回答进行倾听、启发、引导、解答，对学生的各种参与结果即时激励评价，从而培养学生自主学习的信心和团结合作的精神。

【点评】本环节以秦汉时期与匈奴关系演变为线索，通过教师合理的诱导点拨，有效地引导学生展开深入的探究，思维的火花在这里碰撞，很好地培养学生合作探究能力、语言表达能力及综合分析历史问题的能力。

（五）教师激学，学生拓展提升

师：好，接下来我们把汉朝与匈奴之间的关系分成汉初时、汉武帝时及汉武帝后三个阶段，请合作探究回答。

生：汉初抵御匈奴：被迫采取“和亲”政策。

生：汉武帝时期：主动进攻，武力反击匈奴。

生：汉武帝以后：应匈奴请求，恢复和亲与互市的局面。

师：可见西汉与匈奴的关系经历了一个和平、战争、再和平的复杂过程，现在请大家思考：汉朝对匈奴政策为什么有时是和，有时是战，也就是说政策变化的原因何在？

生：汉初国力衰弱，后来国力强盛。

师：正确，所以国力强盛或衰弱决定民族关系，也就是决定民族关系的是国家实力。

【名著解历史】《匈奴史》是“中国古代北方民族史丛书”中的领衔之作。在书中，作者对在中国历史舞台上活跃了约五百年的匈奴族的经济生活、社会结构、文化习俗等做了一个比较全面而系统的叙述，以期将匈奴族的历史面貌描绘出一个轮廓。

师：秦朝修建的与匈奴相关的一项重大工程是什么？并说出修建这一工程的目的。

生：修筑长城。目的是抵御匈奴，维护国家统一。

师：请列举出你知道的一位匈奴首领的名字。

生：呼韩邪单于。

师：还有吗？

生：成吉思汗。

师：不对。

生：汉初时候的冒顿单于。

师：正确。

【点评】本环节很好地培养学生梳理、归纳知识的能力，通过师生深入交流，教师有效点拨，一步步突破本课的难点，让学生明白民族关系与国家实力之间的密切关系，又能通过双基训练的方式，使学生对基础知识和基本技能的掌握更为牢固。

（多媒体展示：图片话感受）

师：卫青、王昭君图反映了汉朝时期中原地区处理与匈奴关系的哪两种方式？

生：战争，和亲。

师：在汉与匈奴关系的主要事例中，你最支持哪一种做法？请说出理由。

生：和亲，因为和亲有助于两国进行贸易往来，同时在国家平等互利的基础上向前发展。

生：支持让匈奴主动来和亲，如是汉朝主动提出让我们去和亲，会让人感觉是因为汉朝打不过匈奴，所以才被迫和亲，让匈奴主动来和亲，汉朝人脸上也有光。

生：和亲，因为和亲有利于社会稳定与安宁，有利于汉匈的友好相处和文化交流。

生：战争，可以扩大自己的疆域，有利于中国的文化传播到各地，让其他民族也能吸收我们的文化。

师：你认为战争更能够扩大自己的疆域和文化交流，那你认为和平能不能扩大交流吗？

生：能。

生：我觉得国力衰弱时应该选择和亲，自己没能力攻打他人；国力强盛时发动战争，因为有资本可以打别人，开拓自己的疆域，稳固自己的势力。

师：你的意思是没办法时选择和亲，强盛时选择战争，但是老师觉得无论是开拓疆域还是对外交流，都不一定非得通过战争，也可以通过和亲、迁徙、相互贸易等方式。我国古代民族之间交往的主要方式是“战”与“和”，但“和”是我国多民族国家发展的主流。

【设计意图】创设情境，再次让学生合作交流，质疑释惑，理清“战”与“和”是我国古代民族交往的主要方式，而“和”是我国多民族国家发展的主流，设计这一环节能够很好地衔接下文，为张骞出使西域作好铺垫，使学生认识到友好交往的深远意义。

【点评】本环节教师通过汉与匈奴“战”还是“和”方式选择的话题有效创设情境，激发学生的探究热情，培养学生史论结合的意识，提高学生的发散思维能力。教师的有效激学成为教学得以深入开展的重要环节。通过学习最终使学生感悟到“和”是我国多民族国家发展的主流。

师：北部边疆基本安定，西汉疆域趋于稳定，为了打败匈奴，汉武帝曾派一个人两次出使西域，同学们知道这个人吗？

生齐：张骞。

师：对，现在就请同学们结合《张骞出使西域路线图》思考以下四个问题：

①西域在哪里？②张骞出使西域的起点站是哪里？③张骞出使西域的终点站是哪里？④张骞第一次出使西域的路线是什么？

生：起点是长安，终点是大月氏。

师：对，那西域在哪里呢？

生：玉门关、阳关以西，葱岭以东（现在我国疆域最西端帕米尔高原以东）。

师：对，那西域是我国现在哪个省级行政区？

生：新疆。

师：那他第一次出使西域经过了哪些地区？

生：长安—玉门关—龟兹—大宛—大月氏—葱岭—于阗—阳关—祁连山—陇西—长安。

师：对，下面就请同学们快速阅读书本第60～61页，将表10.3内容在书上画出并准备回答问题。

表10.3 张骞出使西域

张骞通西域	时间	目的	影响
第一次			
第二次			

师：张骞第一次出使西域的时间、目的、影响是什么？

生：时间是公元前138年，目的是联络大月氏夹击匈奴（**师同时解释：汉朝在东，大月氏在西，匈奴在北，所以是夹击**），结果是张骞未能完成任务，但他了解了西域各国的经济、政治、文化情况以及他们想和汉朝往来的愿望。

师：好，那第二次呢？

生：时间是公元前119年，目的是想跟西域各国共同交流，影响是促进了汉朝和西域的经济文化交流。

师：好的，那汉朝和西域的经济文化交流到底有哪些具体的内容，我们来找一找：哪些物产从汉朝传到西域？哪些物产又从西域传到汉朝？

（图片展示：锄头　核桃　丝绸　黄瓜　胡琴　葡萄　漆器　铁器）

生：西域传到汉朝的有核桃、黄瓜、胡琴、葡萄，剩下的就是汉朝传到西域的。

师：正确，不过老师有疑问为什么西域传过来的物产名称前一个字往往都带有“胡”字？

生：因为我们以前称西域人为“胡人”。

【点评】本环节紧紧围绕本课的重点——张骞出使西域的过程及影响有序展开教学。同学们带着问题阅读文本、地图，并填写表格获取了多项信息，又能通过师生、生生互动交流，很好地培养学生的阅读能力及合作探究能力。

师：对，刚才同学们所讲的是促进两地的物产文化交流，除此之外张骞出使西域还有什么意义呢？

（生沉默）

师提示：随着这条道路的不断开通，后来发展成为东西方贸易的重要商道，这条商道叫什么？

生：丝绸之路。

师：为何称“丝绸之路”呢？

生：丝绸是当时我们传出去的物产里面最具有代表性的，而且丝绸也比较贵。

师：所以张骞出使西域的意义之二是为丝绸之路的开辟奠定了基础。随着这条商路的开发，西汉政府最终在公元前60年，在此设置了什么？

生：西域都护府。

师：至此新疆地区正式归中央政权统治，所以说新疆自古以来就是中国领土的一部分，这个“古”距今有多少年了，大家算算？

生齐：2075年了。

师：因此张骞出使西域的意义之三是为新疆地区归属西汉政府创设了条件。

师：西汉确实是一个开疆拓土与对外交流十分活跃的王朝，除了对西域和匈奴进行交流和管辖外，还有哪些地区也被西汉政府控制或与西汉政府往来？

（师展示图一西汉滇王之印，图二汉倭奴印，图三朝鲜出土的青铜镜）

师：以上三个实物材料分别展示了西汉政府与哪些区域的交流？

生：分别是西南地区、日本、朝鲜。

师：说出西汉政府管理西南地区的主要措施是什么？

生：西汉有效管理今浙江、福建、广东和广西等当地越人的聚居区，还派官员修建通往西南地区的道路，加强了与当地民族的联系。

师：对，还有其他吗？

生：汉武帝赐滇王之印，设郡县。

师：对，我国的云南地区也是在此时开始隶属于中央政府管辖。由此我们可以得出一个结论：统一的多民族国家是中华各族人民共同缔造的。**（板书并请学生集体朗读）**

【设计意图】以读图方式，再次创设情境，有助于培养学生读图识图的能力，从而进一步加深学生的空间概念。教师激学，引导学生进行自主探究，让学生正确认识张骞在对外交流中的作用，进一步感悟张骞“凿空”精神。同时也明确：新疆自古以来就是中国领土的一部分，统一的多民族国家是中华各族人民共同缔造的。

【点评】本环节通过师生的双向交流共同探讨了张骞出使西域的意义及深远影响。以三张文物图片的阅读为载体，使学生深刻感悟到：西汉是一个开疆拓土与对外交流十分活跃的王朝，我国统一多民族国家是由各族人民共同缔造的。

师：现在请同学们归纳一下：我们刚才所学的历史事件中哪些起到了开疆拓土的作用，哪些起到了对外交流的作用？

生：开疆拓土：汉武帝时取得了河套和河西走廊地区，并设置郡县进行管辖。

生：公元前60年设置西域都护府；对西南地区的经营和管理(设置郡县)。

生：对外交流：丝绸之路的开辟，与朝鲜、日本的交流。

师：今天这堂课我们跨越时空的隧道，见证了先祖们开疆拓土的丰功伟绩，收获了秦汉民族关系和张骞出使西域等一些相关知识，由此可知，统一的多民族国家是中华各族人民共同缔造的。(板书)

师：学了本节课之后同学们心中有了哪些英雄人物？

生：秦始皇、汉高祖、汉武帝、王昭君、卫青、霍去病、呼韩邪单于、张骞……

师：请选出一位你心中的英雄，并写出他的故事(留作课后作业)来结束本课。

【设计意图】通过板书培养学生自我巩固、练习固新的能力，把本课知识点有机地联系起来，起到归纳、总结、提升作用。教师还留有课外作业，更能激发学生学习历史的兴趣。

【点评】这是结束巩固环节，通过学生对知识点的自主梳理归纳，进一步夯实基础。教师简明扼要的总结起到画龙点睛的作用。富有特色的课外作业更是本课的一大亮点，既体现了浓重的历史气息，又可激发学生热爱历史、探究历史的浓厚兴趣。

七、教学反思

(一) 创设问题情境，进行对话教学

新课程理念倡导的历史与社会课堂教学，是让学生在认知发展水平和已有的知识经验基础上学会自主体验、合作探究，教师引导学生由"学会"向"会学"发展。本课由"秦汉与匈奴的民族关系"、"张骞出使西域"和"汉朝与其他地区的关系"三个环节构成，以"开疆拓土"与"对外交流"将三个环节串联起来。课中多次创设问题情境，组织学生小组合作探究，循循善诱，分解了学习难度。而在学生有疑问时，教师并没有直接把答案告诉给学生，而是把问题抛给学生，通过对话教学引导学生对新知识的梳理和提炼，使学生学会归纳总结，课堂气氛相当热烈，学生主体作用发挥最佳，达到课堂效率最大化。

(二) 把学习主动权、探究权交给学生

通过前置学习，鼓励学生先学、教师帮学。学生在课前根据导学单的要求，完成了教材的通读及相关知识的基础练习，课堂教学重心前置，使学生的

问题、疑难得以提前暴露、展现，便于教师提前了解学情，让学生对学习单进行交流，解决了个别基础性问题，并提出了共性问题，教师为接下来教学的及时调整作好准备。

同时，由于传统教学思想与教学习惯的影响，教师往往在课堂中与学生抢时间。当学生表达不准确，归纳不出或不完整的时候，教师会抢着说，学生与学生相互对话的时候教师常常习惯性插话。我在这堂课上也有一次插话，削弱了学生的学习主动权和探究权，因此我觉得在以后的教学中一定要避免，让学生说，给予他们时间，教师要做个耐心的倾听者，让学生自由发挥，让他们充满自信。

（三）精心设计与课堂实践对比，留下了一些遗憾与不足

比如个别小组没有很好地参与合作讨论，互动少，教师没有及时激励评价。另外上课初始检查学生的导学单花了很多时间，导致本来设计要播放的《张骞出使西域》视频没能播放。

总之，这是一堂“先学定教”前置性学习的生本课堂模式研讨课，为我们的课堂教学起了抛砖引玉的作用。课堂上，小组合作探究的学习方式产生了积极的效果，学生学习的主体性得到充分的发挥，基于学情的前置性学习使课堂效率及学生学习兴趣有明显的提高。但需注意的是，教师要精心制作导学单。

【总评】

本课优势：

1. 本课前置性学习环节比较完整，以内蒙古大草原的优美风光引出古老的游牧民族——匈奴，导入自然，既营造了有效情境，又激发了学生探究热情。

2. 历史脉络清楚，教学设计合理，围绕着开疆拓土和对外交流两条线索，重难点能得到较好体现和突破，自主学习和小组合作探究有机结合，充分体现了学生在学习中的主体地位。

3. 探究内容选择比较典型，汉朝不同时期对匈奴政策演变的原因、汉武帝时期三击匈奴获胜的原因、张骞两次出使西域历史事件的探究都比较深入，能让学生较好地体会国力强弱与对外政策的密切联系。

4. 知识梳理到位，重视学生知识目标的达成。把探究过程与历史知识的呈现有机地融合在一起，较好地处理好前置性学习与教师帮学的关系。

5. 情感目标达成好，尤其是最后环节——课外作业“我心中的英雄”，既使本课的韵味延伸到课外，又培养学生振兴中华、自觉维护民族团结和国家统一的意识。

值得商榷之处：

1. 授课教师把汉与匈奴的关系仅概括为对外交流有点不妥。因为开疆拓土和对外交流同时并进，要把它们完全分开很难。建议教师要告诉学生：汉朝不断开疆拓土的过程，同时又是对外交流的过程。

2. 要强化学生学法指导，教学效率会更高，更能培养学生从地图、表格中获取信息的能力。

案例2 《土地改革和三大战役》教学实践与反思[①]

课堂教学改革提倡“以生为本”，倡导自主、合作、探究“先学定教”前置性学习的学习方式，是对传统课堂“先教后学”的一个历史性改革与突破。基于此，我们结合课堂教学实践，进行了前置性学习课堂模式初探。

下面我以教学实践课为例，与大家分享。

一、教学内容

人教版《义务教育课程标准实验教科书·历史与社会》九年级上册第四单元第一课第二课时《土地改革和三大战役》。

二、教材分析

本单元是九年级上册最后一个单元，内容对应课程标准中的解放战争。解放战争是关系中国前途和命运的决战，也是中国新民主主义革命迅速走向胜利的阶段。教材运用对比的手法，生动地描述了国统区和解放区不同的社会面貌，说明人心向背和人心所向在战争中的主要作用。教材将重点放在战场上，运用地图、数据与历史图片等资料，全方位再现辽沈战役、淮海战役、平津战役的概况，说明在多种因素的共同作用下，共产党在战争中由弱变强，最后取得胜利。

三、教学目标

1. 知识与能力：掌握解放战争的重要史实，如土地改革、挺进大别山、三大战役。

2. 过程与方法：通过前置性预习、史料分析、小组合作，探究共产党取得胜利的必然性。

3. 情感、态度与价值观：比较国统区和解放区的概况，领悟只有中国共产党才真正代表人民的意愿和利益。

---

① 本案例由浙江省舟山市普陀区东港中学方英老师提供，普陀区第二中学金英杰、林海存老师点评。

四、教学重点、难点

重点：分析辽沈、淮海、平津三大战役的概况和胜利的原因。

难点：人民群众在战争中的伟大作用。

五、设计思路

以前置性学习为引领，贯穿整个教学过程，凸显“生本思想”，培养学生的自主学习和小组合作能力，提高课堂教学效率。基本流程：教师制单，学生先学做单（课前）—设置情境，教师导入新课—教师巡学，学生相互纠错—教师导学，学生小组探究—教师激学，学生拓展提升。同时，在课前给每位同学发一张评价表，要求学生在预学、探究、巩固三阶段从“通读材料梳理知识”、“会提问”、“会释疑”、“会合作”四方面进行自评和互评，课后上交评价表由教师进行综合评价。

六、教学过程

（一）教师制单，学生先学做单（课前）

（二）设置情境，教师导入新课

师：在雄壮的《中国人民解放军进行曲》中，我们一起走进人民解放战争，共同学习《土地改革和三大战役》。（板书）

师：今天我们的学习以小组合作学习为主要形式，学习结束后，我们将评选出最佳参与者一名，最佳合作小组一个。

【设计意图】在激昂、振奋人心的《中国人民解放军进行曲》的伴奏下，吸引学生注意力，激发兴趣，不仅渲染了课前气氛，而且为新课教学做好了铺垫。

【点评】德国教育家第斯多惠认为，教学的艺术不在于传授知识，而在于激励、唤醒、鼓舞。教师教学的成功往往取决于艺术地设置情境，以激发学生的学习动机和思维积极性，从而提高课堂效率，有效达成学习目标。本环节课前音乐《中国人民解放军军歌》、三大战役进军形势 PPT 等的应用，课堂氛围创设较好，利于激发学生的学习积极性。

（三）教师巡学，学生相互纠错

师：课前老师已批改了同学们的预学作业，下面请大家以小组为单位，对有疑问的内容做简单的交流。

（生未提出疑问）

（师出示表 10.4，以供学生核对，相互纠错）

表 10.4　三大战役概况表

战役	辽沈战役	淮海战役	平津战役
时间	1948.9—11	1948.11—1949.1	1948.11—1949.1
作战范围	进攻辽宁西部，先占锦州，后取沈阳。	以徐州为中心的广大地区	以北平、天津为中心的华北大部分地区
领导者	林彪、罗荣桓	刘伯承、邓小平、陈毅、粟裕	林彪、罗荣桓、聂荣臻
作战部队	东北野战军	中原野战军 华东野战军	东北野战军 华北解放军
歼敌数	47 万余人	55 万余人	52 万余人
作战方针	关门打狗	中间突破	先打两头，后取中间
动员民工	160 万人	225 万人	154 万人
影响	解放东北全境	基本解放了长江以北的华东和中原地区	华北全境基本解放
意义	三大战役共歼灭和改编国民党军队 150 多万人，国民党军队的主力基本上被消灭，大大加快了解放战争的胜利。		

生：三大战役的影响还不够清楚。

生：三大战役的意义有差异。

师：大家还有不清楚的知识点，请结合书本交流。

【设计意图】因为内容相对较多，无法在课堂预学环节中完成，所以在课前让学生进行前置性预学的基础上，再在课堂中进行相互交流纠错，既能够锻炼学生的自学能力，又能培养学生提问和合作能力，同时为教师及时了解学情调整教学策略作准备。

【点评】该环节采用表格形式进行前置性预学，把教学内容加以归纳整理，可以使知识目标的达成集约、高效，学生对于知识点的掌握直观、系统、有整体感，且易于比较知识点之间的差异。针对本节课容量较大的实际，这样处理还有利于整合知识。同时在课堂中对预学中发现的问题，进行相互交流纠错有利于加深学生对知识的理解，发现自己在学习中存在的问题及错误，及时纠正，形成正确的认识。学生互相纠错也是学生平等互动的过程，而且可以激发全班学生积极参与，主动思考。

（四）教师导学，学生小组探究

师：（出示《国共双方兵力变化图》）国共两党兵力发生了怎样的变化？

生：国民党军队和共产党军队的兵力差距在逐渐缩小。

师：你能结合所学知识分析其中的原因吗？

生：共产党集中兵力，歼灭了敌军的有生力量。

生：还有土地改革后农民积极性提高，广大农民送自己孩子参军参战。

师：回答得很好，不仅回顾了上节课的内容，还联系到本节课我们要学习的重点内容——土地改革。

师：土地改革是如何激发广大农民的革命积极性踊跃参军的？请小组合作学习。

生：共产党在解放区进行土地改革，有1亿多农民分到土地，农民积极参军参战。

师：其他小组还有不同的看法吗？

生：解放区和国统区有鲜明的对比，当时的人民渴望和平，反对内战，支持人民解放军。

生：国民党代表地主阶级利益，共产党代表农民利益，如果共产党打输了，农民就无法得到土地了，农民为了保护自己的土地去参战。

生：共产党在解放区颁布了《中国土地法大纲》，为农民撑腰，农民相信共产党。

师：同学们回答得很好，土地改革不仅发展了农村经济，为人民解放军夺取全国胜利提供了源源不断的物力和人力，使解放军的实力逐渐增强，从兵力上逐渐扭转了在战场上的不利局面，为战略进攻和战略决战提供了条件。

（板书：时间、条件、内容、目的、影响）

【设计意图】目的是立足于教材资源，激发学生的小组合作意识和探究欲望，学生通读教材，及时梳理，把握土地改革的几个要素，初步了解人民群众的作用。

【点评】该环节的小组合作设计，改善了课堂学习气氛，创造了学生相互交流、相互了解的机会，培养了学生善于听取别人意见、乐于助人的良好品质，为学生提供了更多的锻炼机会，促进了学生的全面发展。同时对本课中出现的开放性知识也是必备知识——国共两党兵力在解放战争时期变化的原因，学生通过小组合作探究，用不同的方法加以解答，每个学生都有机会提出自己的思路，同时又分享别人的观点，学生思路就会越来越明晰，从而多角度、多侧面地寻求问题答案，对学生良好思维品质的培养有着重要意义。

师：（出示《挺进大别山》图）你能从图上获取哪些信息？

生：1947年6月30日，刘邓大军12万人马强渡黄河，开进鲁西南，揭开了人民解放军战略进攻的序幕。

生：这是解放战争的一次转折点。

生：大别山地理位置很重要，位于鄂、豫、皖三省交界处。

生：大别山处于武汉和南京的正中间，挺进大别山威胁蒋介石在南京的统治。

师：回答得很好，大别山既具有重要的战略地位，是国民党战略上最敏感而又最薄弱的地区；又曾是老革命根据地，有良好的群众基础。控制住大别山，意味着东可取南京，西可取武汉，整个长江中下游地区唾手可得，所以刘邓大军为整个人民解放战争夺取胜利作出了重要的贡献。1948年解放战争进入第三年，毛泽东根据这种形势，认识到人民解放军同国民党军进行战略决战的时机已经到来。

师：战略决战主要有哪三大战役？

生：辽沈战役、淮海战役、平津战役。

师：（出示《三大战役作战图》）请各小组任选一场战役，派代表上台做简单介绍。

生：1948年9月至11月的辽沈战役，林彪、罗荣桓率领的东北野战军，先打锦州，截断了东北敌军向关内的退路，形成“关门打狗”之势，共歼灭国民党军47万余人，东北全境宣告解放……

生：1948年11月至1949年1月的淮海战役，刘伯承、邓小平率领的中原野战军与陈毅、粟裕率领的华东野战军，采用“中间突破、分段歼敌”的方针，集中优势兵力，各个歼灭敌人，共歼灭国民党军55万余人，基本解放了长江以北的华东和中原地区……

师：两位同学表现得非常棒，充分展示了丰富的课外知识和从图上获取信息的能力。下面老师来介绍平津战役。（略）

师：同学们在介绍历史事件的时候，应该注意把握几个关键要素？

生：事件、地点、人物、内容、影响等方面。

师：希望大家能举一反三，触类旁通。

【设计意图】引导学生读图识图，培养学生从图上获取信息的能力，同时也是对学生前置性预学的检测，活跃课堂气氛。也想通过本环节的设计，让学生了解学习历史事件的几个要素和基本方法，让学生可以在有效的时间内掌握基本的历史史实。

【点评】这一教学环节，教师分别运用《挺进大别山》和《三大战役作战图》两幅图，既使学生明确当时我党我军面临的形势变化——由战略防御转为战略反攻，由不利变有利，由被动变主动，又可使学生进一步思考探究产生上述变化的原因与结果，还可帮助学生树立时空观念，培养学生从图表中获取信息的能力。既注重了历史知识的传授，又教会学生掌握历史事件的要素和基本方法。

（五）教师激学，学生拓展提升

师：在同学们的帮助下，我们对三大战役有了更多的理解，下面我们再结合三大战役表做进一步拓展。

（师出示幻灯片，要求学生根据表格内容，获取相关的信息）

师：从时间上看三大战役最先打响的是哪次战役？

生：辽沈战役。

师：从参加的民工数量看，哪次战役最多？

生：淮海战役。

师：在了解三大战役概况之后，老师有三个疑问希望小组合作探究。（导学单呈现，PPT 展示）

1. 疑问一：战略决战为什么首先在东北打响？

材料一：决战前国共双方地区兵力部署比较（表 10.5）。

表 10.5　三大战役前共产党与国民党力量对比

共产党	东北野战军	华北野战军	华东野战军	中原野战军	西北野战军	总人数
人数	70 万人	20 万人	42 万人	20 万人	7 万人	280 万人
国民党	东北	华北	华东	中原	西北	总人数
人数	55 万人	55 万人	60 万人	75 万人	30 万人	365 万人

材料二：东北解放区已拥有东北地区 97%以上的土地和 86%以上的人口。东北解放区广大军民经过近三年的艰苦奋斗，基本上完成了土地改革，解放区已经连成一片。

材料三：1948 年秋，人民军队已控制了东北广大农村和中小城市，国民党军队固守长春、沈阳、锦州等几座孤城，补给主要靠空运。

材料四：东北工业发达，经济上居解放区的第一位。

师：请小组讨论后并分组进行汇报。

生：东北战场是唯一解放军兵力超过国民党兵力的战场。

生：这里是大后方，解放军已控制了东北广大农村和中小城市，东北解放区面积大。

生：经过土地改革解放区物质力量雄厚，人民群众踊跃参军、支援前线。

生：如果控制东北地区，解放军可以以此为大后方，解放华北等地区。

生：东北战场中国民党军队孤立分散，活动的范围小，补给困难。

生：东北工业发达，以东北的工业支援全国的解放战争，有利于华北、华东作战。

师：我们班真是藏龙卧虎，回答问题的几位都是胸有百万雄师的将帅之才，正如大家所言，在东北率先与敌人展开决战的时机已经成熟。

【点评】这一问题的设置意在进一步培养学生读取图表信息、文本信息的能力及对历史事件发生原因等的深度分析能力，使学生学会全面、辩证地分析历史事件与社会现象。这种全面客观分析问题的能力对今后学生处理学习、生活、工作中遇到的问题大有帮助，也是历史与社会学科教师和课堂应当承担的责任。

2. 疑问二：为什么说淮海战役是人民群众用小车推出来的？

材料一：《淮海战役人民支前统计表》（表 10.6）

表 10.6　淮海战役人民支前统计表

民工	担架	大小车	牲畜	船只	粮食	挑子
543 万人	30.5 万副	88 万辆	76.7 万头	8500 只	4.3 亿斤（实用） 9.6 亿斤（筹运）	20.6 万副

材料二：展示“小车推出来的战争组图”，并滚动播放。（略）

师：请小组讨论后并分别进行汇报。

生：参加战役的小车数量、粮食数量很多。

生：人民群众踊跃参军、支援前线、组织民兵保卫后方。

生：正义战争符合人民群众的根本利益，能够得到人民群众的拥护。

生：革命战争具有广泛的群众性基础。

生：决定战争胜败的是人民，而不是一两件新式武器。

师：太棒了！淮海战役只是三大战役中最能体现人民群众力量的一场战役，人民群众是革命的主力军，是革命战争取得胜利的重要保证。所以说三大战役的胜利是人民战争的伟大胜利！

【点评】该问题看似普通，实则很有意义。它既向学生传达了历史唯物主义观点“人民群众是历史的创造者”，这也是课程标准要求的学生必须树立的正确的历史观。又让学生懂得“一切从群众中来”的工作方法，对学生树立正确的世界观、掌握正确的方法论均有帮助。

3. 疑问三：党中央为什么采取和平手段解放北平？

材料一：和平解放前夕，解放军请著名古建筑学家梁思成在北平军事地图上标注出重要文物的位置，也就是这张《北平重点文物图》，在西柏坡，这张图被挂到了毛泽东指挥平津战役的指挥所墙壁上。随后，毛泽东命令部队在进行攻击练习时，一定要对目标计算精确！

材料二：美联社有一个评论：“北平协议在保留面子方面是一个杰作，北平可能就是南京及其他城市的试验品。”

材料三：攻克天津后，傅作义部有和平改编的可能性，傅作义的投诚在国民党高级将领中起到了宣传作用。

师：请小组讨论后并分别进行汇报。

生：保护古都文物免遭战争破坏，为新中国留下了一笔文化财富。

生：傅作义当时有接受共产党改变的意向，为其他战场的国民党将领倒戈率部起义提供了良好的范例，在国民党高级将领中起到了宣传作用。

生：和平改编可以减少人民的伤亡，可以保障北平人民生命财产安全。

生：人民渴望和平，反对战争。

师：对的，不仅是人民支持解放战争，而且国民党内的爱国将领也倾向于人民解放军，由此也看到了解放战争最后胜利的归属是人心所向。

【设计意图】本环节通过教师的设疑、导学、激学，引导学生进行小组合作探究，对学生进行学法指导，关注材料题的文本解读，进一步培养学生团队合作精神。通过生生互动，积极补充、质疑、解惑，激发了学生对问题研究的热情，从而实现对知识的拓展提升，有效地突破了教材的重点与难点。

【点评】课堂进行至此，学生对三大战役的基本概况已经有所了解。但这种了解仅浮于表面，这时教师通过设疑、导学、激趣的方法，适时出示文本材料，引发学生作深层次思考，训练学生的思维品质，激发学生的求知欲望，同时提高了学生解答问题和应试能力。通过北平和平改编意义的探究，学生思考后得出结论：和平改编“保护古都文物免遭战争破坏，为新中国留下了一笔文化财富；减少人民的伤亡，可以保障北平人民生命财产安全；人民渴望和平，反对战争”等，有利于情感、态度与价值观目标的达成。

师：（出示表10.7）下面请同学们从多个角度来共同探讨三大战役取得胜利的原因。

表10.7　三大战役取胜的原因

内容	共产党	国民党
政治		
经济		
军事		
社会（人心所向）		

师：哪个小组先来开个好头，其他小组做补充？

生：国统区政治上黑暗腐败，解放区实行民主政治。

生：国统区经济上通货膨胀、物价上涨，解放区进行土地改革，经济发展。

生：国统区军事上失利，将士贪生怕死，解放区节节取胜，解放军战士英勇作战。

生：中国共产党得到人民的信任和支持。

生：国民党人心所背，共产党人心所向。

师：其他小组还有其他意见吗？

生：解放区有共产党正确领导。

生：和平民主是当时大势所趋、民心所向。

师：从同学们的对比分析中，我们不难看出，内战期间国统区腐败、独裁、失民心；而解放区欣欣向荣，共产党得到人民群众的拥护和支持。所以战争胜利的关键，不在于人数的多少，而在于人心向背或是人心所向。

师：（出示《1946—1949年解放区和国统区战争形势对比图》）你可以读到哪些信息？

生：可以看到经过三大战役东北全境、华北地区、长江以北的华东和中原地区已经控制在人民解放军手中。

生：共产党已经打到了长江以北地区，国民党政府岌岌可危。

生：共产党乘胜追击，经过渡江战役，马上攻克南京，推翻蒋家王朝，取得人民解放战争的伟大胜利指日可待。

师：回答得很对，一个伟大的国家不会忘记自己的历史，一个挺立的民族不会忘记自己的英雄，英雄的精神激起的是一个民族复兴的动力，人民群众是历史的创造者。国家从2014年起以法律的形式将每年的9月30日设立为烈士纪念日。同学们，珍惜现在来之不易的和平生活，肩负起历史的使命，承担起社会的责任，为中华民族的伟大复兴而努力奋斗吧。

【设计意图】表格对比法是教学中常用的方法，学生从图表获取信息，不仅是知识的学习，更主要的是能力的体现。教师的归纳总结，时政性强，恰如其分地起到画龙点睛的作用，能抓住知识的迁移和拓展提升，培养学生的情感、态度与价值观，牢记人民群众的伟大作用。

【点评】该环节意在总结提升、巩固收尾。古人做文章讲究“凤头、猪肚、豹尾”，课堂教学也如此。好的课堂结尾，不仅能巩固知识，拓展视野，挖掘潜能，升华情感，还能让学生学会归纳，留恋课堂，产生继续探究的欲望。在本节课结尾时，教师立足引导，通过列表比较的方式帮助学生进一步探究我军在三大战役中取得胜利的原因，以达到拓展延伸、巩固升华的目的。最后教师既总结了学习内容，又渲染了气氛，将最佳效果从课堂之点辐射到课后之面，达到余音绕梁、回味无穷之效果。

七、教学反思

“生本教育”是以生为本的教育，而前置性学习和小组合作就是“生本教育”课堂教学的实践体现。

（一）教师制单，学生先学做单

生本教育下的前置性学习与以往的“预习”不同。前置性作业的有效设置是为课堂教学的各个环节作准备的，具有相当强的目的性，它就是要达到让学生在课前能够对新知识进行感受和浅层理解、自主寻求解决办法等目的，起到对课堂的导入甚至贯穿整个课堂的作用。有效的前置性作业为学生的课堂学习打下一定的基础，从而也培养了学生的自主能动性，给学生的学习带来很大的帮助，让学生更自信，最大限度地给我们的课堂带来广阔的空间和学习乐趣。

（二）教师巡学，学生相互纠错

前置性学习是一堂课的开端，是学生自己摸索、理解的自学过程，也是上好一堂课的重要环节。在学生自学基础上教师再进行有效指导，小组同伴相互合作纠错，能有效地培养学生的学习能力，使课堂活起来，在整个课堂教学的设计和实际操作中，小组合作学习——“议学”是我这节课最大的特点。“议学”可以使学生在课堂中进行相互的讨论，相互帮助解决问题，有助于培养学生的合作能力和表达能力，能帮助教师减轻相应的教学负担。通过这节课我认为教师在对议学内容的选择上，应该要精选，精选的内容最好能反映出本节课教学的重点和难点，学生的学情、注重对学生能力的培养。

（三）教师导学，学生小组探究

“导学”即教师设置问题情境让学生读图识图探究，使学生看中有思、思中有辨。当学生遇到各种需要解决的问题时，教师就要对难点和重点、疑点与生成点做精确的点拨。教师关注的应该是导什么，怎么导？对于那些难点和重点、需要突破的知识点必须导。如教师出示图《国共双方兵力变化图》，探究国共两党兵力发生了怎样的变化，出示图片《挺进大别山》，问学生能从图上获取哪些信息，促使学生认真思考，由原来的被动学习变成主动学习，有利于知识点的了解和巩固。

（四）教师激学，学生拓展提升

教师激学、学生固学是学生对自己掌握知识的一种完善与确认，有助于培养学生的拓展思维能力和创新能力。在本节课固学内容的选择上我设计材料题进行例证。如三大战役为什么首先在辽沈打响？淮海战役为什么是人民群众用小车推出来的？平津战役为什么用和平的方式解决？三大战役取得胜利的原因有哪些？通过历史事件的整合，有效地帮助学生了解国共两党的合作与内战的基本情况，从中明确相关的启示。

【总评】

本课优势：

1. 前置性学习环节完整。教师能给予学生及时评价，能通过小组竞赛等激励方法来调动学生的探究积极性。

2. 课堂氛围创设好。课前音乐《中国人民解放军进行曲》、三大战役进军形势 PPT 等创设了较好的课堂氛围，利于激发学生的学习兴趣。

3. 探究内容精心准备，学生参与热情高。学生在小组讨论的基础上，上台演示讲解，培养了学生能力，凸显了先学后教的理念。教师注重对学生的学法指导，培养学生从文本材料及图表中获取信息的能力。

4. 课堂练习设计好。导学单既明确了学习目标、重难点，又有填空、填表等，学生通过预学即可快速完成基础性练习，还需通过探究合作学习才能完成的探究题，材料选择、问题设计合理，贴近中考，利于提高学生学习能力及考试能力。

值得商榷之处：

导入部分倒不如改成战争视频导入，这既可以有效营造情境，效果可能也会更好一些。同时，如果调整一下顺序，先讲解放区的土地改革、国共军事力量的变化，让学生首先明确共产党能够进行战略反攻、决战的条件已经成熟，再讲三大战役的概况，可能会更符合学生的认知规律，更加易于理解。

索　引

后　记

国际教育界一直重视微观改革，即课堂层面的变革。“课堂不变，教师不会变；教师不变，学校不会变。”——这就是教育改革的定律。我国新一轮基础教育课程改革发展到今天，课堂教学正从“教为中心”向“学为中心”转变。2010年，我们的“教学转型”研究正是在这样的大背景下正式启动的。在此期间，我们得到了浙江省教研室极大的帮助。柯孔标副主任从课程思想方面对我们进行理论上的引领，他特别强调教学改革要加强学生的“选择性”学习。张丰副主任专程为舟山市普陀区中小学教师作了题为《课堂在转型》的主题报告，他用独到且敏锐的目光审视课堂，不仅给我们带来了新的理念，还给我们带来了全国各地及省内兄弟区县的一些成功经验。滕春友副主任从“小班化”的教学思想出发，指导我们教学改革要突出学生的“个性发展”。与此同时，省、市教研室的各学科教研员在我们的实践过程中给予了全程指导，使得我们的这项研究能够按照既定目标有序有效地开展。

在历时四年的教学实践研究过程中，舟山市普陀区教育局从行政层面给予我们全力支持。2012年，颁布了《普陀区课堂教学改革实施意见》，而后又出台了《普陀区教学改革指导纲要》，这使我们的这项研究有了行政和业务双向合力支撑。在教师培训方面，我们邀请了国内外著名教育专家为教师作理论与业务上的系列培训。特别是连续三届“东海风”普陀教学文化节的成功举办，使得一线教师在专业理论与专业技术上有了显著的提高。

在课堂教学的具体实施中，全区各中小学的领导和教师都积极投身于课堂教学的改革之中，他们对“教学转型”理论的实践热情、研究智慧以及从实践者角度出发所提出的种种思考令我感动，并深受启发。在这几年里，每一学期我们都组织召开一次全区“教学工作现场会”，教育局领导亲临现场作总体指导，学校领导作主题发言，学校教研组作经验介绍，任课教师作课堂教学现场展示，从上至下联动，一以贯之践行。更可贵的是，各校在现场会上的课堂教学是全开放的，与会人员可以任意走进任何一间教室去听课。很显然，我们这项研究追求的不只是几节精品课的呈现，而是常态的高效课堂；不只是为了培养几名骨干教师，而是让所有的一线教师都能得到共同提高。这也是我区实施“比翼计划”的初衷，即不同层面的研究者都朝着一个共同的目标“比翼齐飞”。从 2011 年到 2014 年，我们分别在舟山市普陀区第二中学、东港中学、展茅中心、沈家门小学、沈家门第一小学、沈家门第四小学、朱家尖小学等学校成功举办七届“教学工作现场会”，既营造了良好的教学改革氛围，又为本课题的研究提供了丰富的第一手资料，使得本研究的结果更具客观性、有效性。

在课堂教学的具体研究中，初中语文、数学、科学、英语、社会，小学语文、数学、科学、英语等九门学科的教研员分别组建学科教研中心组，定期开展主题教研活动。各学科的主题教研活动，按一年一“小题”，三年一“大题”有计划地开展。有磨课，有教学展评，有说课议课等，形式多样，不拘一格。通过教学实践与教学研究，这项研究从零散走向系统，从单科走向合科，从经验走向科学。

课堂教学从“教为中心”转向“学为中心”，需要努力和智慧。它不是一件容易的事，却值得我们去追求、去付出。把日常的教学思考与研究结果总结而成的经验性文章很多，但成“书”还是第一次。这也许还算不上真正意义上的“书”，却是我们特别有意愿编写的一本书。通过对“教学转型”这一课题四年的实践研究，我们对课堂教学有了新的认识。但教学研究永远行在路上，本书所整理的一些思想与方法，只是从一个视角、一个侧面表达我们对“学为中心”的思考与行为跟进。本书也许没有高深的理论，也没有特别新鲜的做法，但有我们教学研究过程中留下的清晰的足迹。

本书的付梓，是集体智慧的结晶。第 1～10 章的编写负责人依次为：金伟民、张飞霞与孙军杰、杨慧、徐文儿、陈佩红、吴汉荣、俞凯、翁素君、胡建芬、童赛祎，潘旭东负责全书的统稿。

今天，我们又站在了课程改革新的起点，开启了如何培养学生个性、增强“选择性”学习的新的研究。用课程理念指导课堂教学实践，我们将继续走在教学研究的“乡间小路”，耕种着充满新希望的田野。

我由衷地感谢浙江海洋学院宋秋前教授在拙作成书过程中的大力帮助，他给予了我们很多理论上和技术上的指导。同时，一并感谢为本研究提供帮助的所有领导和教师。

编　者

2015 年 6 月